NZZ **Libro**

CLAUDE BAUMANN

ROBERT HOLZACH

Ein Schweizer Bankier und seine Zeit

Mit einem Vorwort
von Henry Kissinger

VERLAG NEUE ZÜRCHER ZEITUNG

Bibliografische Information der Deutschen Nationalbibliothek
Die Deutsche Nationalbibliothek verzeichnet diese Publikation
in der Deutschen Nationalbibliografie; detaillierte bibliografische Daten
sind im Internet über http://dnb.d-nb.de abrufbar.

© 2014 Verlag Neue Zürcher Zeitung, Zürich

Lektorat: Ingrid Kunz Graf, Schaffhausen
Gestaltung Umschlag: Katarina Lang, Zürich
Gestaltung und Satz: Gaby Michel, Hamburg
Druck, Einband: CPI – Ebner & Spiegel, Ulm

Dieses Werk ist urheberrechtlich geschützt. Die dadurch begründeten Rechte, insbesondere die der Übersetzung, des Nachdrucks, des Vortrags, der Entnahme von Abbildungen und Tabellen, der Funksendung, der Mikroverfilmung oder der Vervielfältigung auf anderen Wegen und der Speicherung in Datenverarbeitungsanlagen, bleiben, auch bei nur auszugsweiser Verwertung, vorbehalten. Eine Vervielfältigung dieses Werks oder von Teilen dieses Werks ist auch im Einzelfall nur in den Grenzen der gesetzlichen Bestimmungen des Urheberrechtsgesetzes in der jeweils geltenden Fassung zulässig. Sie ist grundsätzlich vergütungspflichtig. Zuwiderhandlungen unterliegen den Strafbestimmungen des Urheberrechts.

ISBN 978-3-03823-914-7

www.nzz-libro.ch
NZZ Libro ist ein Imprint der Neuen Zürcher Zeitung

Für Maurice und Yves – wie immer

«In unserem Beruf – und in unserem Leben – geht es unter anderem um die Ausgewogenheit zwischen Geld und Geist. Das tönt einfach, gehört aber wohl zum Schwierigsten.»

Robert Holzach

«Man sieht die Sonne langsam untergehen und erschrickt doch, wenn es plötzlich dunkel ist.»

Franz Kafka

Inhalt

PERSÖNLICHE EINLEITUNG:
EINE KLARSTELLUNG UND EINE BEGEGNUNG........ 13

VORWORT VON HENRY KISSINGER 23

1. BANKIER AUS ZUFALL 25
   Notorische Unnachgiebigkeit 27
   Initialzündung in Genf 28
   Via London nach Zürich 30
   Kommerzgeschäft als Dreh- und Angelpunkt 31
   Hemdsärmelige Emporkömmlinge 33
   Von Schäfer zu Schaefer 35
   Ausgesprochen gut aussehend 36
   «Marschall Vorwärts» mit Tränen in den Augen 38
   James Bond im SBG-Tresor 42

2. VON KREUZLINGEN NACH KOREA 45
   Die Mutter als Geschäftsfrau 47
   Erste Prinzipien vom Grossvater 49
   Soldatische Disziplin von der Mutter 51
   Mit dem Kinderausweis über die Grenze 52
   Rückschlag beim Abverdienen 56
   Einsatz in Korea 57
   Harsche Kritik an der Koreamission 60

3. DAS JAHRZEHNT DER GESELLENSTÜCKE 65
   Die Bewährungsprobe der Kronprinzen 67
   Ein Jahrmarkt für die SBG 69
   Stiftung statt Studentenwohnheim 71

«Englische Arbeitszeit» 72
Alphatiere im Vormarsch 74
Schatten der Vergangenheit 76
Spekulationsobjekt Interhandel 78
Die Stunde der Ziehsöhne 86

4. EIN LEBEN IN PARALLELWELTEN 91
Ein streng gehütetes Geheimnis 93
Als Aussenseiter in Zürich 95
Jassabende oder «Schwarze Messen»? 96
Mut zum Ausserordentlichen 99
Auf den Spuren Suworows 100
Ein zugewanderter Schlossherr 104
«Ostschweizer Mafia» 108

5. DIE SCHWIERIGEN 1970ER-JAHRE 111
Antipoden in der Generaldirektion 113
Wolfsberg oder eine wechselvolle Geschichte 115
Die Notwendigkeit eines Adels im Bankwesen 118
Ein Lob auf die Elite 121
Zwischen Vision und Kapitulation 124
Trunkenheit am Steuer 127
Die institutionalisierte Spekulation beginnt 128
Unheilvolle Verstrickungen 131
Schaefers Waterloo 133
Ein Graf und seine Schnüffelflugzeuge 136
Die Entweihung der Schweizer Banken 138

6. EWIGE SKEPSIS 143
Zwischen den Fronten 145
Auf Konfrontation 148
Die grösste Zäsur 152
Die Entmenschlichung des Bankgeschäfts 154
Anschwellende Autoritätskrise 156
Ein Meteor ist erloschen 158

Die grosse Zeit der Magnetzünder 160
Zwei Büchernarren auf Augenhöhe 162
Demokratie pur 164
Die Zeitenwende kommt von anderswo 165

7. IM ZENIT DER MACHT 169
Die «Villa Durchzug» 172
Ein «Kalter Krieger» namens Bachmann 173
Vom Pub zur Stiftung 175
Sozusagen die Antrittsrede 177
Vom Kreditsuchenden zum Milliardär 180
Feudale Feier 184
Wachsende Bankenfeindlichkeit 186
Mathematiker in der Bankbranche 188
Kulturelle Gegensätze 190
Brutale Ernüchterung zum Jubiläum 192
Expansion im Ausland – Drosselung im Inland 194
Regelung der Nachfolge 195
Der «Gentleman-Banker» 196

8. LANGSAME ENTFREMDUNG 197
Unruhe im Verwaltungsrat 199
Reparatur bleibt Reparatur 203
Peanuts im Auge des Hurrikans 207
Die UBS distanziert sich 211
«Megalomane Fluchtlösung» 215

9. DIE FINANZALCHIMISTEN 219
Brutale Ernüchterung 222
Das Zeitalter der «Turnschuh-Banker» 223
Umworbene Braut 227
Erneut in Bedrängnis 231
Kampf gegen das Establishment 232
Fusionsgelüste da und dort 233
Motive einer Elefantenhochzeit 234

Vorstellung einer Globalbank 235
Interessenkonflikte für die Mitarbeiter 238
Totale Modellgläubigkeit 239
Protzige Statements 240
Verhängnisvolle Strategie 241
Neue Glaubwürdigkeit? 244

10. «MEIN GARTEN IST TRAURIG ...» 245
Neue Lebensverhältnisse 247
Eine Desavouierung 249
Vertrauliche Gespräche 252
Verlorene Lebensqualität 254
Zeitrichtiger Abgang 256
Paradoxer Zusammenhang 257
Brüchiges Eis 260
Bessere Zeiten 262

NACHWORT: VON HOLZACH LERNEN 265

ANMERKUNGEN 274

ANHANG 281
Zeittafel Robert Holzach 283
SBG und UBS in der Ära von Robert Holzach 287
Literaturverzeichnis 296
Danksagung 299
Personenverzeichnis 300
Bildnachweis 303

Persönliche Einleitung: Eine Klarstellung und eine Begegnung

Dieses Buch ist keine Auftragsarbeit, wie sie über so manchen Wirtschaftsführer existiert, dem oft schon zu Lebzeiten ein Denkmal gesetzt wird. Das vorliegende Werk beruht vielmehr auf persönlichen Erfahrungen und meiner langen publizistischen Auseinandersetzung mit der Schweizer Finanzbranche. Dabei stellte ich fest, dass es vergleichsweise wenig Literatur gibt, die über die Tagesaktualität hinausreicht und, ohne einem billigen Alarmismus zu huldigen, den wichtigen Fragen, Entwicklungen und den prägenden Gestalten in diesem Gewerbe nachgeht. Abgesehen von einigen löblichen, aber spärlichen Beispielen (siehe das Literaturverzeichnis im Anhang) hat in der Schweiz eine Aufarbeitung der Bankengeschichte bisher nur rudimentär stattgefunden. Ebenso verhält es sich mit den Biografien bedeutender Personen aus der Schweizer Finanzwelt. Solche Werke sind dünn gesät; sozusagen als Monument ragen hier bloss die Lebenserinnerungen von Hans J. Bär heraus.[1] Auch die Memoiren von Rainer E. Gut sind lesenswert.[2] Leider haftet ihnen der Makel an, dass ein Mitarbeiter der Credit Suisse sie verfasst hat. Darüber hinaus existieren verschiedene, eher dem hastigen Journalismus verpflichtete Werke, etwa über Josef Ackermann, Marcel Ospel und auch über Rainer E. Gut. Diese Bücher gehen allerdings wenig bis gar nicht auf die epochalen Veränderungen und langfristigen Entwicklungen in der Bankenlandschaft ein.

Dieses Vakuum in der Analyse und Reflexion der Schweizer Bankengeschichte ist durchaus begründbar. Es hat damit zu tun, dass das Schweizer Finanzgewerbe seit seinen Ursprüngen im 14. Jahrhundert und abgesehen von den späteren Exzessen nie genügend Projektionsfläche für eine ausführliche Berichterstattung lieferte. Vielmehr war es stets ein Geschäft des Vertrauens, der Redlichkeit und insbesondere der Diskretion. Entsprechend fühlten sich auch die Protagonisten nie bemüssigt, aus dem Nähkästchen zu plaudern. Im Gegensatz zu manchen ihrer angelsächsischen Berufskollegen lebten die grossen Schweizer Bankiers getreu der Maxime des römischen Dichters Ovid: *Bene vixit, bene qui latuit* – Glücklich lebte, wer sich gut verborgen hielt. Oder anders gesagt: Sie folgten auch im Privaten der beruflich propagierten Zurückhaltung und Bescheidenheit, und sie stellten sich bis zu ihrem Tod kompromisslos in den Dienst ihrer Bank – und nicht in den der Imagepflege in der Öffentlichkeit. Das mag auch der Grund sein, dass es bis heute keine Biografie über Robert Holzach gibt. Sicherlich hätte auch dieser Ausnahme-Bankier genügend Argumente gefunden, um jemanden von einem solchen Vorhaben abzubringen.

Selbst wenn der Wunsch nach Privatsphäre und Diskretion respektiert werden soll, so lässt sich doch einwenden, dass wir heute in einer anderen Zeit leben. Weil uns die Medien inklusive Internet pausenlos mit Informationen überfluten, wähnen wir uns in einer Kultur der Transparenz, obwohl die vielen Daten uns den Blick auf die grossen Zusammenhänge im Gegenteil erst so richtig verstellen. Und noch etwas: Trotz der vermeintlich totalen Digitalisierung kommen uns zahlreiche bisweilen höchst wertvolle Zeugnisse abhanden. Einerseits, weil manche Leute nicht mehr leben, die über die entsprechenden Geschehnisse berichten könnten, und andererseits, weil wichtige Dokumente oder Aufzeichnungen keinen Eingang in die elektronischen Archive gefunden haben. Das zeigte sich bei meinen Recherchen: Die Zeit von Ende der 1970er- bis Mitte der 1980er-Jahre ist ganz besonders davon betroffen. Sie scheint noch zu wenig historisch zu sein, als dass sie flächendeckend digitalisiert worden wäre.

Dieser Befund trifft auch auf Robert Holzachs Vermächtnis zu. Der Bankier hat in der erwähnten Zeitspanne die wichtigsten Etappen in seiner Karriere zurückgelegt. Obschon er der Schweizerischen Bankgesellschaft (SBG) fast ein halbes Jahrhundert lang aufs Engste verbunden war und das Institut in denjenigen Jahren leitete, als es mit Abstand am erfolgreichsten war, existieren eher wenige öffentlich zugängliche Quellen, die dies dokumentieren. Ebenso verhält es sich mit den übrigen Tätigkeiten Holzachs, die weit über die Bankbranche hinausreichen und diesen Mann zu einer äusserst vielseitigen Figur machen. Denn Holzach betätigte sich auch als Kulturförderer, indem er diverse Künstler unterstützte, mehrere Stiftungen (mit-)initiierte* und als Bauherr zahlreiche Liegenschaften errichten liess oder erneuerte; mit dem Zürcher Augustinerquartier sanierte er gar ein ganzes Stadtviertel. Als nimmermüder Schreiber hat er sein Denken und Verstehen in verschiedenen Publikationen dargelegt. Von alldem ist aber nur noch ein verschwindend kleiner Teil im öffentlichen Bewusstsein präsent.

Das ist bedauerlich, zumal der Bankensektor weltweit und der schweizerische im Besonderen seit einigen Jahren in einer tiefen Sinnkrise stecken. Die Protagonisten ringen um eine Glaubwürdigkeit, die ihnen und ihrer Branche abhanden gekommen ist, aber unerlässlich wäre, um neue Legitimation zu erlangen. Das hat viel mit dem Holzachschen Wertekodex zu tun, den man in den vergangenen 25 Jahren zunehmend ausblendete und stattdessen bloss noch einem dem Zeitgeist verpflichteten Banking nachging. Es entbehrt nicht einer gewissen Ironie, dass Holzach bereits in den 1980er-Jahren vor den späteren Exzessen gewarnt hat. So stellte er 1987, wenige Monate vor dem ersten Börsenkrach nach dem Zweiten Weltkrieg, dem *Black Monday*, fest:

«Die Reaktionen der neuen Märkte auf aussergewöhnliche Belastungen sind noch unbekannt. Es sind deshalb brutale Ernüchterungen für allzu eifrige Finanzalchimisten zu erwarten.»[3]

Er erkannte auch klar, wie sich das Berufsbild des Bankiers wandelte. Ebenfalls 1987 sagte Holzach:

«Eine gewisse Irritation kann aus dem Umstand entstehen, dass in den USA die Harvard-Absolventen in nie gekannten Mengen sich dem Finanzzentrum Wall Street zuwenden, um ihre elitäre Berufung als ‹Fast-Track-Kids› unter Beweis zu stellen. Ohne irgendwelche berufsethische Verpflichtung wollen sie möglichst innert Monaten ein Millionen-Plansoll im persönlichen Dollareinkommen erreichen oder übertreffen. Wen wundert's, dass die Zahl der Finanzskandale in etwa gleichem Rhythmus zunimmt?»[4]

---

* James-Joyce-Stiftung (gegründet 1985), Thurgauische Kulturstiftung Ottoberg (1989), Thurgauische Bodman-Stiftung (1996).

Insofern war er nicht nur ein besonnenes Vorbild für die Bankbranche, sondern gleichsam ein Visionär, dem man leider zu wenig Gehör geschenkt hat. Selbst die Frage, ob ein Finanzinstitut mit Steuergeldern gerettet werden soll, wie dies im Oktober 2008 mit der UBS geschah, thematisierte er bereits 1984 in einer Rede:

«Wollen wir die Prinzipien aufrechterhalten, die am massgeblichsten zur Förderung des allgemeinen Wohlstandes beigetragen haben – eben die Prinzipien einer freien Marktwirtschaft –, dann geht es *nicht* an, nur die Chancen einer liberalen Wirtschaftsordnung in Anspruch zu nehmen und die damit verbundenen Risiken dem Staat und damit letztlich dem Steuerzahler zu überlassen».[5]

Dass gerade «seine» Bank – oder zumindest das, was von ihr übrig geblieben war – vom Staat gerettet werden musste, hat Holzach rund sechs Monate vor seinem Tod aufgewühlt. Es war ein Schock für ihn, dass eine kleine Gruppe ignoranter und extrem kurzfristig denkender Manager ausgerechnet diejenige Institution fast in den Ruin trieb, der er sein ganzes Leben so konsequent gewidmet und die er zum Erfolg geführt hatte.

Ich kann mit gutem Gewissen über Holzach schreiben, da ich niemandem verpflichtet bin. Die sukzessive Annäherung an ihn erfolgte in meiner Tätigkeit als Journalist für die *Finanz und Wirtschaft* unter den Fittichen der damaligen Ressortleiterin Anne-Marie Nega-Ledermann, später bei der *Weltwoche* vor und unter der Leitung von Verleger Roger Köppel und schliesslich für die *Handelszeitung* in der Ära von Chefredaktor Beat Balzli. Prägend war auch die Arbeit an meinem Buch *Swiss Banking – wie weiter?*,[6] in dem ich mich ausgiebig mit den Werten und Tugenden im Bankwesen befasst habe. Persönlich bin ich Robert Holzach nur ein einziges Mal begegnet. Das war im Frühjahr 1995, als ich zwischen zwei Arbeitsstellen einige Monate im SBG-Konferenzgebäude Grünenhof in Zürich aushalf.

Gemeinsam mit Kurt Walder, der mir den temporären Job bei der SBG vermittelt hatte und der über lange Jahre für dieses Konferenzgebäude verantwortlich war, stand ich vor dem Eingang zum «Grünenhof», als der Bankier, damals noch Ehrenpräsident der SBG, mit zwei weiteren Personen auf uns zukam. Beiläufig sah ich, wie Walder eine Art Achtungstellung einnahm. Natürlich hätte Holzach an uns vorbeigehen können, da uns bestenfalls die Funktion von Türstehern zufiel. Doch er grüsste uns, worauf Walder, der die Umgangsformen innerhalb der Bank immer gerne etwas ausreizte, unvermutet sagte: «Mon Colonel, willkommen im ‹Grünenhof›. Alles ist bereit, wie Sie es gewünscht haben.» Für den Bruchteil einer Sekunde herrschte eine geradezu andächtige Stille. Holzachs klare blaue Augen blickten mich an; sie drückten eine seltene Mischung aus Autorität und Respekt aus. Zunächst blieb er stumm, vielleicht um seinem Status innerhalb der Bank Nachdruck zu verleihen und wohl auch, um die Distanz zu wahren, die er im Umgang mit seinen Untergebenen stets gepflegt hat. Die Begegnung erinnerte kurz an den Truppenbesuch eines Kommandanten, der sich über die Lage an der Front ins Bild setzt. Holzach nickte und sagte dann zu Kurt Walder: «Das ist gut so.» Er bedankte sich und wünschte uns einen schönen Tag. Walder öffnete die schwere Glastür in den Eingangsraum des «Grünenhof», sodass der Ehrenpräsident auf dem kürzesten Weg zum Lift gelangen konnte, der ihn in die erste Etage führte. «Das war Robert Holzach», sagte Walder mit einem gewissen Pathos.

Die Erinnerung ist frisch. Doch es blieb das einzige Mal, dass ich Holzach begegnet bin, der im Militär tatsächlich *Colonel*, also Oberst war. Das kurze Zusammenkommen genügte jedoch, um mein Interesse an dieser Person zu wecken; einer Person, von der ich über die Jahre immer wieder hören und lesen sollte, weil sie, wie kaum jemand anders, die Schweizer Bankenwelt so nachhaltig geprägt hat.

Holzach wird in Finanzkreisen oft als der letzte echte Schweizer Bankier bezeichnet, weil er im Gegensatz zu den späteren Generationen von Bankern sein Handwerk nicht nur bis ins letzte Detail verstand, sondern seinem Schaffen stets auch eine Vorbildfunktion beimass, die neben einer beruflichen eine gesellschaftliche und moralische Dimension umfasste. Dazu gehörte auch sein Mut zum Verzicht, wie im Fall Rey (siehe Kapitel 5). Insofern war Robert Holzach tatsächlich ein *Gentleman-Banker*, wie ihn der Basler Journalist Hansjörg Abt einst bezeichnet hat.[7] Ich würde sogar noch eine Nuance weitergehen und sagen, dass Robert Holzach ein *Gentleman-Bankier* war.

Denn mit einem angelsächsischen *Banker*, der, in Anlehnung an das Wort «Gangster», gelegentlich sogar zum *Bankster* mutiert, hatte Holzach nun wirklich nichts zu tun.

Da sich mein persönlicher Kontakt mit Robert Holzach auf das erwähnte Treffen beschränkt, nehme ich für mich in Anspruch, mit der erforderlichen Unvoreingenommenheit über ihn schreiben zu können. Damit sollte auch gewährleistet sein, dass meine Auseinandersetzung mit dieser Person keine hagiografischen Züge annimmt. Die Gespräche, die ich mit allen möglichen Weggefährten und Familienangehörigen Holzachs führen durfte, haben weiter dazu beigetragen, ein im Positiven wie im Negativen vielgestaltiges Bild dieses Mannes zu entwerfen, der selbst am peinlichsten darauf geachtet hätte, dass es der Wahrheit verpflichtet ist – und gerne Goethe zitierte: «Wo Licht ist, ist auch Schatten.» (Im Original: «Wo viel Licht ist, ist starker Schatten – doch war mir's willkommen.»[8]) Diese Bedingungen haben es verständlicherweise nicht einfach gemacht, Robert Holzach zu beschreiben, zumal seine Biografie auch Brüche aufweist und er, wie jede facettenreiche und einflussreiche Persönlichkeit, nicht ohne Widersprüche, Mythen und Kritiker blieb. Auch unter ihm passierten Fehler: Der bisweilen übertrieben soldatisch auftretende Chef konnte ein Pedant sein, der von seinen Mitmenschen dieselbe überdurchschnittliche Leistung forderte wie von sich selbst. Er hat mit manchen Untergebenen einen Umgang gepflegt, der heute nicht mehr möglich wäre und in die öffentliche Kritik geriete. Er hat andere Menschen seine Macht spüren lassen und einige von ihnen sogar sehr verletzt. Er bewies nicht selten zu wenig Menschenkenntnis und war nachtragend. Wenn er anderen seine Meinung eintrichtern wollte, fiel es ihm manchmal schwer, sein Temperament zu zügeln. Da zerbrach in einem Anfall von Holzachs Wut schon mal ein Telefonhörer, blieb ein Brieföffner in der Tischplatte stecken oder flog ein Papierkorb durch die Luft…

Obschon mir solche Dinge durchaus bekannt sind, entziehen sich die tieferen Beweggründe dafür meiner Kenntnis. Daher möchte ich mich in dieser Hinsicht eines Urteils enthalten – gerade weil es zum Teil sehr persönliche Dinge sind, die man zu Holzachs Zeiten möglicherweise auch noch nicht als so störend empfand wie heute. In gewissem Sinn war dieser Mann ein Patriarch – mit allen Vor- und Nachteilen –, nur ohne eigenes Unternehmen. Dieses Buch soll kein Psychogramm sein, weil es nie meine Absicht war, psychologische Erklärungen für Holzachs Verhalten oder für seine Persönlichkeit zu finden. Vielmehr galten im Rahmen meiner Arbeit getreu den Prinzipien Holzachs die Prämissen Redlichkeit, Respekt und Wahrheit. Unter diesen Voraussetzungen war es mein Ziel, ein adäquates Bild vom Leben und Schaffen dieses Mannes entstehen zu lassen.

Als ich ihm 1995 begegnet bin, stand die Finanzwelt sozusagen am Vorabend jener epochalen Zäsur, die den Schweizer Bankenplatz folgenschwer verändern würde. Als Ausgangspunkt dieser Entwicklung kann die Mitte 1998 vollzogene Fusion der Schweizerischen Bankgesellschaft mit dem Schweizerischen Bankverein betrachtet werden, der Holzach stets skeptisch gegenüberstand und über die er dem damaligen Verwaltungsratspräsidenten Robert Studer am Tag ihrer Bekanntgabe am 8. Dezember 1997 schrieb:

«In der VR-Sitzung vom 5. Dezember 1997 wurde nach 85-jähriger Existenz der SBG über das Ende dieser Bank gesprochen und entschieden. Mit diesem Entscheid kann ich mich nicht befreunden. Eine derzeitige Schwäche endet mit der Selbstaufgabe. Ein Heer, das sich lange Zeit zu den stärksten zählen durfte, entscheidet sich für die Kapitulation. Alle Erklärungen und Begründungen führen nicht daran vorbei, dass die heutige Führungsgeneration eineinhalb Jahre nach ihrem Amtsantritt den Glauben an die eigene Kraft verloren hat. [...] Der vorgeschlagene und nun vorgesehene Weg erweckt den Eindruck einer megalomanen Fluchtlösung. Diesem Entscheid kann man nur wünschen, dass ihm die geschichtliche Wertung dereinst gnädig sei.»[9]

Die Fusion der beiden Grossbanken, die tatsächlich nie die in Aussicht gestellten Erwartungen erfüllt hat, geht auch einher mit dem stillosen Rauswurf Holzachs aus der UBS, der symptomatisch ist für die Unvereinbarkeit der alten und der neuen Bankenwelt. Es ist bis heute kaum zu fassen, mit welcher Durchtriebenheit und mit welchem unreflektierten Profitstreben die Bankoberen der UBS nach der Fusion das Vermächtnis Holzachs demontiert haben, um schliesslich doch nur selbst zu scheitern.

Paradoxerweise scheint diese Bankrotterklärung der UBS nötig gewesen zu sein, um überhaupt erst eine Rückbesinnung aufs Masshalten, auf die Vernunft und die Redlichkeit im Bankwesen einzuläuten, sprich die Holzachschen Prinzipien aufs Neue zu entdecken; insbesondere im Hinblick darauf, dass das Bankgeschäft eine andere Aufgabe hat, als bloss im sozusagen keimfreien Labor unnachhaltige Eigenkapitalrenditen anzupeilen. Vor diesem Hintergrund erhält Holzachs Wertekodex definitiv neue Relevanz, zumal seine gesamte Tätigkeit – nicht nur als Bankier, sondern ebenso als Bürger, Denker, Dichter und Förderer – von Integrität, Vorbildlichkeit und Leistung geprägt war. Das stellt höchste Ansprüche an eine Person und bringt zwangsläufig mehr Verantwortung mit sich, als bloss dem schnellen Profit respektive dem Millionenbonus hinterherzujagen. Dabei wäre es ein Einfaches gewesen, sich an die Leitsätze des «Alten» zu erinnern, wie er in den Teppichetagen der UBS zuletzt nur noch despektierlich genannt wurde.

Holzach ist nie der Bankier gewesen, der die Verantwortung im Geschäft auf irgendwelche mathematische Modelle abwälzte, wie das später in der Finanzwelt zunehmend der Fall war. Stets hat er vor dem Übergriff der Maschinen gewarnt. Für ihn zählte der direkte Kontakt mit den Kunden und mit den Entscheidungsträgern. Darauf verliess er sich, genauso wie auf seine Erfahrung und seine Intuition. Blickte er in die Zukunft, war er überaus skeptisch:

«Was ich fürchte, sind Situationen des Ungleichgewichts, der Unangemessenheit und der Unverhältnismässigkeit. Die Megalomanie, der Wahnwitz der unkontrollierten Grösse, hat schon immer ins Unglück geführt. Der kleine Kopf der riesenhaften Dinosaurier hat schliesslich nicht ausgereicht, die Gattung vor dem Aussterben zu bewahren.»[10]

Dass er sich mit solchen Äusserungen bei den aufstrebenden Bankern, die den Lockrufen der Wall Street verfallen waren, keine Sympathien holte, wusste Holzach selbst am besten. Seit der Eskalation der Finanzkrise und der alsbald um sich greifenden Orientierungslosigkeit auf dem Schweizer Finanzplatz stelle ich bei zahlreichen Vertretern der Branche ein wachsendes Bedürfnis nach denjenigen Werten und Tugenden fest, die man zuvor weit von sich geschoben hatte und stattdessen der angelsächsischen *Anything goes*-Kultur huldigte. Das hat mich in meiner Absicht bestärkt, die Person Robert Holzachs publizistisch aus der Vergessenheit zu holen. Natürlich wäre es verfehlt, in diesem Buch die Vergangenheit zu verklären. Stets sind Dinge schiefgelaufen, gab es Ungereimtheiten, Verluste; auch in der Ära Holzach. Und dennoch scheint diese Epoche von einer Integrität geprägt zu sein, die es seither nie mehr gegeben hat und die durchaus als Grundlage für das Swiss Banking von morgen dienen könnte.

In seinen allerletzten Lebensjahren verstummte Holzach; zum einen aus gesundheitlichen Gründen, zum anderen aus der unabwendbaren Erkenntnis heraus, selbst endlich zu sein. Für die Angehörigen, die diesen aussergewöhnlichen Menschen im Zenit seiner Lebenskraft erlebt hatten, erwies sich diese Zeit als eine überaus schmerzhafte Erfahrung, die Holzach bei seinem grossen Mentor und Vorgänger, SBG-Präsident Alfred Schaefer, selbst am besten beschrieben hatte:

«Die Einsicht, nicht mehr stärker zu werden, und erst recht die Gedanken, dass er schwächer werden oder dass es etwas Stärkeres geben könnte, wies er von sich. Er ist buchstäblich daran zerbrochen, sich dem zu unterziehen, was wir vieldeutig ‹Schicksal› nennen.»[11]

Robert Holzach verstarb am 24. März 2009 nach einem kurzen Spitalaufenthalt. Konrad Hummler, Holzachs bevorzugter Assistent und persönlicher Mitarbeiter bei der SBG, gab an der Abdankungsfeier am 30. März 2009 in der Zürcher St.-Peter-Kirche der Trauergemeinde folgende Worte mit auf den Weg:

«Wenn wir nun mit dem vollendeten Leben Robert Holzachs umzugehen haben, dann wissen wir eines ganz sicher: Die beste Erinnerung an ihn wird sein, dass wir zurückgehen an unsere Arbeit und das tun, was uns auferlegt ist.»

In diesem Sinne ist dieses Buch vielleicht doch eine Auftragsarbeit.

Claude Baumann, Valencia, im Juni 2014

Vorwort von Henry Kissinger

Robert Holzach zählt zu jenen Menschen, an die ich mich mit grosser Verbundenheit erinnere. Ich lernte ihn 1981 im Rahmen meines Mandats als Mitglied des internationalen Beraterkreises der Robert-Bosch-Gruppe kennen. In diesem Gremium, dem auch Robert Holzach angehörte, diskutierten wir wirtschaftliche und politische Entwicklungen. Daraus leiteten wir jeweils wertvolle Hinweise für die Strategie des Unternehmens ab.

So habe ich Robert Holzach, damals Präsident der angesehenen Schweizerischen Bankgesellschaft, als kompetenten, weitsichtigen und verantwortungsvollen Menschen erlebt, der die Werte, die er hochhielt, auch selbst vorlebte. Er warnte vor falschen Gläubigkeiten und setzte sich für Redlichkeit und Integrität in der Unternehmenswelt ein. Damit verkörperte er auch die Tugenden des Schweizer Bankwesens, das man in der ganzen Welt bewundert hat.

Robert Holzach war ein Freund, obschon dieses Wort nie zwischen uns gefallen ist. Doch die Art und Weise, wie wir uns begegnet sind, beruhte stets auf Respekt, Verlässlichkeit und persönlicher Anteilnahme. Dabei reichten unsere Interessen weit über die geschäftlichen Belange hinaus; ich habe Robert Holzach immer auch für seine Belesenheit und sein grosses Interesse an gesellschaftlichen und kulturellen Fragen und Themen hoch geschätzt. Aus der Lektüre, insbesondere von belletristischen Werken, hat er Anregungen und Gedanken bezogen, die er in unsere Gespräche, aber auch in seine brillanten Reden einfliessen liess. Seine Plädoyers etwa für eine Elite in unserer Gesellschaft, für den Mut zum Ausserordentlichen oder für den Königsweg zwischen Risiko und Verantwortung, zwischen Tradition und Innovation, sind herausragende Beiträge eines Menschen, der sich unablässig und besonnen mit den grossen Fragen des unternehmerischen Handelns auseinandergesetzt hat.

Unvergesslich bleibt mir Robert Holzachs Einladung 1982 an die Landsgemeinde nach Trogen im Kanton Appenzell Ausserrhoden. Diese urschweizerische Institution ist wohl die älteste und einfachste Form der direkten Demokratie: An einer Landsgemeinde versammeln sich die wahl- und stimmberechtigten Bürger unter freiem Himmel und beschliessen die politischen Traktanden durch Handerheben.

Ich habe damals auch erleben können, wie sehr Robert Holzach mit seinem Vaterland verbunden und auf dieses stolz war. Er hat die Errungenschaften der Schweiz allerdings nie als gottgegeben betrachtet, sondern fühlte sich vielmehr verpflichtet, alles zu tun, um diese Werte in eine vom Fortschrittsglauben geprägte Zeit überzuführen.

Die globale Finanzindustrie hat sich in den vergangenen Jahren dramatisch verändert – in vielen Fällen nicht nur zum Guten. Auch die Schweiz blieb von dieser Entwicklung nicht ausgespart, sondern musste und muss sich in einem teilweise schmerzhaften Prozess den neuen Gegebenheiten anpassen. Viele Bankiers haben den Respekt, den ihr Berufsstand früher hatte, leichtsinnig verspielt – weil sie sich von genau jenen Qualitäten entfernt haben, die Robert Holzach seinerzeit vertreten hat: Vernunft, Verhältnismässigkeit und Vertrauen.

Der Paradigmenwechsel in der Finanzwelt hat just dann begonnen, als sich Robert Holzach altershalber zurückzog – insofern steht er für eine Epoche, in welcher der Bankier noch Ansehen genoss und eine unternehmerische Verantwortung besass, um «aus dem Vorhandenen und Vorgegebenen – oft visionär – etwas Besseres zu gestalten», wie Robert Holzach an seiner letzten Generalversammlung als Präsident der Schweizerischen Bankgesellschaft 1988 erklärte. Dieser schöpferische Antrieb hat ihn in seiner Ruhelosigkeit stets beseelt.

Ich behalte Robert Holzach in ehrendem Andenken als Freund genauso wie als unternehmerischen Schweizer Bankier und gleichzeitig als Menschen von seltener Grösse.

Henry Kissinger, New York, im August 2014

(Amerikanischer Aussenminister von 1973 bis 1977, Friedensnobelpreisträger 1973 sowie Mitglied des internationalen Beraterkreises der Robert-Bosch-Gruppe von 1981 bis 2014.)

Kapitel 1
Bankier aus Zufall

So geht es los: Robert Holzach wird Bankangestellter und hadert mit seinem Schicksal, abendelang. Doch die Zeiten sind besser, als manch einer annimmt. Bald herrscht eine totale Aufbruchstimmung, die auch Holzach mitreisst. Er lässt sich auf das Abenteuer «Kredit» ein und verachtet die Spekulanten. Ein eleganter Mann mit präzisem Scheitel und einem Zwicker auf der Nase ist die prägende Gestalt dieser Epoche: Alfred Schaefer ist wahrscheinlich der attraktivste Bankchef der Schweiz; das zumindest finden die Frauen. Holzach wird ungestüm und riskiert einiges. Am Ende des Jahrzehnts kann er sich gar nicht mehr vorstellen, dass er höchstens ein Jahr bei der SBG bleiben wollte. Die Schuhe, die er tragen soll, sind ihm zwar noch etwas zu gross. Doch bald werden sie ihm schon passen.

Dass Robert Holzach Bankier wurde, war keineswegs vorgezeichnet. Man könnte im Gegenteil sagen, er sei recht zufällig in dieses Metier geraten. Denn nach seinem Rechtsstudium an der Universität Zürich, das er kurz vor Weihnachten 1949 mit dem Doktorat abschloss,[12] hatte er zunächst am Bezirksgericht im thurgauischen Arbon erste Berufserfahrungen gesammelt. Danach war er in die Amriswiler Kanzlei von Alfred Müller eingetreten, der damals als freisinniger Nationalrat und Präsident des Bankrats der Schweizerischen Nationalbank amtete.*

Obschon Holzach im Frühjahr 1951 das Thurgauer Anwaltsexamen bestand, war er sich über seine weitere Zukunft im Unklaren. Der Beruf des Rechtsanwalts schien ihm nicht wirklich zu behagen. Nach «erstmaligen Auftritten vor den kantonalen Gerichten» fühlte er sich ausserstande, «das Engagement für seine Klienten in vernünftiger Weise unter Kontrolle zu halten».[13] Mehr noch: Die Auftritte vor Gericht hatten in ihm eine «hinderliche Befangenheit und Belastungssituation» hervorgerufen.[14] «Vor entscheidenden Gerichtsverhandlungen litt ich an Schlaflosigkeit und war übernervös», gestand Holzach später.[15] Daraus folgerte er: «Solche Erfahrungen legen eine lebenslängliche Berufsarbeit als Advokat nicht nahe.»[16]

Offenbar gab es einen weiteren Grund, weshalb Holzach keine Juristenkarriere einschlug: Aus ihm sei kein Anwalt geworden, weil er nicht verlieren könne, gestand er einst seinem engen Freund Jean-Claude Wenger, der selbst eine höchst erfolgreiche Karriere in eben-

---

* Operativ stand das Büro unter der Leitung des späteren Thurgauer Ständerats Hans Munz. Das ist insofern bemerkenswert, als Munz und Holzach bei der Sanierung der Arboner Fahrzeug- und Textilmaschinenfirma Saurer in den 1970er-Jahren eine massgebliche Rolle spielten (siehe Kapitel 5).

diesem Beruf einschlug.[17] Und viele Jahre später sagte Holzach über seine ersten beruflichen Gehversuche: «Wenn ich über die Stationen nachdenke, die mich dem Sinn meines Lebens nähergebracht haben, dann fehlt der geradlinige Weg, der von Anfang an ein breites bekanntes Ziel laufend präzisiert und konkretisiert hätte.»[18]

Notorische Unnachgiebigkeit

Dass er mit fast 30 Jahren noch nicht wusste, was aus ihm werden sollte, hatte insofern etwas Beunruhigendes, als er der erste Akademiker in der Familie war. Robert Holzachs Vorfahren stammten aus dem Kleingewerbe oder dem mittelständischen Unternehmertum. Sein Grossvater mütterlicherseits war ein erfolgreicher Uhren- und Schmuckgrosshändler, während sein Vater als kaufmännischer Angestellter für das Winterthurer Handelshaus Volkart gearbeitet hatte, bevor er sich selbstständig machte; allerdings mit wenig Erfolg, sodass er später in der Firma seines Schwiegervaters Unterschlupf suchen musste. Den beiden Geschwistern Robert Holzachs, dem zwei Jahre älteren Bruder Franz und der fünf Jahre jüngeren Schwester Doris, war es ebenfalls nicht vergönnt gewesen, eine akademische Ausbildung zu absolvieren. Robert Holzach seinerseits hatte sich schon früh als wissensdurstiger Schüler hervorgetan, dessen notorische Unnachgiebigkeit die Eltern letztlich genötigt hatte, ihn aufs Gymnasium zu schicken. Nach Matura, Universität und Doktorat lastete folglich ein gehöriger Erwartungsdruck auf Robert Holzach, zumal er sich mit seinem Hochschulstudium klar gegen einen Eintritt ins grosselterliche Unternehmen entschieden hatte, oder, wie er es selbst einmal formulierte: «Mein Wunsch nach grösstmöglicher Eigenständigkeit ergab eine Ablehnung dieser Chance, ohne dass ich eine echte Alternative schon konkret vorgelegt hätte.»[19]

Diese Ambivalenz in Holzachs Naturell ist kennzeichnend. Da waren einerseits Ambitionen und Verantwortungsbewusstsein – Tugenden, die er von der «dominierenden Gestalt» seiner Mutter geerbt hatte – und andererseits das Hadern mit der Welt und sich selbst, was Holzach bisweilen sehr verletzlich machte. Gerade weil er sich oft überhöhten Ansprüchen aussetzte, plagten ihn Selbstzweifel, sodass er sich regelmässig einsam und elend fühlte, was er allerdings nach aussen hin nie offenbarte.

Holzach hatte aber auch eine pragmatische Seite. Deshalb knüpfte er seine Suche nach einer «sinnstiftenden beruflichen Tätigkeit» letztlich an zwei profane Bedingungen: erstens an einen «Aufenthalt in einem fremden Sprachgebiet, um die etwas marginalen Sprachkenntnisse» zu verbessern, und zweitens an eine Tätigkeit, die «mindestens die Finanzierung des Lebensunterhalts» sicherstellen würde, um den Eltern nicht «weiter auf der Tasche zu liegen».[20] Mit diesen Vorgaben ging er auf Stellensuche und bewarb sich bei unterschiedlichsten Firmen und Institutionen. Das Spektrum der kontaktierten Arbeitgeber zeigt, wie unschlüssig Holzach damals noch war. Er schrieb an Versicherungen, an Firmen der chemischen Industrie in Basel sowie an diverse Handelskammern, und er meldete sich bei zwei Banken: der Schweizerischen Bankgesellschaft (SBG) und dem Schweizerischen Bankverein (SBV). Sein Brief an den SBV trug ihm harsche Kritik seines Vetters Dietrich Holzach ein. Der damals schon 62-jährige Vizedirektor beim SBV ermahnte seinen wesentlich jüngeren Cousin, in der Selbstdarstellung «etwas mehr Zurückhaltung» zu üben.

Auf alle Bewerbungen erhielt Holzach zunächst Absagen. Die einzige halbwegs positive Reaktion kam vom Basler Chemieunternehmen Sandoz, wo er sich immerhin vorstellen durfte. Doch auch da war ihm kein Glück beschieden: Sein Versuch, einen Text ins Französische zu übersetzen, «scheiterte überwiegend».[21]

Initialzündung in Genf

Erst Monate später und gänzlich unverhofft meldete sich die SBG bei ihm. Er solle doch in Zürich vorbeikommen; sie hätten vielleicht etwas für ihn, schrieb die Personalabteilung. Konkret handelte es sich um ein Praktikum in Genf. Bei diesem Angebot zögerte Holzach nicht lange, waren doch seine zwei Bedingungen erfüllt: Erstens hatte er so Gelegenheit, seine Französischkenntnisse aufzubessern, und zweitens konnte er auf eigenen Füssen stehen. Zudem war ihm die Rhonestadt nicht gänzlich fremd, hatte er doch ein Semester dort studiert – unterbrochen vom Aktivdienst, wie in der Schweiz der Militäreinsatz während des Zweiten Weltkriegs hiess.*

Die zunächst auf neun Monate befristete Stelle, die Holzach am 1. Juni 1951 antrat, darf rückblickend als Initialzündung für eine Bankkarriere betrachtet werden, die dem Zufall entsprang, ihresgleichen aber bis heute sucht. An der Feier zu seinem 60. Geburtstag im Jahr 1982 im SBG-Ausbildungszentrum Wolfsberg in Ermatingen am Bodensee sagte Holzach im Kreis seiner engsten Angehörigen: «Meine Berufswahl war eher das Resultat verschiedenartiger Komponenten als eine zielgerichtete Entscheidung. (Erst recht) der Eintritt in die Schweizerische Bankgesellschaft 1951, bei dem man (beinahe) von einem Zufall sprechen kann.»[22]

In Genf machte sich Holzach in der Devisen- und Akkreditiv-Abteilung der SBG sowie in diversen Sekretariaten und im Wertschriftenbereich «nützlich». Eine «peinliche Meldepflicht» trug ihm einmal eine auf der falschen Seite verbuchte Devisenposition in «Franzosenfranken» ein, ansonsten bewährte sich der gewissenhafte Deutschschweizer im Urteil der Genfer SBG durch und durch. Holzach hielt in seinem Tagebuch allerdings fest: «Ich bin ohne Zweifel ungeduldig. [...] Nach sechs Wochen Einarbeitung sehe ich mich erst auf dem Niveau einer mittleren Daktylo [...] und nach sechs Monaten Einarbeitung auch nur auf dem Niveau eines x-beliebigen Angestellten.»[23]

In seiner Freizeit flanierte Holzach gern durch die malerischen Gassen der Stadt, in der das Schweizer Bankwesen seinen Ursprung hat und der französische Reformator Jean Calvin den Zins für legitim

---

* In Genf war Carl E. Weidenmann (1921–2014), der später Divisionär der Schweizer Armee und Chef des Schweizer Nachrichtendiensts werden sollte, sein engster Freund. Auch er studierte Rechtswissenschaften. In ihrer Freizeit sassen sie oft an der Rhone, träumten von Reisen ins Ausland, wenn dereinst der Krieg vorüber sein würde, und phantasierten über Firmengründungen, obschon ihnen die nötige Geschäftsidee fehlte.

erklärt hatte.* In Genf machte Holzach zudem erste Erfahrungen mit dem Börsenhandel, und zwar nicht nur in der Bank selbst, sondern auch am Feierabend, wenn er sich in den Bars und Cafés zu seinen Arbeitskollegen gesellte, die mit den schnellen Gewinnen prahlten, die sie tagsüber erzielt hatten. Holzach blieb dieses Gebaren fremd. Die blosse Spekulation an den Finanzmärkten kam ihm ungeheuerlich vor, denn sie hatte in seinen Augen nichts, aber auch gar nichts mit dem wirtschaftlichen Streben eines Unternehmers zu tun, geschweige denn mit dem redlichen Schaffen der arbeitstätigen Bevölkerung.

Via London nach Zürich

Trotz wiederkehrender Zweifel und permanenter Skepsis gegenüber dem Lauf der Dinge hinterliess Holzach in Genf einen guten Eindruck, sodass die SBG sein Praktikum verlängerte und ihm die Möglichkeit bot, weitere Erfahrungen beim englischen Börsenbroker Strauss Turnbull in London zu sammeln. Mit dem Aufenthalt in der Themsestadt war auch ein Kurs an der angesehenen London School of Economics verbunden, wo «erste Konfrontationen mit nationalökonomischen Theorien» anstanden. Dabei festigte sich Holzachs Einstellung zum Bankgeschäft in dem Sinn, dass er darin nicht nur eine ausführende Tätigkeit – oder, wie manche Angestellte, eben auch eine bloss spekulative Angelegenheit – sah, sondern eine weit darüber hinausreichende Aufgabe, die mit einer hohen gesellschaftlichen Verpflichtung einherging, insbesondere für eine landesweit vertretene Grossbank wie die SBG. Im Land, wo der Kapitalismus seinen Ursprung hat, nahm auch Holzachs Banklaufbahn weiter Gestalt an, und er bekam im No-

---

* Jean Calvin unterschied zwischen gerechtem und ungerechtem Zins. Ein «gerechter Zins» lag vor, wenn das Darlehen der Gründung oder dem Ausbau eines Unternehmens diente und so dem Darlehensnehmer einen Gewinn bescherte. Im Jahr 1545 schrieb Calvin: «Über Zinsen muss man nicht nach einem bestimmten und besonderen Wort Gottes urteilen, sondern nur nach der Regel der Billigkeit.» Dieser Massstab sollte später bei Holzachs Tätigkeit als Kreditbankier eine wichtige Rolle spielen.

vember 1952 seine erste feste Anstellung am Hauptsitz der SBG an der Zürcher Bahnhofstrasse 45. Der 30-Jährige begann als Sekretariatsassistent von Generaldirektor Hugo Grüebler, der damals den Kommerzbereich leitete, diejenige Abteilung, die Kredite an Unternehmen vergab und wie ein Nukleus funktionierte: unabhängig und selbsttragend. Obschon Holzach somit im profitabelsten Bereich der Bank gelandet war, haderte er mit seiner Tätigkeit. Am Feierabend redete er sich oft wie versessen ein: «Da werde ich sicher nicht alt.»[24]

Das Bestehende permanent zu hinterfragen, mochte zwar gelegentlich zu neuen Einsichten führen, war für den unverbesserlichen Skeptiker Holzach aber vor allem eine Last, so etwas wie ein Phantomschmerz, der auf die Dauer zermürbte. Trotzdem blieb Holzach bei der Bank. Es waren «verschiedene Komponenten», die ihn dazu bewogen, wie er einmal sagte.[25] Um seine Motive zu ergründen, ist es lohnenswert, sich die damalige Schweizer Grossbanken-Szene vor Augen zu führen.

Kommerzgeschäft als Dreh- und Angelpunkt

Anfang der 1950er-Jahre waren grosse Institute wie die Schweizerische Kreditanstalt (SKA), der Schweizerische Bankverein (SBV), die Schweizerische Bankgesellschaft (SBG) sowie – gemessen an der Bilanzsumme mit einem gewissen Abstand – auch die Schweizerische Volksbank (SVB) sogenannte Handels- oder Geschäftsbanken. In deren Zentrum stand damals der Kommerzbereich, der für die Kreditvergabe an die Wirtschaft zuständig war, während die Anlageberatung (heute Vermögensverwaltung beziehungsweise Wealth Management) sowie der Börsen- und Devisenhandel eine untergeordnete Rolle spielten. Die Beziehungen zu sehr wohlhabenden Einzelkunden und Familien überliess man mehrheitlich den noblen Privatbankiers, und auch bezüglich Kleinkunden- sowie Hypothekargeschäft hatten die Grossbanken damals kaum Ambitionen, in diese klassischen Domänen der Regional-, Raiffeisen- und Kantonalbanken einzudringen.

Dass die Kommerzabteilung Dreh- und Angelpunkt der Grossbanken war, hing nicht zuletzt mit der politischen und konjunkturellen Situation in den Nachkriegsjahren zusammen. Der unversehrten Schweiz kam zugute, dass sich Westeuropa weit schneller erholte als erwartet. Entgegen den Befürchtungen zahlreicher Politiker, Ökonomen und auch einiger Bankiers war es nicht zu einer Nachkriegsdepression gekommen. Vielmehr wollten die Menschen Leid und Not so rasch wie möglich hinter sich lassen und zu neuen Ufern aufbrechen.

Das war die Situation am Anfang einer geradezu spektakulären Entwicklung, die in Deutschland als «Wirtschaftswunder» in die Geschichte eingehen sollte. Ab 1951 setzte eine der längsten Hochkonjunktur-Perioden in der westlichen Welt ein, eine Phase, die bis zur Erdölkrise und Rezession in den Jahren 1973 und 1974 dauern sollte. Dank dem sportlichen Exploit an der Fussballweltmeisterschaft von 1954 in der Schweiz, der als «Wunder von Bern» Geschichte schrieb, rehabilitierte sich (West-)Deutschland auch gesellschaftlich und kulturell, was den wirtschaftlichen Aufschwung zusätzlich beschleunigte. Das alles manifestierte sich in einem enormen Nachholbedarf bei den Menschen, auch in der Schweiz – und das wiederum führte zu einer überschiessenden Kreditnachfrage.

Vor diesem Hintergrund erstaunt es nicht, dass die SBG es als eine ihrer «vornehmsten Aufgaben betrachtete, ihr Kreditpotenzial in den Dienst des Schweizer Exports zu stellen».[26] Die Schweizer Grossbanken konnten zu jener Zeit noch von weiteren günstigen Faktoren profitieren: tiefe Zinsen, ein starker Franken, der neben dem Dollar bis 1958 die einzige konvertierbare Währung war; darüber hinaus aber auch die politische Stabilität der Schweiz, ein verlässlicher Rechtsrahmen sowie die hohe Kompetenz und die damals noch vorbildliche Gewissenhaftigkeit der Bankangestellten. Ab Mitte der 1950er-Jahre machte sich auch wieder ein verstärkter Kapitalzufluss aus dem Ausland in die Schweiz bemerkbar. Allerdings flossen die Mittel noch so unstetig, dass sie sich vorerst kaum zur Absicherung von Krediten eigneten. Umso wichtiger war eine kompetente Beurteilung, wenn einem Unternehmen ein Darlehen gewährt werden sollte. Mit Hugo Grüebler hatte Robert Holzach einen brillanten Lehrmeister, der ihn Schritt für Schritt in die hohe Kunst des Kredits einführte. «An das Verantwortungsbewusstsein und die Einflussnahme der Bankexponenten wird eine besonders hohe Anforderung gestellt», notierte Holzach bald einmal.[27] Aber auch: «Der Reichtum an Betätigungsvarianten, der sich im Kreditgeschäft auftut, ist fast unerschöpflich.»[28] So wandelte sich Holzachs zufälliger Einstieg ins Bankgeschäft zu einer eigentlichen Raison d'être.

Hemdsärmelige Emporkömmlinge

Die Aufbruchstimmung in den 1950er-Jahren war bei der SBG ganz besonders ausgeprägt. Dieser Umstand hatte einerseits historische Gründe, andererseits beruhte er auf einer einzigartigen Fügung.

Historisch betrachtet, war die Schweizerische Bankgesellschaft 1912 aus dem Schulterschluss der 1862 gegründeten Bank Winterthur und der 1863 gegründeten Toggenburger Bank entstanden. Gerade weil das Institut keiner Finanzmetropole wie Zürich, Genf oder Basel entstammte, haftete ihm noch lange das Image einer «Bauernbank» an; auch dann noch, als es 1917 von der mittelgrossen Industriestadt Winterthur an die mondäne Bahnhofstrasse in Zürich gezogen war. Selbst nach dem Zweiten Weltkrieg galt die SBG als «Bank der hemdsärmeligen Emporkömmlinge» oder als eine «volkstümliche Citibank», wie Rainer E. Gut, der Ehrenpräsident der Credit Suisse, in seinen Memoiren schreibt.[29] Genau das sollte sich in den 1950er-Jahren dramatisch ändern. Denn die angeblich hemdsärmeligen SBG-Leute stellten sich als die besseren Deuter der internationalen Grosswetterlage heraus als etwa die erfolgsverwöhnten Vertreter der 1856 gegründeten Schweizerischen Kreditanstalt (SKA, heute Credit Suisse), die als Grossbank lange den uneingeschränkten Führungsanspruch in der Schweizer Geldbranche für sich gepachtet hatte.

Nach dem Zweiten Weltkrieg waren die SKA-Führungsleute aber in eine sonderbar pessimistische Grundstimmung verfallen, woraus sich ein höchst konservatives Geschäftsgebaren ergab, das den epochalen Veränderungen in Europa viel zu wenig Rechnung trug.* Zu diesen Fehleinschätzungen gesellte sich ein Dünkel, der es definitiv verhinderte, dass neue Kunden und deren Bedürfnisse adressiert wurden. Das zeigte sich besonders gut in einer Direktive von Felix W. Schulthess, der Adolf Jöhr im SKA-Präsidium ablöste: «Wir gehen nicht wie Hausierer auf die Strasse und ziehen an den Hausglocken. Die Leute kommen zu uns, und wir entscheiden dann, ob sie würdig sind, unsere Kunden zu werden.»[30]

Vor diesem Hintergrund erstaunt es nicht, dass die einstmals so stolze SKA gegenüber der SBG immer stärker in Rückstand geriet. Anders ausgedrückt: Die SBG-Leute waren sich nicht zu schade, genau das zu tun, was die vornehmen SKA-Herren für unwürdig hielten, nämlich an allen Hausglocken zu ziehen. Das Institut musste sich ohnehin gehörig anstrengen, wenn es seinen Führungsanspruch konkretisieren wollte. Gemessen an der Bilanzsumme, also an der damals für die Grösse wichtigsten Kennziffer, war die SBG in den 1950er-Jahren nämlich noch klar die Nummer drei – hinter dem SBV und der SKA.

Entwicklung der Bilanzsummen

Jahr	SBV	SKA	SBG
(in Millionen Franken)			
1950	2670	2265	1699
1955	3149	3043	2387
1960	5151	4918	4636

Um an die Spitze zu gelangen, galt es, «eine besondere Dynamik» zu entwickeln, wie es im Haus SBG hiess. Die Ausgangslage bot denjenigen Mitarbeitern, die «Phantasie und Arbeitswillen einbrachten, ein-

---

* Als Verfechter der negativen (Konjunktur-)Prognosen übte vor allem Walter Adolf Jöhr, Professor an der Handelshochschule St. Gallen, einen erheblichen Einfluss auf seinen Vater Adolf Jöhr aus, der von 1940 bis 1953 Präsident des Verwaltungsrats der SKA war.

malige Möglichkeiten». Das wollte sich Holzach nicht entgehen lassen, sondern «in gleicher Dynamik an den denkbaren Fortschritten teilhaben».[31] Dass die SBG in den 1950er-Jahren den Grundstein legte, um ein Jahrzehnt später die ganze Konkurrenz weit hinter sich zu lassen, ist besonders einer Person zuzuschreiben: Alfred Schaefer.

Von Schäfer zu Schaefer

Der Aargauer Alfred Schaefer, 1905 geboren, war in mehrfacher Hinsicht eine Ausnahmeerscheinung, die viele Mitmenschen nicht nur nachhaltig beeindruckte, sondern bisweilen fast schon einschüchterte. Schaefer wuchs in der Stadt Aarau auf, wo sein Vater, Albert Schäfer, ein angesehener Bauunternehmer war. Das «ä» im Nachnamen verwandelte Albert Schaefer in ein «ae», als er in seiner Banktätigkeit immer häufiger mit der angelsächsischen Welt zu tun hatte.

Wenn nicht Historiker, dann wäre er am liebsten Berufsoffizier geworden, doch in beiden Fällen setzten sich die Eltern gegen ihn durch, einmal der Vater und einmal die Mutter, Tochter aus wohlhabendem Haus. So studierte er schliesslich Jurisprudenz, und zwar in Zürich, Genf, Rom und Paris, was dem gebürtigen Aargauer bereits ein gewisses kosmopolitisches Flair verlieh, das sich noch weiter ausprägen sollte.[32] Ein Brief seines Vaters nach Paris, wonach die SBG «juristische Mitarbeiter» suche, hatte Alfred Schaefer veranlasst, in die Heimat zurückzukehren, um sich 1930 «ohne viel Begeisterung» bei der Bank zu bewerben. Nach dem Vorstellungsgespräch plagten ihn auf dem Weg zurück zum Bahnhof jedoch bereits Gewissensbisse; er fand, er habe sich «verkauft». Bankbeamter statt freier Jurist zu werden, erschien dem damals 25-Jährigen plötzlich als Rückschritt. Am Zürcher Hauptbahnhof, wo er den Zug zurück in den heimatlichen Aargau nehmen wollte, machte er kehrt, um seine eben erst abgegebene Bewerbung zu widerrufen. Doch das Tor der SBG war um sechs Uhr abends bereits geschlossen, sodass er sich seinem Schicksal fügte, am 15. Januar 1931 als Praktikant in die Dienste der SBG eintrat und sich vornahm, höchstens ein Jahr zu bleiben.[33] Tatsächlich blieb er der Institution bis zu seinem Tod im Jahr 1986 zuletzt als Ehrenpräsident treu.

Ausgesprochen gut aussehend

Alfred Schaefer war ein hochgebildeter, stets vornehm auftretender Mensch, der gleichzeitig für eine Bescheidenheit eintrat, die er selbst vorlebte. Neben seinem Beruf, den er mit eiserner Disziplin ausübte, interessierte er sich mit Hingabe für Kunst und Kultur; zudem war er ein passionierter Reiter. Im Urteil vieler Frauen sah er ausgesprochen gut aus. Der Zwicker, auch Pincenez genannt, den er viele Jahre trug, verlieh ihm zusammen mit der in seine Krawatte gesteckten Perle und den edlen Anzügen eine durchwegs elegante Ausstrahlung, die Weltgeltung erlangte, als das amerikanische *Time Magazine* am 12. März 1965 erstmals einen Schweizer Bankier in Wort und Bild porträtierte. Doch bis es so weit war, musste Schaefer eine enorme Leistung an den Tag legen, zumal sein Eintritt in die SBG 1931 in keine schwierigere Zeit hätte fallen können.

Die Weltwirtschaftskrise sowie der Aufstieg des Nationalsozialismus in Deutschland stürzten Europa und damit die Schweizer Banken in existenzielle Probleme; davon war auch die SBG betroffen. Schaefer war alsbald gefordert, und ein Ausstieg aus der Bank nach einem Jahr war bald einmal überhaupt kein Thema mehr. Stattdessen musste er Kredite abschreiben, Beteiligungen und Tochterfirmen liquidieren, Löhne kürzen, Stellen streichen, die Leistungen der Pensionskasse kürzen, stille Reserven aktivieren und das Aktienkapital herunterfahren. In der damals neu herausgegebenen Personalzeitschrift schrieb Schaefer, der ein Faible für Napoleon und damit auch für die französische Sprache hatte: «Serrez les rangs» – eine unmissverständliche Durchhalteparole. Später, bei seinem Rücktritt als SBG-Verwaltungsratspräsident sagte Schaefer: «‹Sparen› musste in dieser Zeit grossgeschrieben, die Unkostenbudgets mussten scharf beschnitten werden.

Das ging so weit, dass bei irgendwelchen Konferenzen keine Zigarren mehr serviert werden durften, dass man nur offenen Wein trank und dass in einer Direktorenkonferenz das Menü nie über Franken 4.50 kosten durfte.»[34] 1941, also zehn Jahre nach seinem Eintritt in die SBG, wurde der erst 36-Jährige, als jüngster Generaldirektor überhaupt, in die oberste, damals noch zweiköpfige Führungscrew befördert – neben Präsident Fritz Richner. Damit war zumindest operativ der Grundstein für die Renaissance einer erfolgreichen SBG gelegt.

Krisen frühzeitig entgegenwirken, entschieden handeln, lieber früh begrenzte Verluste hinnehmen als später viel grössere, auf dubiose Konstruktionen verzichten und nie von einseitigen Engagements abhängig sein – das waren in etwa die Prinzipien, die Schaefer während der schwierigen Zeit befolgte. Als Konsequenz daraus hatte die SBG bei Kriegsende zwar keinerlei stille Reserven mehr, dafür waren aber die offenen Reserven gerettet und alle schwachen Engagements ausgemerzt. Rund 15 Jahre nach seinem Eintritt in die SBG «war die Basis geschaffen zum Wiederaufstieg», erklärte Schaefer – und liess bald auch Taten folgen.[35]

Unmittelbar nach dem Zweiten Weltkrieg übernahm die SBG 1945 die Eidgenössische Bank (Eiba), ein Institut, das sich stark in Deutschland ausgebreitet und versäumt hatte, seine transfergefährdeten Engagements rechtzeitig abzubauen respektive abzuschreiben. Was an Geldern noch vorhanden war, blieb blockiert. Für die Eiba war dies das Ende, für die SBG hingegen erwies sich der Coup als probate Gelegenheit, die Präsenz in Zürich, Bern und besonders in Genf signifikant auszubauen. Es war das erste Mal, dass die SBG einen so grossen Schritt nach vorn machte, und es sollte nicht dabei bleiben. Mit der Akquisition weiterer kleinerer Finanzinstitute in der ländlichen Schweiz erweiterte die SBG ihr Filialnetz kontinuierlich. Gleichzeitig setzte sie alles daran, auf dem internationalen Parkett eine bedeutende Rolle zu spielen. So engagierte sich Schaefer persönlich für die Gründung des Institut International d'Etudes Bancaires, in dem sich die wichtigsten Bankiers Europas regelmässig zur Diskussion laufender Probleme treffen – bis heute. Das wiederum erschloss der SBG wichtige Kontakte im Ausland, sodass sie nach dem Zweiten Weltkrieg zu den ersten Schweizer Banken gehörte, die Staatsanleihen von Ländern wie Österreich, Italien, Westdeutschland, England und Schweden auf den Kapitalmarkt brachte.

Im Jahr 1953 übernahm Schaefer die Leitung der Generaldirektion. Beim Aufstieg in die vorderste Reihe der schweizerischen Banken fehlte es ihm allerdings auch zweimal an Mut, wie er später einräumte. «Das erste Mal 1945, als es möglich gewesen wäre, zugleich mit der Eiba auch die Basler Handelsbank zu übernehmen. Aber deren Geschäft war bescheiden, und wir hätten an sechs Orten in der Schweiz drei Bankgebäude gehabt, eine Belastung, die damals ins Gewicht fiel. Einige Jahre später hätten wir die absolute Mehrheit der ‹American Express› für einen sehr bescheidenen Betrag kaufen können. Die damalige Investition hätte sich (bis 1976) ungefähr ver-25-facht, aber es waren für diesen Erwerb ungefähr 20 Millionen Dollar nötig, und diese hatten wir damals nicht.»[36] Den ganz grossen Coup blieb Schaefer seiner Umwelt trotzdem nicht schuldig; allerdings musste sie sich bis in die 1960er-Jahre damit gedulden (siehe Kapitel 3).

«Marschall Vorwärts» mit Tränen in den Augen

Schaefer besass nicht nur einen siebten Geschäftssinn, ein Talent für Beziehungs- und Imagepflege sowie eine unglaubliche strategische Weitsicht. Er verkörperte auch eine Generation, die massgeblich vom Aktivdienst geprägt war. Schaefer zählte im Sommer 1940 zu den jüngsten Offizieren, die der Schweizer General Henri Guisan zum historischen Rütli-Rapport einberief. «Es gab wohl keinen, der nicht Tränen in den Augen hatte und sie auch nicht verbarg. Es waren Tränen der Ergriffenheit, die sich in Entschlossenheit wandelte», sagte er später.[37] Aus diesen und weiteren Aktivdienst-Erfahrungen resultierte auch die Motivation, der Schweiz und der SBG nach dem Zweiten Weltkrieg auf internationaler Ebene zu der ihr gebührenden Geltung zu verhelfen. Dass dabei die militärischen Prinzipien in geradezu penetranter Konsequenz zum Tragen kamen, ist angesichts der damaligen Umstände verständlich. Schaefer erteilte seinen Untergebenen «Sattelbefehle» und sprach von schnellen «Vorstössen» und «Vormärschen» – was ihm den Übernamen «Marschall Vorwärts» eintrug. Dass die SBG praktisch bis Ende der 1980er-Jahre, also auch noch unter der Ägide Holzachs und in ihrer wirtschaftlichen Blütezeit, militärisch straff organisiert war – Kritiker sprechen von einer «militärischen Verseuchung» –, geht im Prinzip auf Schaefer zurück.

Eiserne Strukturen sowie eine Führungsfigur von seltener Kapazität und einzigartiger strategischer Weitsicht ermöglichten es der SBG in den 1950er-Jahren, sich auf die epochalen gesellschaftlichen Veränderungen einzustellen. Wie kein anderer Bankier seiner Zeit richtete sich Schaefer auf eine neue Realität aus, nämlich auf die, dass die Menschen in Westeuropa mit zunehmendem Wohlstand gänzlich neue Prioritäten setzten: Konsum, Wohneigentum, Freizeit und Vergnügen. Unter diesen Vorzeichen verordnete er der SBG eine nie gesehene Wachstumsoffensive.

So begann die SBG, sich von einer Handels- oder Geschäftsbank, die primär die Industrie bediente, zu einer eigentlichen Universalbank zu entwickeln, wie es sie selbst in den USA – aufgrund der dortigen Gesetze – nie gegeben hat. Das erklärt denn auch, weshalb Robert Holzach Gefallen an diesem Unternehmen fand, das er ursprünglich – wie Schaefer übrigens auch – bereits nach einem Jahr wieder hatte verlassen wollen. Stattdessen stellte er sich nun mit soldatischer Disziplin in den Dienst dieser Organisation, die unter der Führung eines Mannes stand, der für Holzach stets das grösste Vorbild sein würde.

Umgekehrt erkannte auch Schaefer das Potenzial dieses jungen Mannes. Nachdem Holzach im November 1952 fest zur SBG gestossen war, figurierte er bereits im Mai 1953 auf Rang 15 einer von Schaefer angefertigten «Liste jüngerer Mitarbeiter in Zürich, die für allfällige anderweitige Verwendung in Frage kommen».[38] Gut möglich, dass Holzach mit seinem Sensorium für Befindlichkeiten spürte, dass er zu Höherem auserkoren worden war. Gleichzeitig war er selbstbewusst genug, die vermutlich anstehende Beförderung gleich selbst voranzutreiben. Karriereratschläge holte er sich oft von Carl E. Weidenmann, seinem Freund aus gemeinsamen Zeiten im Gymnasium in Trogen und während des Studiums. Dessen Vater arbeitete als Direktor bei der Schweizerischen Rückversicherungsgesellschaft (heute Swiss Re) und diente Holzach sozusagen als Blaupause für seine Ambitionen. Direktor, das war das Langfristziel bei der SBG, wobei Holzach der Meinung war, seinen Aufstieg sogar etwas abkürzen zu dürfen. So überging er 1954 seine direkten Vorgesetzten und bat direkt um eine Unterredung beim damaligen SBG-Verwaltungsratspräsidenten Fritz Richner.[39] Es war, gelinde gesagt, ein mutiges Unterfangen, mit dem sich Holzach einige Unannehmlichkeiten hätte einhandeln können – wie damals, als er sich wegen seiner Bewerbung beim Bankverein eine harsche Rüge von seinem Vetter Dietrich eingefangen hatte. Doch wie sich zusehends zeigte, funktionierte Holzach nach seinen eigenen Regeln und Prinzipien.

Richner war eine Ausnahmeerscheinung. Der Bauernsohn aus dem Kanton Aargau hatte es vom einfachen Dokumentalisten zum obersten Mann bei der SBG gebracht. Doch selbst in dieser Position war es für ihn nichts Ungewöhnliches, nebenbei noch einen grossen Landwirtschaftsbetrieb in Kaiserstuhl zu führen. Regelmässig brachte er den Sekretärinnen in der Bank Milch von seinem Hof mit.

«Nun, Herr Präsident», sagte Holzach fast feierlich, als er in Richners feinem Eckbüro im dritten Stock Platz genommen hatte, «ich bin schon eine geraume Weile in dieser Bank tätig. Das sollte ausreichen, um meine Leistungen zu beurteilen. Darum meine Frage, was ich von dieser Bank noch erwarten darf.»

Holzachs Vorgehen hätte seine vielversprechende Karriere abrupt beenden können, zumal Richner zunächst erstaunt, wenn nicht gar abweisend auf diesen Vorstoss reagierte. Nüchtern stellte er fest, derlei Vorpreschen noch nie erlebt zu haben. Doch nach einigem Überlegen sagte der Präsident der Schweizerischen Bankgesellschaft zu Holzach: «Eigentlich haben Sie recht. Aber ich kann Ihnen jetzt keine Antwort geben – weil ich gar nicht weiss, was wir mit Ihnen noch vorhaben. Sie werden von mir hören.»[40] Mit diesen Worten beendete Richner die Unterredung. Holzach indessen hatte klare Vorstellungen davon, was ihm gebührte, und er liess jeden, der es hören wollte, wissen, dass sein Ziel die Prokura sei und dass er nicht zunächst Handlungsbevollmächtigter werden wolle, wie das in dieser Bank üblich sei; auch Weidenmann bekam das mehrmals zu Ohren.

Einige Wochen nach der Audienz in Richners Büro stand Holzach erneut dort. «Es geht etwas. Sie werden zufrieden sein – zumindest eine Zeit lang», sagte der Präsident. Den Worten folgten bald Taten: Per Anfang 1955 wurde Holzach Prokurist und übersprang so tatsächlich die Stufe des Handlungsbevollmächtigten. Als er sich das nächste Mal mit Weidenmann traf, fragte er ihn als Erstes, wie lange sein Vater Prokurist bei der Rückversicherungsgesellschaft gewesen sei. Holzach plante demnach bereits seinen nächsten Karriereschritt, was Weidenmann etwas irritierte. Doch sein Freund befand sich ganz offensichtlich im Fahrstuhl nach oben. Bereits am 1. April 1956 wurden Holzach die Weihen eines Vizedirektors zuteil. Wieder zitierte ihn SBG-Präsident Richner in sein Büro und wollte von dem damals 33-jährigen Mitarbeiter wissen, ob er nun zufrieden sei. Holzach antwortete in seinem typischen, gelegentlich nasalen Stakkato: «Ja, Herr Präsident. Die Schuhe sind noch etwas gross. Aber bis Ende des Jahres werden sie mir schon passen.»

Damit begann für Holzach «die faszinierende Zeit eigener Verantwortung».[41] «Ich hatte erstmals grosse Kompetenzen, konnte selbst entscheiden, hatte eigene Kunden.» Allerdings musste er in dieser Position zum ersten Mal auch bitteres Lehrgeld bezahlen: Als Vizedirektor erlitt er seinen ersten grösseren Kreditverlust. Wieder war er bei Richner, wo er kleinlaut einräumen musste: «Herr Präsident, ich habe 40 000 Franken Verlust gemacht.» Holzach war sehr besorgt, dass dieses Missgeschick seinen Aufstieg beenden könnte. Doch Richner schmunzelte bloss und sagte: «Aber Herr Holzach, es ist mir lieber, Sie verlieren jetzt als Vizedirektor 40 000 Franken und lernen daraus etwas. Denn wenn Sie Ihren ersten Verlust als Generaldirektor erleiden, dann kostet das die Bank wohl 40 Millionen Franken.»[42]

Wie Holzach später einmal erwähnte, verliess er Richners Büro damals in der Überzeugung, diese Leute verstünden, dass man das Kreditgeschäft nicht ohne gelegentliche Verluste betreiben könne. Die Erfahrung prägte Holzach insofern, als ihm bewusst wurde, dass ein Verlust nicht zwingend fatal sein musste, dass aber umso grössere

Sorgfalt und Umsicht nötig waren, um «zur wahren Grösse im Kreditgeschäft» vorzudringen. «Das Faszinierende an dieser Tätigkeit», hielt er einmal fest, «sind die beinahe unlimitierten Lernmöglichkeiten: Etwa herauszufinden, wie der Kunde Wellkarton herstellt oder Glühlampen fabriziert; zu erfahren, wie man ein Hotel betreibt oder wie andere Dienstleistungen angeboten werden. [...] Man hilft (als Bankier) mit zum Erfolg, praktiziert Beratung, in der Regel eine umfassende Beratung. Sie erstreckt sich natürlich in erster Linie auf die Verwendung des Kredits, aber gelegentlich geht die Zusammenarbeit darüber hinaus, bis zur Beratung in der Branche, gelegentlich bis zur Beratung einer (Unternehmer-)Familie. [...] Es kann sich also sehr wohl lohnen, dieses Kreditgeschäft gut zu praktizieren.»[43]

Von Richner erhielt Holzach 1966 – sozusagen als Zeichen des Vertrauens – auch einen persönlichen Kredit über 100 000 Franken, um ein Haus mit einem riesigen Umschwung in Zumikon bei Zürich zu kaufen; für die weiteren 500 000 Franken, die dafür nötig waren, nahm Holzach einen Hypothekarkredit bei der SBG auf. Er wohnte bis Ende 1995 in diesem Haus. Dass er dann auszog, damit hatte es eine ganz besondere Bewandtnis – doch davon später.

James Bond im SBG-Tresor

Holzachs Umgang mit den Obrigkeiten hatte auch für ihn selbst immer wieder überraschende Folgen. Ende der 1950er-Jahre nahm er Einsitz in der damals neuen «Propaganda-Kommission», die man heute als Werbeabteilung bezeichnen würde. Doch nach der ersten Sitzung verweigerte er die weitere Teilnahme. Er beklagte sich bei Schaefer über die Ineffizienz dieser Truppe und hielt es für verlorene Zeit, da noch weiter mitzumachen. «Ja, Herr Holzach», antwortete Schaefer, «wenn Sie das alles so viel besser wissen, dann übernehmen Sie doch den Vorsitz.» Holzach verschlug es die Sprache, doch im Angesicht des Präsidenten der Generaldirektion blieb ihm nichts anderes übrig, als sich in die Angelegenheit zu schicken; allerdings unter der Bedingung, dass er die Kommission nach eigenem Ermessen zusammensetzen dürfe. Schaefer war damit einverstanden.

Es war dieses Gremium, das der später grössten Bank der Schweiz zum ersten Mal eine sogenannte Corporate Identity verpasste. Die SBG gehörte überdies zu den wenigen Unternehmen, die dabei waren, als am 1. Februar 1965 um 19.25 Uhr das Schweizer Fernsehen die allerersten Werbespots sendete. Im selben Jahr konnte die SBG dank James Bond noch einen weiteren Coup landen. Die Marketing- und Kommunikationsexperten berichteten dem Verwaltungsrat der Bank im Oktober: «Dafür, dass eine Szene des neuen ‹Goldfinger›Films im Tresorraum der UBS Genf spielt, ist unsere Propagandaabteilung nicht verantwortlich. Doch die Gratiswerbung in der entsprechenden Mitteilung in einer der letzten Nummern des *Time Magazine* registriert sie mit Vergnügen.»

Sie hätten sich als «Schattenkabinett der Schweizerischen Bankgesellschaft» gefühlt, gestand Holzach Jahre später: «Also etwa in der Art, wir wissen das Wichtigste mindestens gleich gut oder vielleicht sogar noch etwas besser als die amtierende Generaldirektion.»[44]

Dank seiner Kommissionserfahrung avancierte Holzach bald auch zum Mitglied eines Gremiums, das damit beauftragt wurde, die Jubiläumsfeier zum 100-jährigen Bestehen der SBG im Jahr 1962 auszurichten (siehe Kapitel 3). Ebenfalls mit von der Partie waren Nikolaus Senn und Alfred Hartmann. Senn war zuständig für das Personalfest, während Hartmann einen «würdevollen Anlass» für alle befreundeten Banken in der ganzen Welt organisieren sollte. Holzach schliesslich fiel die Aufgabe zu, im Zürcher Grandhotel Dolder einen Festakt für rund 200 VIPs aus Politik, Wirtschaft und Kultur zu veranstalten. Es war klar, dass Schaefer damit seine Liste der förderungswürdigen Personen innerhalb der SBG à jour brachte. Wer den Auftrag zu seiner Zufriedenheit erfüllte, verschaffte sich zweifelsohne die Fahrkarte nach ganz oben.

Im Jahr 1962 sollte die SBG nicht nur ihr 100-jähriges Bestehen zelebrieren, sondern mit einer Bilanzsumme von 6,96 Milliarden Franken zum ersten Mal die grösste Bank der Schweiz sein – wobei es ein offenes Geheimnis ist, dass man dabei mit einigen buchhalterischen

Kniffs nachgeholfen hatte. Gleichwohl war das eine unmissverständliche Ansage an die Adresse der beiden Erzrivalen SBV (Bilanzsumme 1962: 6,88 Milliarden Franken) und SKA (6,81 Milliarden Franken), dass im Schweizer Bankgewerbe eine neue Zeitrechnung begonnen hatte. Und mittendrin befand sich Robert Holzach. Anfang 1962 rückte er in den Rang eines Direktors auf und gehörte damit zu jenen jungen Männern, in deren Händen die weitere Entwicklung der SBG lag. Aus dem hadernden Juristen, bei dem der Zufall das Zepter geführt hatte, war ein engagierter und überzeugter Bankier geworden, dessen Schaffensdrang für sehr lange Zeit nichts zu wünschen übrig lassen sollte.

Kapitel 2
Von Kreuzlingen nach Korea

Kreuzlingen, wo Robert Holzach aufwächst, liegt an der Grenze zu Deutschland. Er überschreitet sie täglich, um zur Schule zu gehen – bis der Krieg kommt. Pfadfinder, Maturand, Student, Rekrut, Jurist – in diesen ereignisreichen Jahren wird Holzach erwachsen. Und weiss doch nicht, was er will. Vom unternehmerischen Grossvater, den er immer bewundern wird, lernt er spielerisch am meisten, doch es ist die Mutter, eine überaus tüchtige Geschäftsfrau, die ihm Manieren, Pflichtbewusstsein und Disziplin beibringt. Das prägt ihn. Holzachs Neugier führt ihn bis nach Korea – dann aber schlägt sein Temperament wieder durch. So macht er sich nicht nur Freunde. Kommt am Ende alles gut?

Robert Holzach war kein Thurgauer. Obschon er sich zeit seines Lebens leidenschaftlich mit dem Kanton identifizierte, stammte er nicht aus dieser ländlichen Region im Nordosten der Schweiz. Vielmehr besass er das Bürgerrecht der Stadt Basel sowie das der Stadt Aarau – geboren war er in Zürich.

Als Basler fühlte er sich nie wirklich, selbst wenn er, nicht ohne Stolz, auf die bis ins 13. Jahrhundert zurückreichende Geschichte der Holzachs[45] verwies und dabei gerne betonte, dass die Holzachs neben den Faeschs die älteste noch existierende Basler Familie seien; älter als die Vischers, die Sarasins oder die Merians. Er wusste auch zu berichten, dass er mit dem ältesten bekannten Basler Vorfahren, dem 1414 verstorbenen Spengler Conzman Conrad Holzach, «in direkter Linie im 17. Grad» verwandt war.

Eher denn als Basler fühlte Holzach sich als Aarauer, weil dort einige Vorfahren gelebt hatten, die ihm, historisch gesehen, näherstanden. Stammvater der Aarauer Linie war der 1836 in Basel geborene Carl Friedrich Dietrich Holzach, Robert Holzachs Grossvater. Weil dieser den Vater wenige Monate nach der Geburt verlor, war seine Mutter von Basel nach Aarau umgezogen; sie hatte dort ein neues Auskommen gefunden. Darum wuchs Carl Friedrich Dietrich Holzach in Aarau auf, wo er später eine Brauerei und eine Gastwirtschaft eröffnete. Unter seinem Sohn, Friedrich Dietrich Holzach, erlangte das Unternehmen sogar überregionale Bedeutung, weil in einem Pavillon neben dem Gasthaus die ersten Vorführungen des «allein ächten Kinematographen Lumière» stattfanden.[46] Als Friedrich Dietrich Holzach 1901, erst 40-jährig, einem Krebsleiden erlag, stellte die Familie den Brauereibetrieb ein und verpachtete die Liegenschaft an die Basler Actienbräu. Später diente das Haus erneut als Kino, bevor es 1911 abgerissen wurde.

Robert Holzachs Vater, Ernst Holzach, ein weiterer Sohn von Carl Friedrich Holzach, verliess Aarau wieder, um nach seiner kaufmännischen Ausbildung von 1907 bis 1916 für das Handelshaus der Gebrüder Volkart in Winterthur zu arbeiten – einige Jahre sogar im indischen Bombay (heute Mumbai). Nach seiner Rückkehr machte er sich mit dem Import von Baumwolle aus Indien selbstständig, zunächst in Bern, später in Zürich. Darum kam Robert Holzach in der Limmatstadt zur Welt, und zwar am Donnerstag, 28. September 1922, um 20.45 Uhr an der Mühlebachstrasse 158, in einem ehemaligen Bauernhof namens Inselhof, den man zu einem modernen «Entbindungsheim» umgebaut hatte.[47] Er war nach Franz Manfred Holzach, geboren am 24. April 1920 in Bern, der zweite Sohn von Ernst und Hertha Holzach, ledige Schrenk. Robert Holzach wurde am 14. Januar 1923 protestantisch getauft, allerdings spielte die Religion kaum je eine Rolle in seinem Leben. Am 10. Mai 1927 kam als drittes Kind der Familie die Tochter Doris Helen zur Welt.

Die Mutter als Geschäftsfrau

«Mein Vater war für mich zunächst der unerklärte Erzieher», hielt Robert Holzach in persönlichen Notizen fest.[48] «Später habe ich jedoch herausgefunden, dass er dieser Rolle kaum gerecht wurde. Aus der frühesten Kinderzeit ist mir nur der sonntägliche Spaziergang in Erinnerung, also eine Dreiermannschaft, bestehend aus Papa, meinem Bruder und mir selbst, die auf einen Rundgang geschickt wurde», heisst es weiter.

Tatsächlich ging Ernst Holzach, der als konziliant und gesellig galt, das Durchsetzungsvermögen seiner Frau ab. Wie sich zudem zeigen sollte, hatte er mit seinem Baumwollhandel keinerlei Erfolg. Das führte dazu, dass die Gattin vollends zum Familienoberhaupt avancierte. Der noch junge Robert nahm dies nicht bewusst wahr, doch seine Mutter sollte in seinem späteren Leben einen enorm wichtigen Platz einnehmen.

Verbürgt aus den ersten Kinderjahren ist überdies, dass der nicht einmal fünfjährige Bub seinem Bruder Franz an dessen erstem Schultag ins Klassenzimmer folgte und einen ganzen Morgen lang aufmerksam am Schulbetrieb teilnahm. Am Mittag vor dem Nachhausegehen nahm der Lehrer Franz Holzach zur Seite und sagte: «Gell, am Nachmittag lässt du den Kleinen zu Hause.»

Dass sich der Vater in seiner Rolle als Ernährer der Familie in Zürich nie wirklich zurechtfand, dürfte durchaus damit zusammenhängen, dass er eine höchst resolute Frau geheiratet hatte, die ihrem Mann zu spüren gab, dass sie eigentlich selbst Karriere machen wollte – und dies später auch tat.

Weil der Selbstständigkeit Ernst Holzachs kein Glück beschieden war und er mit seinem Geschäft in Konkurs ging, zog die junge Familie 1927 aus existenziellen Gründen ins Elternhaus mütterlicherseits nach Kreuzlingen im Kanton Thurgau um. In dem Grenzstädtchen am Bodensee besass Hertha Holzachs Vater Franz Josef Schrenk an der Hauptstrasse 88 und 90 ein Haus sowie ein florierendes Grosshandelsunternehmen im Uhren- und Schmuckbereich. Nachdem sich Robert Holzachs Eltern dort niedergelassen und im Betrieb Schrenks zu arbeiten begonnen hatten, verlagerte sich die Autorität endgültig vom Vater zur Mutter, die sich ab 1932 als rechte Hand ihres Vaters betätigte und zu einer höchst erfolgreichen Geschäftsfrau wurde.[49]

«Zu meinen Eltern habe ich stets eine eigentümliche Distanz gehalten oder halten müssen», schrieb Robert Holzach als Erwachsener.[50] Das kam nicht von ungefähr. Während der Vater sich immer mehr dem Alltag entzog und die Mutter in der Firma als «Seele des Geschäfts» aufblühte, fiel die Kindererziehung vollends den Bediensteten im Haus zu. Trotzdem waren es drei Familienmitglieder, die Robert Holzachs Heranwachsen am nachhaltigsten beeinflussten: die Mutter, deren Vater sowie der Pate und Onkel Ernst Beerli, der als Rechtsanwalt vor allem bei Robert Holzachs Studium der Jurisprudenz in Zürich eine wichtige und unterstützende Rolle spielte.

Erste Prinzipien vom Grossvater

Wie bedeutend der Grossvater für Robert Holzach war, zeigt sich darin, dass er diesem Mann 1996 einen «biographischen Bericht» widmete.[51] Schrenk war 1861 in Donaueschingen in Deutschland geboren worden und dort aufgewachsen. Er war der Sohn eines fürstlichen Hofmusikers, der eine Zeit lang in der Kapelle von Richard Wagner in Zürich Klarinette spielte. Im Gegensatz zum hochmusikalischen Vater absolvierte Franz Josef Schrenk, der zwar die Querflöte beherrschte und aussergewöhnlich gut sang, eine kaufmännische Lehre, bevor er sich 1886 im deutschen Singen mit einer Uhren- und Schmuckhandlung selbstständig machte. Im Jahr 1894 zog er mit Familie und Firma nach Kreuzlingen, wo sein Geschäft weiter florierte. Der geschäftliche Erfolg hing nicht zuletzt mit Schrenks beruflichem Credo zusammen, das er aus Anlass des 25-jährigen Bestehens seiner Firma wie folgt zusammenfasste:

«Mein Prinzip ist von allem Anfang an gewesen, gute Waren zu erhalten und gut und ehrlich zu bedienen. Und wenn man als Anfänger manchmal in die Irre gegangen ist, so kann ich jetzt sagen, ich halte meiner Kundschaft nichts anderes mehr als anerkannt erstklassige Marken zur Verfügung.»

Es ist bezeichnend, wie solche Qualitätsansprüche später auch in Robert Holzachs Reflexionen ihren Niederschlag fanden. Die nachfolgende Passage offenbart ausserdem ein von Grund auf ehrliches Verhältnis des Grossvaters zu seiner Klientel, das Holzach später sicherlich ebenso Eindruck gemacht hat:

«Ich will nicht als Geldmacher angesehen werden, sondern als Geschäftsmann, der es sich zur Ehre macht, seinen Kunden ein Freund, Berater und Helfer zu sein, wenn es nötig ist. Meine besten und liebsten Freunde sind meine Kunden, und es wäre undankbar von mir, das nicht zu sagen, denn ihnen verdanke ich mein Auskommen.»

Was Holzachs Grossvater für wertvoll hielt, sollte Beständigkeit haben. Hinzu gesellte sich eine unternehmerische Weitsicht, die beeindruckt. So rühmte sich Schrenk, seine Kunden «schnell und gewissenhaft» zu bedienen sowie «alle im Katalog verfügbaren Uhren an

Lager zu halten». Darüber hinaus bot er «billigste Preise» an, da ein «waggonweiser Bezug» erfolgte. Holzach berichtete einmal, dass sein Grossvater in den Tagen vor Ausbruch des Ersten Weltkriegs 1914 einen bis zum Äussersten beladenen Waggon aller «erhältlichen Waren» in Deutschland bestellte, um für die zu erwartenden Lieferschwierigkeiten gerüstet zu sein. Sich des Risikos durchaus bewusst, sagte Schrenk: «Entweder bin ich bald bankrott, oder ich werde ein reicher Mann.» Letzteres war schliesslich der Fall.

Zum entschlossenen Handeln gesellten sich kleinere, aber nicht minder wichtige Entscheide: So besass Schrenk einen der ersten Telefonapparate in Kreuzlingen, und schon in den 1920er-Jahren besuchte er seine Kunden in der ganzen Schweiz mit einem eigenen Auto der Marke Stoewer. Später fuhr auch Robert Holzachs geschäftstüchtige Mutter mit diesem Wagen elegant durch die Gegend.

Um seine Verbundenheit mit der Schweiz auszudrücken, liess sich Schrenk 1920 in der Thurgauer Gemeinde Dettighofen einbürgern. Als Dank für das Bürgerrecht schenkte er der Schulgemeinde eine Standuhr. 1936 unterstützte er finanziell auch eine Wehranleihe, um die Landesverteidigung zu stärken; dafür bedankte sich der Bundesrat höchstpersönlich mit einer Urkunde bei Franz Josef Schrenk.[52] Aber auch seinen drei Töchtern gegenüber erwies sich Schrenk stets als ein grosszügiger Mensch, der sich nicht zu schade war, bisweilen höchst ausgiebig mit seinen Enkelkindern zu spielen und mit ihnen Streiche auszuhecken. Das alles hinterliess einen bleibenden Eindruck bei Robert Holzach.

«Seiner ersten schweren Erkrankung Ende 1936 hatte sich Schrenk noch vehement widersetzt. Von seinem Krankenbett aus leitete er die Firma weiter und hielt so auch seine Allgegenwart aufrecht», notierte Holzach später. Dieses «integrale Nein» liess sich aber nicht mehr durchsetzen, als sich seine angeschlagene Gesundheit 1937 erneut bemerkbar machte. «Nichts mehr anzurühren und das Ende zu erwarten oder vielleicht sogar herbeizuführen, lässt sich aus den berichteten Details über diese Abgangsperiode herauslesen», schrieb Holzach. Schliesslich starb Franz Josef Schrenk 1937 an einem Leberleiden. Obschon er im Unternehmen stets als strenger Vorgesetzter gegolten hatte, habe er auch eine nach aussen hin nie zur Schau getragene und scheu verborgen gehaltene fürsorgliche Güte für die Seinen gehabt, sagte der katholische Pfarrer bei Schrenks Abdankung 1937 in Konstanz. Bestattet wurde Schrenk evangelisch im schweizerischen Kreuzlingen. Neben seinem erfolgreichen Unternehmen hinterliess er den drei Töchtern und deren Familien mehrere Immobilien in Kreuzlingen und Konstanz sowie Waldbesitz in Deutschland und ein «ansehnliches Barvermögen», wie Holzach später bilanzierte.

Soldatische Disziplin von der Mutter

Die andere Person, die grossen Einfluss auf Holzach hatte, war Hertha Holzach-Schrenk, seine Mutter. Sie war die älteste der drei Töchter von Franz Josef Schrenk. Im Jahr 1887 in Singen am Hohentwiel geboren, arbeitete sie nach dem Besuch einer höheren Töchterschule bei einer begüterten Familie im norditalienischen Venetien als Gouvernante und Erzieherin und sprach daher fliessend Italienisch. Über gemeinsame Bekannte lernte sie in der Schweiz Ernst Holzach kennen, den sie 1918 in Kreuzlingen heiratete. Zu jenem Zeitpunkt war sie 31-jährig, für damalige Verhältnisse also bereits eine lebenserfahrene Frau, deren Anspruch auf Selbstständigkeit und Unabhängigkeit sich in der Ehe mit Ernst Holzach immer wieder bemerkbar machte.

Für Robert Holzach war die Mutter derjenige Mensch, der ihm Tugenden wie Pflichterfüllung, Arbeitswille und Sparsamkeit genauso einschärfte wie Besonnenheit, Zielstrebigkeit und eine geradezu soldatische Disziplin, wie in der späteren Festschrift SBG zu Holzachs 50. Geburtstag zu erfahren ist.[53] Daraus erklären sich wohl auch die sehr engen Bande zwischen Robert und Hertha Holzach. Allerdings war dieses Mutter-Sohn-Verhältnis auch mit sehr hohen Erwartungen verbunden, denen Holzach zeit seines Lebens ausgesetzt war. Das mag mit ein Motiv gewesen sein, nach den Sternen zu greifen – sei es im Berufsleben oder im Militär. Unbestritten ist, dass Hertha Holzach-Schrenk ihrem Sohn die unternehmerische Ader vererbte, die bewirkte, dass er sich in seiner ganzen Bankkarriere nie als «Angestellter», sondern immer als «unternehmerischer Bankier» gefühlt hat, was wiederum stets mit der Übernahme zusätzlicher Verantwortung verbunden war. Im Gegensatz zu den meisten anderen Bankdirektoren stand er mit dieser Haltung auch oft isoliert da, einsam bisweilen. Dieser Hagestolz sei mit der Bank verheiratet, erzählten seine Neider über hin. Tatsächlich gab Holzach zumindest für den Grossteil seines Lebens den eingefleischten Junggesellen. Er war zwar einmal verlobt gewesen, wurde aber nicht glücklich dabei, sodass er die betreffende Frau nie heiratete. Erst im relativ hohen Alter von 76 Jahren schloss er dann doch noch den Bund der Ehe. Man darf durchaus vermuten, dass die mütterliche Dominanz auch in Holzachs Frauenwelt hineinspielte. Tatsächlich hat er seine langjährige Partnerin, die er in hohem Alter auch geheiratet hat, nie seiner Mutter vorgestellt (siehe Kapitel 4).

Mit dem Kinderausweis über die Grenze

In der Kleinstadt Kreuzlingen am Bodensee, wo Robert Holzach seine Jugendzeit verbrachte, war die Familie sehr angesehen, was jedoch nicht nur angenehm war. Später hielt Holzach fest:
«In Kategorien zu denken und zu unterscheiden, zwischen dem, was ‹man› hat und was ‹man› nicht hat, hatte seinen Ursprung wohl schon am Familientisch. Diesem entwichen, bekundete ich zumeist Mühe, mich ähnlich apodiktisch verkündeten Regeln zu entziehen. Das heisst, dass ich solche Verhaltensnormen nicht nur weiterhin befolgte, sondern als treuer Vasall ihrer Protagonisten ebenso getreu weitertrug. Meine Schwierigkeit mit der Autorität und jenen, die sie personifizierten, bestand zur Hauptsache darin, dass ich mich ihrer Argumentation nicht gewachsen fühlte und meine unbestimmt vorliegenden Einwände nicht zu fassen, geschweige denn zu formulieren vermochte. Die Periode des Übergangs sozusagen, in der ich bereits wusste, dass ich eines Tages in der Lage sein würde, mich und meine

eigenständige Meinung gegenüber der Dominanz meiner Gegenspieler zu behaupten, dauerte ungebührlich lange.»[54]

Diese Feststellungen sind bemerkenswert, zumal Holzach später ein eloquenter Redner wurde und seine Gedanken in einer ausgefeilten Ausdrucksweise festzuhalten verstand. Auch bei den örtlichen Pfadfindern, zu denen er seinem älteren Bruder gefolgt war, kam der Knabe mit Autorität in Kontakt. In der Abteilung «Sturmvogel» entwickelte sich die grosse Freundschaft mit Jean-Claude Wenger. Später dienten sie gemeinsam als Subalternoffiziere im Thurgauer Bataillon 75 und kommandierten in der Folge das Thurgauer Infanterieregiment 31. Aus Wenger wurde ein einflussreicher Rechtsanwalt, der seine Tätigkeit in Zürich im selben Jahr aufnahm, als die SBG Holzach zum Prokuristen beförderte, nämlich 1955. Die enge Beziehung hielt lebenslang und war geprägt von verschiedenen Ritualen, für die Holzach eine besondere Affinität besass (siehe Kapitel 4 und 10).

Der Wohlstand in seiner Familie ermöglichte es Robert Holzach, ab 1933 das Humanistische Gymnasium in der angrenzenden deutschen Stadt Konstanz zu besuchen. Das Institut genoss eine überregionale Reputation: Aus den Reihen seiner Schüler stammten der Schweizer Psychiater und Psychoanalytiker Ludwig Binswanger, der deutsche Philosoph Martin Heidegger und der Schweizer Germanist Emil Staiger. Trotz der Zuspitzung der politischen Lage in Deutschland ging Holzach fünf Jahre auf dieses Gymnasium. Für den Grenzübertritt besass er einen Kinderausweis, den ihm das Polizeidepartement des Kantons Thurgau ausgestellt hatte.[55] Bemerkenswert ist übrigens auch, dass Holzach 1937 von seinem Klassenlehrer getadelt wurde. So heisst es in einer entsprechenden Notiz des Gymnasiums: «Der Schüler Robert Holzach hat Klassenbucheinträge eines Lehrers mit Bleistiftanmerkungen versehen. Deshalb muss er mit zwei Stunden Arrest bestraft werden.» Es entbehrt nicht einer gewissen Ironie, dass Holzach viele Jahre später als Kreditchef der SBG die Kundendossiers regelmässig mit unverblümten, bisweilen aber auch fast schon poetischen Randbemerkungen versah. Doch davon später. Im Jahr 1938 drängte sich schliesslich doch ein Schulwechsel auf; zum einen angesichts der drohenden Kriegsgefahr, zum anderen wegen «kleiner gesundheitlicher Störungen», wie Holzach festhielt. Tatsächlich kränkelte er oft.[56] Kameraden wollen sich auch daran erinnern, dass sich der Junge von der politisch aufgeladenen Zeit allzu sehr ablenken liess, was sich negativ auf die Schulnoten auswirkte. So kam Holzach auf Geheiss der Eltern im Herbst 1938 in die Kantonsschule nach Trogen in Appenzell Ausserrhoden, die als Internat auch Schülerinnen und Schüler von ausserhalb des Kantons aufnahm.*

Bei der Aufnahmeprüfung fiel Holzach allerdings durch. Dass er dennoch bleiben durfte, ist dem Rektor Fritz Hunziker zu verdanken. Denn «Hunz», wie er in Trogen genannt wurde, erkannte das Potenzial des aufgeweckten Knaben und nahm ihn in seiner Familie auf. «Wir werden ihn schon irgendwie durchbringen», sagte er.[57] Mit seiner Frau und drei Mägden bewohnte Fritz Hunziker das Konvikthaus am Landsgemeindeplatz, das ihm gehörte. Es bot Platz für 22 Pensionäre und Kantonsschüler aus der ganzen Schweiz sowie aus Barcelona und Wien. Die Trogener Zeit erwies sich für Holzach als eine Befreiung. Bis zur Matura im Herbst 1941 durchlebte er – neben der schulischen Büffelei – ein grosses Abenteuer, das den Charakter des Gymnasiasten schnell reifen liess, wie er einmal festhielt:

«Ich habe spät begonnen, mich mit der Welt auseinanderzusetzen. Die ersten Anstösse sind in der Kantonsschulzeit erfolgt, als erschreckt festzustellen war, wie viel weiter Gleichaltrige waren, gemessen am Kreis ihrer Interessen. Die ersten Schritte waren ebenso behutsam wie zaghaft, ebenso unbestimmt wie zufällig.»[58]

Damals schloss er auch Freundschaften, die ein Leben lang währen sollten. Dazu zählt die Beziehung zu Carl E. Weidenmann aus Kilchberg am Zürichsee, mit dem Holzach später in Zürich und Genf Rechtswissenschaften studierte (siehe Kapitel 1). Weidenmann sollte es ebenfalls weit bringen: Er wurde Divisionär der Schweizer Armee und Chef des Nachrichtendiensts. Enge Bande entwickelte Holzach

---

* Das Dorf Trogen erlebte im 18. und 19. Jahrhundert dank der regional ansässigen Textilindustrie einen wirtschaftlichen wie auch kulturellen Aufschwung, wovon bis heute die Häuser und Paläste um den Landsgemeindeplatz zeugen. Die Kantonsschule, die 1821 zunächst als Privatschule gegründet und erst 1865 vom Kanton übernommen wurde, liess ab 1895 auch Mädchen in den Knabenklassen zu.

auch zu Konrad Auer aus dem glarnerischen Netstal, der als Unternehmer, Verwaltungsrat und regionaler FDP-Politiker Karriere machte und Oberst im Generalstab wurde.

Nach seinen Einstiegsschwierigkeiten war Robert Holzach an der Kantonsschule zu einem überaus guten Schüler avanciert, der in einigen Fächern – dazu gehörten auch Turnen und Singen – sogar brillierte.[59] Letzteres Vergnügen pflegte das «Triumvirat», bestehend aus Holzach, Weidenmann und Auer, auch an Samstagabenden in der «Wirtschaft Grütli», wo ein klapperiges Grammofon den Marsch «Alte Kameraden» von Carl Teike sowie die Ouvertüre zu *Dichter und Bauer* von Franz von Suppé spielte und die Jungen in Hochstimmung versetzte. In der Regel sassen sie in der «hinteren Stube, wo nur Zutritt hatte, wer dem Triumvirat genehm war». Der Spass war billig: Das knappe Taschengeld reichte für Zwiebelsuppe mit Brotstücken oder Thonsalat. Nicht überraschend debattierten die Gymnasiasten oft auch über die Kriegsentwicklung in Europa, wobei diese hitzigen Diskussionen nicht nur in der Wirtsstube stattfanden, sondern auch auf ausgedehnten Wanderungen auf den Gäbris, den Gupf und gegen die Landmarch hin. Allerdings weigerte sich Holzach konsequent, von «Wandern» zu sprechen; für ihn war es stets ein «Marschieren». Von Gnomen, Banken oder dem Bankgeheimnis sei damals nie die Rede gewesen, erinnerte sich Carl E. Weidenmann kurz vor seinem Tod 2014. Vielmehr sei es um unbedingte Loyalität, Zuverlässigkeit und Zivilcourage gegangen.

Allmählich gelang es Holzach auch, sich in der Schule gegen jegliche Opposition durchzusetzen – eine Tugend, die ihm später je nachdem als Charakterstärke oder, von Kritikern, als Rücksichtslosigkeit ausgelegt wurde. Im September 1941 bestand Holzach in Trogen die Maturitätsprüfung Typus B (Realgymnasium) mit einer Durchschnittsnote von 5,5.

Rückschlag beim Abverdienen

Trotz des erfolgreichen Abschlusses verlief der Einstieg in die akademische Welt im Wintersemester 1941 an der juristischen Fakultät der Universität Zürich höchst problematisch. Die Studienwahl war «fast willkürlich», wie Holzach später einräumte, weil er gar nicht wusste, was er eigentlich wollte (siehe Kapitel 1). Mochte er ein guter Gymnasiast gewesen sein, so entpuppte er sich als ein zunehmend fauler Student der Rechtswissenschaften.[60] Dafür interessierte er sich umso mehr fürs Militär. Schon als Jugendlicher hatte er sich zu Weihnachten Bücher zur Militärgeschichte und -strategie gewünscht; später teilte er seine Passion für die Armee vor allem mit seinem Kommilitonen Weidenmann. Die Rekrutenschule absolvierte er 1942 als Füsilier in der Kaserne von St. Gallen, da, wo er als Pfadfinder einst die exerzierenden Soldaten bewundert hatte. Einer seiner Kameraden war der St. Galler Gustav «Gust» Tobler, der es später bis zum Vizepräsidenten der SBG brachte und der zu den wenigen Mitarbeitern gehörte, mit denen Holzach per Du war. Sich an die Anfänge seiner militärischen Karriere erinnernd, sagte Holzach einmal:

«Es ist kein Geheimnis, und ich bin auch keineswegs beschämt, wenn ich sage, dass ich schon vor dem Militär eine positive Einstellung hatte. Ich habe mich in der Tat vorbereitet, wollte in der Rekrutenschule gut sein. Ich habe nicht geraucht, keinen Alkohol getrunken, und bei der Rekrutierung war ich sehr stolz, alle gestellten Bedingungen optimal zu erfüllen. Ich bin mit grosser Freude in die Rekrutenschule eingerückt und habe stets mit Freude Dienst gemacht.»[61]

Die Unteroffiziersschule absolvierte Holzach in Locarno und am Monte Ceneri; im September 1943, beim Abverdienen des Leutnants, verletzte er sich mit einem Bajonett jedoch so schwer an der Wade, dass er notfallmässig ins Spital nach Herisau transportiert wurde, wo er insgesamt zwei Monate bleiben musste, weil seine tiefe Wunde nicht heilte und er im wahrsten Sinn des Worts «ausser Gefecht» gesetzt war.

«Dieser Militärunfall war nicht unbeteiligt an meiner starken und anhaltenden Unsicherheit», hielt Holzach in seinem Tagebuch fest und meinte damit seine Unentschlossenheit, was seinen weiteren beruflichen Werdegang betraf. Immerhin gesundete er so weit, dass er 1944 und 1945, also während des Zweiten Welkriegs, noch Aktivdienst leistete, was für das Selbstverständnis der Generation von Holzach überaus prägend war und später in Diskussionen über die Unabhängigkeit der Schweiz, nicht zuletzt im Zusammenhang mit der Kontroverse um die nachrichtenlosen Vermögen in den 1990er-Jahren, immer wieder zur Sprache kommen sollte. So sagte Holzach später einmal: «Die für mich immer noch gültige Begeisterung im Militärdienst betrifft auch das Motiv, sich für ein Land einzusetzen, und dass man dieses Land gern hat.»[62]

Erst etwa 1946 löste sich gemäss eigenem Bekunden Holzachs Unsicherheit, und zwar durch den «dezidierten und praktizierten Willen», das Studium abzuschliessen. Die 150 Manuskriptseiten umfassende Dissertation über *«Öffentlich-rechtliche Eigentumsbeschränkungen und expropriationsähnliche Tatbestände»* wurde ihm angeblich von seinem Doktorvater Zaccharia Giacometti aufoktroyiert. Im Gegenzug durfte Holzach von einer milden und speditiven Beurteilung der Arbeit respektive von einer Promotion ausgehen. Und tatsächlich konnte er zu Weihnachten 1949 den Eltern den «erfolgreich zustande gekommenen Abschluss» melden.[63]

Einsatz in Korea

Nach seinem Abstecher in die Juristerei und dem Einstieg ins Bankwesen (siehe Kapitel 1) machte Holzach im Jahr 1953 eine weitere tief greifende Lebenserfahrung. Gut 30-jährig, schnupperte er – wie seinerzeit sein Vater in Indien – eine Prise Auslandsluft, indem er sich mit der ihm eigenen Neugier als Presseoffizier für die erste Delegation des Schweizer Kontingents der Neutralen Überwachungskommission (Neutral Nations Supervisory Commission, NNSC) nach Korea bewarb. So reiste er Ende Juli 1953 im Rang eines Hauptmanns tatsächlich nach Asien.[64]

Allein schon der Flug nach Korea war lang und aufregend. Er dauerte insgesamt 67 Stunden und führte via Frankfurt, die Azoren, Boston, Kalifornien, Hawaii und schliesslich über Japan nach Seoul in Korea. Nachdem ein Vortrupp von 20 Mann bereits im Juni 1953 hingeflogen war, reisten im Juli weitere 64 Schweizer an, unter ihnen Holzach. «Bis Tokio erfolgte der Flug in komfortablen Maschinen, wie Passagierflugzeuge», schrieb Holzach in seinen umfangreichen handschriftlichen Notizen. Nach seinem 18-stündigen Aufenthalt in Honolulu stellte er unter anderem auch fest:

«Der Eindruck ist enttäuschend. Die aus Filmen bekannte Propaganda mit Hula-Hula tanzenden Hawaiianerinnen und die mondäne Feriengesellschaft sind ein winziger Teil der Realität. Auf dieser eigentlich prachtvollen Insel inmitten eines Meeres von Schmutz, Elend und Unordnung finden sich Reichtum und Armut sehr nahe beieinander.»

Noch grösser war der Kulturschock bei der Ankunft in Seoul, wo eine «unfassbare Armut» herrschte. Holzach registrierte:

«Das Bild des heutigen Korea ist in allem geprägt von den kriegerischen Ereignissen, die sich vor drei Monaten hier noch abgespielt haben. Die vorhandenen Waren stammen von den Amerikanern, während die Koreaner ganz arm sind. Sogar der Strassenabfall besteht aus leeren amerikanischen Bierbüchsen, gelben Kodak-Filmumschlägen und zerknüllten Kaugummi- und Zigarettenpackungen amerikanischer Provenienz. Seoul ist stark zerstört. Fahrräder sind selten, Trams übervoll. Wer bereits im Norden gewesen ist, berichtet, dass die Zustände dort noch weit grässlicher seien. In den Städten stehe buchstäblich kein Stein mehr auf dem andern. Überall herrsche Armut, es gebe keine Möbel. Die Bauern würden ohne die im Westen üblichen Gegenstände und Maschinen arbeiten.»

Bald ging es weiter nach Panmunjeom, der demilitarisierten Zone zwischen Nord- und Südkorea, wo die vier Delegationen (Schweden und die Schweiz als Vertreter Südkoreas sowie Polen und die damalige Tschechoslowakei als Vertreter des Nordens) aus der Neutralen Überwachungskommission zufälligerweise am schweizerischen Nationalfeiertag, dem 1. August, ihre Arbeit aufnahmen. Holzach schrieb:

«Die Delegationsmitglieder sind Militärangehörige, wobei besonders bei den Schweden eine Reihe von Diplomaten und Juristen dabei ist, die für die Dauer dieses Einsatzes den Offiziersrang hat. Trotz militärischem Charakter sind wir hier aber so etwas wie ein Polizei-Kontrollposten mit dem entsprechenden administrativen Apparat. Eigentlich geht es darum, den Waffenstillstand zu achten, oder darauf zu achten, dass er eingehalten wird. Dazu erstellen die Offiziere Berichte.»

Im Wesentlichen umfasste Holzachs Auftrag Sekretariats- und Übersetzungsarbeiten, die Teilnahme an Verhandlungen in Subkommissionen sowie lagerinterne Aufgaben wie die Beschaffung von Nahrungsmitteln, Gegenständen, Werkzeugen und Material aller Art. «Im Allgemeinen ist die Zusammenarbeit im Hauptquartier wie auch in den Aussenposten gut», stellte Holzach fest und beschrieb den Umgang mit den Kollegen aus den drei anderen Ländern anekdotisch einmal wie folgt:

«Man sitzt zwanglos um einen Tisch und offeriert sich gegenseitig Zigaretten. Ich frage mich, welches Hilfsmittel die Menschheit verwendete, als sie diesen Vorwand zum Anknüpfen eines Kontakts noch nicht kannte. Wir suchen beidseitig nach Gesprächsstoff, der engeren Kontakt schafft. Politisches und Militärisches meidet man vollständig! Wie einmal am Fernsehen der Name Stalin fällt, ist es, als wäre das Ticken einer Höllenmaschine unter dem Tisch zu hören. Man windet sich sorgfältig zurück zu unverfänglichen Themen.»

Mindestens einmal reiste Holzach für eine mehrtägige Nachschubmission nach Japan. Dort beeindruckten ihn erstmals diejenige Kultur, der er sich später auf vielfältigste Weise verbunden fühlen sollte, und, wie er damals festhielt, «der geradezu mit der Hand greifbare Fortschritt in jenem Land, das nur wenige Jahre zuvor mit seiner Kapitulation dem Zweiten Weltkrieg ein Ende gesetzt hat». In Tokios Strassen bekamen die Schweizer Offiziere immer wieder den Ausspruch *Watch Number One* zu hören.

Völlig anderer Natur waren Holzachs Eindrücke auf einer Inspektionsreise, die ihn für zehn Tage auf die Insel Koje-do im Süden Koreas führte, wo nordkoreanische Kriegsgefangene stationiert waren:

Neben dem Einblick in die offenbar höchst effiziente Organisation der amerikanischen Armee und deren Kommandostellen bot diese Mission vor allem die Möglichkeit, die «trostlose Welt der Kriegsgefangenen» kennenzulernen. «Dass es sich bei den nordkoreanisch-chinesischen Rotkreuz-Delegierten eher um politische Kommissare als um Träger des Menschlichkeitsgedankens handelt, sei nur am Rande vermerkt», hielt Holzach fest. Tatsächlich war Koje-do, das zeitweilig bis zu 170 000 Lagerinsassen beherbergte, zuvor ein Schauplatz blutiger Gefangenenaufstände gewesen.

Nach seinem sechsmonatigen Einsatz in Korea, der mit der Zeit in eine gewisse Lethargie mündete, ihm persönlich aber doch einzigartige Erfahrungen bescherte, kehrte Holzach in die Heimat zurück und trat Anfang Februar 1954 wieder in die SBG in Zürich ein. In seiner Freizeit hielt er in der Deutschschweiz öffentliche Referate über die Mission, was in zahlreichen Zeitungen einige Beachtung fand.

Harsche Kritik an der Koreamission

Holzach hatte in Korea geradezu akribisch Tagebuch geführt. Anhand dieser Aufzeichnungen setzte er nach seiner Rückkehr auch ein «streng vertrauliches» Schreiben an die Schweizer Armeespitze auf. Dieses Schreiben, das ihm in Sachen Militärkarriere zum Verhängnis werden sollte, zeigt, wie sich Holzachs Pflichtgefühl allmählich durchsetzte und er im Anspruch, Missstände nicht unter den Teppich zu kehren, konsequent handelte. Das Schreiben datierte vom 25. März 1954 und war an den Kommandanten des Infanterieregiments 31 in Zürich gerichtet; Holzach übte darin harsche Kritik an der Umsetzung des schweizerischen Einsatzes in Korea. So heisst es in diesem Brief:

«Es scheint mir richtig und in gewissem Sinne dringlich, einige Feststellungen, die ich während meiner Tätigkeit machen konnte, zu melden, und zwar eben vor allem jene Feststellungen, die es nahelegen, Konsequenzen zu ziehen und entsprechende Entschlüsse zu fassen.»[65]

In seinem ausführlichen und überaus fundierten Schreiben bemängelte Holzach die Personalsituation, sowohl im Vorfeld als auch während der Mission. Seine Kritik ist scharf, um nicht zu sagen vernichtend. Sie umfasst im Wesentlichen sechs Punkte.

Erstens sei die Auswahl der Delegationsteilnehmer im Hinblick auf die zu übernehmende Funktion zu wenig sorgfältig und gründlich gewesen. Die Delegation habe «zu viele alte Militärs ohne Englischkenntnisse [umfasst], die vor allem zur Verwaltung der Getränke – das heisst zum Bierausschank – eingesetzt werden konnten; von den Sekretären war die Mehrzahl nicht imstand, auch nur ein einfaches deutsches Stenogramm aufzunehmen».

Zweitens bemängelte Holzach, dass die Auswahl der Teilnehmer ohne Rücksicht auf ihre Sprachkenntnisse erfolgt war, was gänzlich ungenügend sei. Dabei hielt er fast schon etwas zynisch fest: «Verhandlungen mit den amerikanischen Nachschubtruppen musste ein HD-Koch* führen.»

Drittens habe die Auswahl der Delegationsmitglieder unter dem Gesichtspunkt des militärischen Grads zu bedauerlichen Fehlbesetzungen geführt. Da sei, empörte sich Holzach, beispielsweise ein 64-jähriger Oberst abkommandiert worden, der den Anforderungen aus gesundheitlichen Gründen so wenig gewachsen gewesen war, dass selbst die Amerikaner ihre Verwunderung geäussert hätten.

Viertens monierte Holzach, dass bei der Auswahl der Delegationsmitglieder die charakterliche Eignung zu wenig gründlich geprüft worden sei. In diesem Zusammenhang erwähnt er «einen skandalösen Sachverhalt»: «Bei einem Delegationsteilnehmer handelte es sich offenbar um ein eingeschriebenes Mitglied der kommunistischen Partei (PdA), wie erst die Amerikaner bemerkten und die Schweizer darauf aufmerksam machten. Ein weiterer Delegationsteilnehmer beging unter Alkoholeinfluss einen Suizidversuch, und viele Delegationsteilnehmer haben ihr Vertragsverhältnis schon vor Ablauf der vereinbarten Zeit aufgelöst», stellte Holzach fest.

Fünftens bemängelte Holzach die militärische und gesinnungs-

---

* HD steht für Hilfsdienst.

mässige Vorbereitung der Delegation auf ihren Einsatz in Korea. Bei einem dreitägigen Treffen (in der Schweiz) habe man den Eindruck zu erwecken versucht, dass es sich dabei um eine «sehr unmilitärische Angelegenheit handle, die auch entsprechend anzupacken sei».

Sechstens ging Holzach mit dem Eidgenössischen Militärdepartement (EMD) als Ganzes hart ins Gericht. Er warf den Verantwortlichen vor, «ungebührliche Verträge» mit einzelnen Delegationsteilnehmern abgeschlossen zu haben. Dies führte offenbar zu unterschiedlichen Löhnen, was dem prinzipientreuen Holzach als höchst ungerecht erschien.

Holzachs Schreiben schlug im Armeestab ein wie eine Bombe. Der Kommandant des Infanterieregiments 31 in Zürich leitete den Brief unverzüglich weiter an Oberstdivisionär Jakob Annasohn, der seit 1952 Kommandant der 7. Division war. Dieser warf Holzach zunächst schriftlich vor, er hätte alles viel früher melden sollen, worauf Holzach in einem weiteren Brief entgegnete, er habe nicht früher geschrieben, weil er sich während seiner Zeit in Korea von einem Rapport an den damaligen Chef des Personellen der Armee keinen Erfolg versprochen habe. Es folgte ein mehrwöchiger Schriftwechsel über verschiedene Stellen in der Armee, der schliesslich darin kulminierte, dass Holzach seine Aufnahme in den Generalstab der Schweizer Armee verspielte. In einem Schreiben des Kommandos der 7. Division vom 22. Mai 1954 an Robert Holzach, «Betrifft Gst. Kurs Ia/54», ist zu lesen: «Gemäss Entscheid des Herrn Generalstabschef ist die Zahl der Aufzubietenden für den Gst. Kurs iA/1954 derart beschränkt, dass Ihre Einberufung leider nicht in Frage kommen kann. Der Kommandant der 7. Division, Jakob Annasohn.»

Das war natürlich ein Vorwand, um Robert Holzach für sein Tun zu sanktionieren. Der Ausschluss traf Holzach umso härter, weil er einerseits von der Richtigkeit seines Vorgehens überzeugt gewesen war, und weil andererseits die Absage einen beträchtlichen Karriereknick in seiner militärischen Laufbahn darstellte. Immerhin bildeten und bilden die Generalstabsoffiziere die Elite der Armee; sie zählen zur obersten Leitung und sind die höchstverantwortliche Einheit. Ihr Ansehen beruht noch heute auf höchsten Anforderungen an die Leistungsfähigkeit und an die soldatische Haltung jedes Einzelnen. In den 1950er-Jahren, also gerade mal zehn Jahre nach dem Ende des Zweiten Weltkriegs, besass der Generalstab eine noch viel grössere Bedeutung; das Gros der Wirtschaftselite der Schweiz gehörte ihm an, was wiederum die beruflichen Karrieren beeinflusste.

Von dieser Einheit nun war Holzach ausgeschlossen worden. Es braucht nicht sonderlich viel Vorstellungsvermögen, um zu erahnen, dass dieser Entscheid für ihn eine grosse persönliche Enttäuschung darstellte, zumal er sich in der Koreasache weiterhin als moralischer Sieger fühlte. Immerhin wurde er auf Anfang 1958 zum Major befördert; ein Jahr darauf übernahm er das Kommando des stolzen Thurgauer Füsilierbataillons 75, was durchaus eine Ehre war. Aber der Ausschluss aus dem Generalstab blieb stets ein wunder Punkt in seiner Vita. Das Füsilierbataillon 75 führte er bis 1964; dann übertrug ihm die Armeespitze das Kommando des Infanterieregiments 31 (siehe Kapitel 4).

Vielleicht im allmählichen Wissen, dass man Holzach doch zu Unrecht so behandelt hatte, wollten ihn die Militärbehörden Ende 1970 schliesslich gar zum Kommandanten der Grenzbrigade 7 bestimmen. Doch die Anfrage kam zu einem ungünstigen Zeitpunkt, da Holzach damals gerade berufliche Zusatzaufgaben bei der SBG übernommen hatte. Er musste wohl oder übel absagen. «Es hätte mich gereizt, eine Grenzbrigade zu kommandieren, dies erst noch in dem mir bestens bekannten Brigaderaum in der Ostschweiz», räumte Holzach später ein. Doch die vielen schwerwiegenden Entscheidungen, die er als Brigadekommandant hätte verantworten müssen, wären neben den beruflichen Aufgaben zu viel gewesen, resümierte er seine Absage. Auch ohne Generalstabszugehörigkeit blieb Holzach stets ein Verfechter des Militärs, dem er zusammengerechnet mehr als vier Jahre seines Lebens widmete – die vielen Stunden in der Freizeit nicht einkalkuliert. An einem Vortrag beschrieb Holzach einst, was seine Faszination für das Militär ausmachte:

«Die Zusammenarbeit, die Konfrontation mit dauernd wechselnden Situationen, das führt unter anderem zum Element Begeisterung, dem ich einen sehr zentralen Wert beimesse. Höchstleistungen kann man eben weder im Militär noch im zivilen Bereich ohne Begeisterung erbringen. Das Militär offeriert die zusätzliche Freude an Leistungen, die bis an die eigene Grenze gehen. Militär eröffnet auch zusätzlich, intellektuelle Leistungen erbringen zu müssen, wenn man physisch erschöpft oder der Erschöpfung nahe ist.»[66]

Die Begeisterung für die militärische Sache übertrug sich letztlich auch auf die Arbeit bei der SBG – und auf seine Erwartungen an das Personal. Die SBG war zwar schon vor der Ära Holzach eine höchst militärisch organisierte Institution, zumal Alfred Schaefer ebenfalls ein begeisterter Offizier gewesen war. Aber erst unter Holzach nahm das militärische Element umfassende Dimensionen an und schlug sich in den einzelnen Arbeitsabläufen, den Strukturen, eigentlich der gesamten Organisation nieder.

Für Holzach galt das Militärische auch in Bezug auf Haltung und Loyalität zu ebendieser Institution. Es ist bezeichnend, dass er feststellte: «Militär ist eine Zwangsgemeinschaft; man kann nicht kündigen, und man kann nicht austreten.» Diese Einstellung, die er persönlich auch gegenüber der SBG besass, hätte er am liebsten genauso kompromisslos bei allen Untergebenen gesehen. Doch das war nicht so – und damit auch ein Grund dafür, dass Holzach seine Feinde in der Bank hatte.

Dennoch dürfte es diese verschworene Militärkultur gewesen sein, die in den 1950er- und 1960er-Jahren massgeblich dazu beitrug, dass die SBG zur grössten und mächtigsten Bank der Schweiz heranwuchs – und dass sie diese Stellung in den 1980er-Jahren so erfolgreich verteidigen konnte.

Kapitel 3
Das Jahrzehnt der Gesellenstücke

Die 1960er-Jahre werden als eine turbulente Epoche in die Geschichte eingehen. Bei der SBG feiert man sich zuerst einmal selbst und greift dann nach den Sternen. Robert Holzach wird seinem Ruf als Kreditpapst mehr als gerecht, und in Robert Kennedys Büro in Washington sorgt ein Hund für die nötige Entspannung in einer der langwierigsten Finanzaffären des 20. Jahrhunderts. Damit ist für die SBG der Weg frei an die Spitze. Und die Bankgesellen machen alles ein wenig schneller, frecher und entschlossener als die Konkurrenz. Aber selbst mit der Einführung der gleitenden Arbeitszeit bleiben Fleiss und «restlose Hingabe» unentbehrlich. Holzach stützt sich nicht bloss auf betriebswirtschaftliche Kennzahlen ab – er will auch seiner Intuition vertrauen und sagt schon mal: «Sie können jetzt unten an den Schalter gehen.»

Noch bis in die 1960er-Jahre hatte die Schweizerische Bankgesellschaft (SBG) ihre Geschäftsstellen in der Schweiz auch am Samstag bis am Mittag geöffnet. Der 19. Mai 1962 bildete da eine Ausnahme: An diesem vom Wetter her eher garstigen Samstag blieben alle SBG-Schalter im ganzen Land geschlossen, denn die grösste Bank der Schweiz feierte ihren 100. Geburtstag.

Genau genommen war 1862 kein Geldinstitut namens Schweizerische Bankgesellschaft entstanden. Vielmehr hatten damals 13 Winterthurer Industrielle, darunter Salomon Volkart, Heinrich Rieter sowie Heinrich Sulzer-Steiner und Johann Jakob Sulzer, die Bank in Winterthur gegründet. Die Genehmigungsurkunde datiert vom 22. Mai 1862; unterzeichnet hatte sie der damalige erste Staatsschreiber des Kantons Zürich, Gottfried Keller, einer der bedeutendsten deutschsprachigen Schriftsteller des 19. Jahrhunderts. Im Jahr 1906 erwarb die Bank in Winterthur das Gebäude an der Zürcher Bahnhofstrasse 44. Diese Geschäftsstelle, die direkt gegenüber vom heutigen Firmenhauptsitz der UBS liegt, war weniger als 50 Jahre zuvor erbaut worden. Die SBG aber entstand erst 1912, als die Bank in Winterthur mit der Toggenburger Bank (Ersparnisanstalt Toggenburg) zur Schweizerischen Bankgesellschaft fusionierte. Fünf Jahre später, 1917, zog die SBG in ein neues Gebäude an der Zürcher Bahnhofstrasse 45, also gleich gegenüber der Geschäftsstelle der einstigen Bank in Winterthur. Ihren rechtlichen Hauptsitz verlegte die SBG allerdings erst 1945 nach Zürich, nachdem er sich zuvor in Winterthur und in St. Gallen befunden hatte.

Im Prinzip gab es 1962 also «nur» 50 Jahre zu feiern. Doch mit dem Motto «100 Jahre Erfahrung» umgingen die Organisatoren die historische Ungenauigkeit elegant. So oder so kam ihnen der Feiertag gelegen, denn erstmals in ihrer Geschichte konnte die SBG die grösste

Bilanzsumme aller Banken in der Schweiz vorweisen; eine Kennzahl, die damals noch als Gradmesser für die Bedeutung der grossen Kreditinstitute galt.

Entwicklung der Bilanzsummen

Jahr	SBV	SKA	SBG
(in Millionen Franken)			
1950	2670	2265	1699
1955	3149	3043	2387
1960	5151	4918	4636
1962	6878	6806	6961

Allerdings, das wussten die Verantwortlichen bei der SBG sehr wohl, liess sich die Bilanzsumme mithilfe von buchhalterischen Tricks durchaus etwas manipulieren, was bei den Eigenmitteln kaum der Fall war. Schon ein Jahr später sollte wieder der Schweizerische Bankverein (SBV) die Spitze übernehmen. Doch niemand hätte bestreiten wollen, dass für die SBG eine einzigartige Erfolgsgeschichte begonnen hatte. Selbst Karl Türler, der Präsident der SBV-Generaldirektion von 1957 bis 1961, räumte damals ein, dass bei der Bankgesellschaft fähige Leute am Werk seien, die auch bewusst höhere Risiken in Kauf nähmen.[67]

Die Bewährungsproben der Kronprinzen

Für die Organisation der Jubiläumsfeierlichkeiten hatte der damalige Präsident der Generaldirektion, Alfred Schaefer, ein Komitee gebildet, dem die drei jüngeren Mitarbeiter Alfred Hartmann, Robert Holzach und Nikolaus Senn angehörten. Allesamt um die 40, waren sie 1962 zu Direktoren ernannt worden und galten als Schaefers Kronprinzen. Dieser wiederum bewies mit der Auswahl der drei Herren ein feines Gespür, denn obschon sie alle eine juristische Ausbildung hatten und

1951 in die SBG eingetreten waren, hätten sie gegensätzlicher kaum sein können.

Hartmann, Jahrgang 1923 und Oberst im Generalstab der Schweizer Armee, hatte sich als konziliante und weltmännische Person bewährt, die komplexe Unternehmens- und Handelsfinanzierungen im Auslandsgeschäft kenntnisreich abwickelte. Das war ganz nach dem Gusto Schaefers, der nach dem Zweiten Weltkrieg die Gunst der Stunde nutzen wollte, um die SBG auch international zu positionieren.

Den Gegenpol zu Hartmann bildete Holzach, Jahrgang 1922, der dem Inland- und dem Kreditgeschäft zugewandt war; ein Mann, der seine Kompetenzen auf heimischem Boden bewies – integer, unbestechlich, prinzipientreu, loyal und beseelt von einer bisweilen geradezu verstörenden Disziplin, die auch seine Untergebenen immer wieder zu spüren bekamen.

Letzteres liess sich vom Dritten im Bund, von Nikolaus Senn, Jahrgang 1926, nicht unbedingt sagen. Der versierte Rechtsspezialist, der auch eine gute Nase für Börsengeschäfte hatte und im Umgang mit Vorgesetzten wie mit Untergebenen ein aussergewöhnlich diplomatisches Geschick oder auch einfach Pragmatismus an den Tag legte, galt als Frohnatur. Grundsätzlich unverbindlicher als Holzach, bewies der Bonvivant jedoch in schwierigen Situationen eine Gelassenheit, die man, je nach Neigung, als Oberflächlichkeit oder aber als Souveränität auslegen konnte. Er vertraute den Leuten, denen er seine Aufträge delegierte.

Die Antipoden Senn und Holzach sollten die SBG im Lauf von fast drei Jahrzehnten auf ihre jeweils ureigene Weise prägen und zueinander eine Beziehung aufbauen, die zwischen Ablehnung und Abhängigkeit oszillierte. Letztlich waren sie beide aber intelligent genug und daher auch taktisch so beschlagen, zu wissen, dass sie einander brauchten.

Alfred Schaefer hatte entschieden, dass Alfred Hartmann einen «würdevollen Anlass» für die Vertreter befreundeter Banken aus aller Welt gestalten sollte, während Holzach die Aufgabe zufiel, einen Festakt im Zürcher Grandhotel Dolder zu organisieren. Gäste waren Behördenmitglieder, Vertreter von Institutionen und Verbänden, Exponenten von Kantonen und Standorten, an denen die Bank vertreten war, sowie lokale SBG-Verantwortliche; alles in allem ungefähr 200 Personen.

In Erinnerung blieb den meisten SBG-Mitarbeitern jedoch das grosse und einmalige Personalfest, dessen Planung Schaefer bezeichnenderweise Senn anvertraut hatte. Und so kam es, dass bereits am frühen Morgen des 19. Mai 1962 im Zürcher Hauptbahnhof eine aussergewöhnliche Geschäftigkeit herrschte. Extrazüge aus allen Landesteilen der Schweiz kamen an und entluden Hunderte festlich gekleideter Männer und Frauen. Polizisten wiesen den Angereisten den Weg zu einer Reihe blauer Busse der Zürcher Verkehrsbetriebe, die vor dem Bahnhof warteten. Die Fahrt ging durch die Bahnhofstrasse, vorbei am Hauptsitz der SBG, in Richtung Zürich Enge und schliesslich an den Stadtrand, in die Naherholungszone Allmend, wo in den Tagen zuvor riesige weisse Zelte aufgebaut worden waren. Man hatte von Anfang an monumental planen müssen, schliesslich wollte man alle gut 5000 Mitarbeiter der SBG zu diesem Fest einladen.

Ein Jahrmarkt für die SBG

Anfang der 1960er-Jahre waren Events dieser Art etwas völlig Neues. Und der 100 Jahre «jungen» SBG war damals nur das Beste gut genug. Für die Organisatoren war der Anlass eine logistische Herausforderung: Die Gäste mussten speditiv Einlass in die festlich dekorierten Zelte finden, sodass das Programm pünktlich starten konnte. Zuvor sollten die kulinarischen Leckerbissen serviert werden, die ganz und gar dem damaligen Zeitgeist entsprachen: Hauspastete mit Sauce Cumberland, gebratene Poulets und als Höhepunkt ein ganzer Ochse am Spiess. Das Getränkesortiment war nach heutigen Massstäben überaus reichhaltig, was die Stimmung unter den Anwesenden früh hob, zumal der Alkoholausschank damals noch höchst freizügig gehandhabt wurde. Welche Bedeutung die SBG diesem Anlass beimass, äusserte sich auch darin, dass eine Filmequipe engagiert wurde, zu der unter anderem der spätere Erfolgsregisseur Rolf Lyssy gehörte; sie hielt die Höhepunkte des Fests auf Zelluloid fest. Mit einer kurzen, im Militärstil gehaltenen Ansprache eröffnete Alfred Schaefer das Personalfest respektive einen kunterbunten Abend der Unterhaltung mit Trompetenfanfaren, artistischen Einlagen, Cancan- und Twist-Darbietungen und einem Auftritt der damals sehr erfolgreichen chilenischen Sängerin Rosita Serrano, die zu jener Zeit mit ihrem Hit «Es waren zwei Königskinder» für Furore sorgte. Da mit dem Einnachten der Regen nachgelassen hatte, strömten die Mitarbeiter auch nach draussen, wo das Fest zwischen Jahrmarktbuden und Karussellen munter weiterging.

Dem unschuldigen Zeitgeist der frühen 1960er-Jahre gehorchend, gaben sich die Bankoberen betont lässig. Für einmal vergass sogar Generaldirektionspräsident Schaefer seine Distanziertheit und liess sich im bunten Treiben zu Erinnerungsfotos mit zahlreichen Sekretärinnen überreden. Auch der damals 39-jährige Robert Holzach genoss den Abend. Im Jubiläumsfilm erkennt man ihn mehrmals, wie er im Smoking, eigentlich dandyhaft mit einer Zigarette im Mundwinkel, durch die Reihen geht und offensichtlich bestrebt ist, den Abend auch für seine Kontaktpflege innerhalb der Bank zu nutzen. An den langen Tischen hatten die Beschäftigten nach SBG-Regionen Platz genommen. Mit einem Glas Wein anzustossen und auf Tuchfühlung mit dem Personal zu gehen, das lag dem eloquenten Kreditmann Holzach durchaus. Und so sass er bald einmal auch am Tisch der Aarauer SBG-Filiale, wo er neben einer Sekretärin namens Marlies Engriser Platz nahm. Diesen Namen merkte er sich damals allerdings nicht. Bald war Holzach wieder weiter.

Als das Fest in den frühen Morgenstunden des nächsten Tages zu Ende ging, wusste zumindest Schaefer, dass er mit diesem Anlass alles richtig gemacht hatte. Noch Jahrzehnte später sollten sich die Teilnehmer lebhaft an dieses Jubiläum erinnern. Tatsächlich war es das erste und letzte Mal in der Geschichte der SBG, dass alle Beschäftigten an einem Ort versammelt waren. Schon wenige Jahre später würde die Bank eine Dimension erreichen, die solches aus rein logistischen Gründen ausschloss.

Stiftung statt Studentenwohnheim

Geblieben von damals ist die Jubiläumsstiftung (nach der UBS-Fusion 1998: Kulturstiftung), die 1962 zwar der damalige Präsident des Verwaltungsrats, Fritz Richner, offiziell ins Leben gerufen hatte, die aber vom Bildungsbürger Schaefer initiiert worden war. Er engagierte sich bereits für das Zürcher Schauspielhaus und die Zürcher Kunstgesellschaft. Heute mutet eine Stiftung, die von einem Unternehmen gegründet wird, eher trivial an und lässt sich als Sponsoring abbuchen. Doch damals war eine solche Institution etwas Bahnbrechendes, zumal sie sowohl Professoren (Olivier Reverdin, Karl Schmid) als auch Wirtschaftskoryphäen aus dem SBG-Verwaltungsrat (Peter Reinhart, Georges-A. André) vereinigte. Mäzenatentum war damals im angelsächsischen Raum zwar verbreitet, doch zumeist an einzelne Personen gebunden. Eine Stiftung hingegen, die von einem Unternehmen ausging, war Anfang der 1960er-Jahre eine Novität, zumal sie der Verwaltungsrat und danach die Aktionäre hatten gutheissen müssen. Ungewöhnlich war ausserdem, dass die Jubiläumsstiftung der Kultur gewidmet war, also keinen humanitären, sozialen oder karitativen Zweck verfolgte. Bis heute unterstützt diese Einrichtung sowohl Kunstschaffende als auch einzelne Projekte sowie den Ankauf von Objekten durch Museen. Schaefer bewies mit seinem kulturellen Engagement, dass er nicht nur im Bankwesen Pionierleistungen vollbringen konnte, sondern dass er auch auf ganz anderen Gebieten ein Visionär war. Diese, wenn man so sagen will, «unternehmerische Verbundenheit» mit der Kultur setzte Holzach – als grosser Bewunderer Schaefers – in den 1970er- und 1980er-Jahren mit einer immensen Energie fort, sei das mit dem SBG-Ausbildungszentrum Wolfsberg in Ermatingen im Kanton Thurgau (siehe Kapitel 5), dem James-Joyce-Pub und der damit verbundenen James-Joyce-Stiftung (siehe Kapitel 7) oder privat, mit der Thurgauischen Kulturstiftung Ottoberg sowie der Thurgauischen Bodman-Stiftung (siehe Kapitel 8).

Bemerkenswert ist indessen, dass Holzach der Stiftung der SBG anfänglich skeptisch gegenüberstand.[68] Auf das Jubiläum von 1962 hin hatte er stattdessen ein Studentenwohnheim und eine Schriftenreihe über wissenschaftliche Bankthemen vorgeschlagen, fand mit diesen Ideen jedoch kein Gehör. Seine anfängliche Zurückhaltung verschwand aber schon bald, und von 1980 bis 1994 präsidierte er die Stiftung sogar.

«Englische Arbeitszeit»

Die SBG erlebte in den 1960er-Jahren einen unvergleichlichen Aufstieg. Vergegenwärtigen wir uns die politischen, gesellschaftlichen und sozialen Strömungen von damals: Der allmählich spürbare Wohlstand setzte nicht nur neue (Konsum-)Bedürfnisse frei, sondern ermöglichte, wie in prosperierenden Epochen üblich, eine grössere Offenheit und neue Annehmlichkeiten. Auf Schaefers Geheiss hin, dem es offenbar wichtig war, dass sich die Mitarbeiterinnen und Mitarbeiter auch werktags ausgewogen ernährten, nahm die 1961 gegründete SBG-Tochtergesellschaft Culinarium AG ein Jahr später ihren Betrieb auf und unterhielt knapp vier Jahrzehnte lang die Personalrestaurants der Bank.* Damit war die SBG in der Finanzbranche wegweisend. Im gleichen Jahr führte sie die «Englische Arbeitszeit» mit etwas gelockerten Präsenzzeiten und einer, was damals gänzlich neu war, gleitenden, 45-minütigen Mittagspause ein. Bis dahin war die Bank jeweils von 12 bis 14 Uhr geschlossen gewesen, und viele Mitarbeiter hatten zu Hause ein Nickerchen gemacht, um nachmittags ausgeruht wieder im Büro zu erscheinen. Dass die «Englische Arbeitszeit» intern die besorgte Frage aufwarf, wie das Personal, das nur kurz Mittag machte, den langen Nachmittag überhaupt durchstehen könne, offenbart eindrücklich, welchen Denkmustern man noch verhaftet war. Genauso traditionell muten die Grundqualitäten eines «guten Bankangestellten» an, wie sie in einem internen Papier von damals festgehalten sind: Integrität, Diskretion, Fleiss sowie «restlose Hin-

---

* Die Culinarium AG wurde im Jahr 2000 von der SV Group übernommen, die in der Schweizer Gemeinschaftsgastronomie führend ist.

gabe» an die übertragene Aufgabe – unmissverständliche Reminiszenzen an die Aktivdienst-Zeit.[69]

Viel wichtiger als solche internen Veränderungen jedoch war, dass Schaefer und seine Kronprinzen im richtigen Augenblick die richtigen Entscheide trafen. So vollzogen sie die elementaren Schritte zur Universalbank. Denn man muss sich stets in Erinnerung rufen: Zu Beginn der 1960er-Jahre waren die Schweizer Grossbanken im Wesentlichen immer noch Handels- und Geschäftsbanken. Bis Mitte des Jahrzehnts bot die SBG keinerlei Hypotheken, Spar- oder Gehaltskonten an. Doch das änderte sich schlagartig. Fortan wollte sich die Bank an sämtliche Bevölkerungs- oder Kundengruppen richten – und nicht länger nur an die Firmenklientel. Zu diesem Zweck verordnete Schaefer der SBG ein ambitiöses Wachstumsmanöver: Schlag auf Schlag übernahm die SBG in der ganzen Schweiz Finanzinstitute* und eröffnete dort, wo auf der Landkarte weisse Flecken übrig blieben, in derselben Kadenz eigene Filialen. So wurde die SBG bald auch eine Bank des Volks, und in denjenigen Städten, wo noch die Konkurrenz dominierte, in Zürich etwa die Schweizerische Kreditanstalt (SKA), umzingelte man den «Feind» in bester militärischer Manier und eröffnete Bankfilialen in Randquartieren und Vorortsgemeinden.

Rascher als die Konkurrenz baute die SBG auch ihr Angebot an Kleinkrediten und Hypotheken auf; Geschäftsfelder, die man zuvor den Regional- und Kantonalbanken überlassen hatte. Untermauert wurde der universale Anspruch zusätzlich dadurch, dass die SBG die Börsengeschäfte intensivierte und mit den entsprechenden Wertschriften gezielt die Portefeuilles vermögender Kunden alimentierte. Es versteht sich von selbst, dass die SBG für ihre Strategie auf die Fortschritte in der elektronischen Datenverarbeitung (EDV) angewiesen

---

*   Bank in Brig, Brig (1961), Sparkasse Au, Au SG (1961), Volksbank Visp, Visp (1961), Bündner Privatbank, Chur (1962), Crédit Gruyérien, Bulle (1962), Du Pasquier, Montmollin & Cie, Neuenburg (1962), Spar- und Leihkasse Düdingen, Düdingen (1962), Buignon & Cie, Lausanne (1965), Ersparnisanstalt Toggenburg, Lichtensteig (1967), Banca Popolare di Lugano, Lugano (1968), Crédit Hypothécaire pour la Suisse Romande, Genf (1968), Hypothekar- und Sparkasse Hyspa, Aarau (1968), Banque Populaire de Gruyère, Bulle, (1969), Rheintalische Creditanstalt, Altstätten (1969).

war, die ihrerseits durch die US-Weltraumfahrt in den 1960er-Jahren einen riesigen Technologieschub erhielt. Die SBG nahm in der Schweiz die erste elektronische Rechenmaschine mit Lochkarten (UNIVAC I) in Betrieb, eröffnete den ersten Autobank-Schalter und stellte im November 1967 ihrer Klientel den ersten Geldautomaten von ganz Kontinentaleuropa zur Verfügung. 1968 offerierte die SBG die ersten Sparkonten im Publikumsgeschäft; zwei Jahre später führte sie auch Girokonten und Kontokarten ein. Die ehrgeizige Vorwärtsstrategie in Sachen Akquisitionen anderer Institute und Filialeröffnungen verschaffte der Bank gleichzeitig einen immer grösseren Immobilienbesitz. Damals war es noch üblich, die Geschäftsstellen in eigenen Gebäuden zu betreiben. Das war zwar kostspielig, doch nicht ganz uneigennützig: Die wachsende Zahl an eigenen Liegenschaften in den Städten und Gemeinden diente der Imagepflege und unterstrich die Ambitionen der Bank.

Alphatiere im Vormarsch

Vor dem Hintergrund der erwähnten Veränderungen in diesen «turbulenten 1960er-Jahren», wie sie der Schweizer Historiker Willi Loepfe bezeichnet, war es schliesslich jedoch ein ganz anderes Ereignis, das die SBG in eine neue Umlaufbahn katapultierte.[70] Einmal mehr stand Alfred Schaefer im Brennpunkt, doch nicht allein, sondern zusammen mit Bruno M. Saager, der 1930 ohne akademische Ausbildung zur SBG gestossen war. Der bei seinem Eintritt 22-jährige Aargauer hatte das Privileg, der Neffe von SBG-Präsident Fritz Richner zu sein und anfänglich dessen Protektion zu geniessen. Sein Tatendrang, vor allem aber sein sicheres Gespür für alle nur erdenklichen Geschäftsmöglichkeiten waren indessen so bemerkenswert, dass er rasch Karriere machte und 1946 Börsenchef am Hauptsitz sowie 1957 Generaldirektor wurde.

Der Bildungsbürger Schaefer und der durchaus belesene Senkrechtstarter Saager unterhielten eine zwiespältige Beziehung. Ähnlich wie später Holzach und Senn wussten die beiden, was sie aneinander hatten, selbst wenn sie einander eher achteten als schätzten. Das offenbarte sich etwa in Geschäftsverhandlungen, in denen Schaefer als Jurist eher unnachgiebig, wenn nicht gar stur argumentierte und bisweilen wenig diplomatisches Gespür bewies, sodass manche Abschlüsse auf der Kippe standen, während Saager überaus pragmatisch und dank seiner reichen Auslandserfahrung die jeweilige Stimmung zu erfassen verstand und mit Verhandlungsgeschick die Felle an Land zog. So hatte Saager beispielsweise nach dem Zweiten Weltkrieg, etwa ab 1948, die geschäftlichen Kontakte der SBG nach Deutschland intensiviert, da er überzeugt war, dass das nördliche Nachbarland vor einem riesigen wirtschaftlichen Aufschwung stünde – was sich auch als richtig herausstellen sollte. Aus dieser Zeit stammen die später höchst engen Kontakte der SBG zur Dresdner Bank, aber auch zu zahlreichen deutschen Industrie- und Konsumgüterkonzernen, wie Thyssen, Siemens, Flick, Degussa oder der Frankfurter Metallgesellschaft, die allesamt im Zug des wirtschaftlichen Aufschwungs enorm viel Kapital suchten. Alle diese Geschäftsbeziehungen, inklusive des später zwar von verschiedenen Seiten immer wieder kritisierten, aber geschäftlich höchst erfolgreichen Südafrika-Engagements der SBG (Anglo American, De Beers, Remgro), sind Saager zu verdanken, der aufgrund der anfänglichen Rückendeckung seines nur 14 Jahre älteren Onkels Fritz Richner einen beachtlichen Aktivismus hatte entfalten können.

Anfang der 1960er-Jahre entwickelten Schaefer und Saager eine rege Reisetätigkeit nach Washington. Darüber hinaus führten die beiden wochenlang nächtliche Telefongespräche in die USA. Worum es ging, war absolut geheim; eingeweiht war eine Handvoll Personen. Umso einschlägiger war schliesslich das Resultat des Unterfangens, das die SBG mit grossem Vorsprung an die Spitze aller Schweizer Banken katapultierte und unter dem Stichwort «Interhandel» noch lange für heftigste Kontroversen sorgen sollte.

Schatten der Vergangenheit

Zum besseren Verständnis der für die SBG zentralen Interhandel-Affäre hier ein kurzer historischer Exkurs, wobei die Vorgeschichte nichts mit der Schweizer Grossbank zu tun hat. Diese Vorgeschichte reicht bis ins Jahr 1925 zurück, als in Frankfurt am Main die IG Farben aus dem Zusammenschluss der fünf grössten deutschen Chemiekonzerne Bayer, Hoechst, BASF, Agfa und Cassella entstand.* Die treibende Kraft hinter dem Ganzen war ein Deutscher namens Hermann Schmitz. Er war ab 1935 Vorstandsvorsitzender (in der Schweiz: Geschäftsführer) der IG Farben. Später übernahm er das Präsidium des Aufsichtsrats (in der Schweiz: Verwaltungsrat) des IG-Farben-Konzerns. In diesen Funktionen war er unter anderem auch verantwortlich für den Einsatz von Zwangsarbeitern in verschiedenen Fabriken des Unternehmens.

Bereits 1928 gründete die IG Farben einen Ableger in Basel, die IG Chemie. Dies geschah zum einen aus steuerlichen Überlegungen, zum anderen aber auch vor dem Hintergrund, dass die Sieger des Ersten Weltkriegs das Eigentum des Feindes beschlagnahmt hatten und die IG Farben einer solchen Eventualität, sollte sie sich wiederholen, vorbeugen wollte. Ausserdem spielten die Sicherheit und Zuverlässigkeit des Schweizer Finanzplatzes eine wichtige Rolle, dass die IG Farben diese Holdinggesellschaft in Basel domizilierte. In ihr waren alle internationalen Beteiligungen der IG Farben (in der Schweiz, in Norwegen, den USA und in Südamerika) zusammengefasst. Deren wichtigste Gesellschaft war die American IG Chemical mit Fabriken in New York und New Jersey. Neben der Führung der internationalen Aktivitäten war die IG Chemie in Basel auch mit der Aufgabe betraut, auf dem Schweizer Kapitalmarkt Geld zu beschaffen. Mit 290 Millionen Franken verfügte das Unternehmen bald einmal über das grösste Aktienkapital aller Schweizer Gesellschaften – was für einiges Aufsehen sorgte. Als Präsident des Verwaltungsrats der IG Chemie amtierte

---

* Diverse Historiker und Ökonomen haben darüber publiziert (siehe auch Literaturverzeichnis im Anhang).

Felix Iselin-Merian. Der aus der Basler Oberschicht stammende Geschäftsmann war bereits Verwaltungsrat beim Schweizerischen Bankverein (SBV) sowie Präsident der Basler Versicherungen und der Zeitung *Basler Nachrichten*. Ebenfalls mit von der Partie war der Staatsrechtsprofessor und Verwaltungsrat der Schweizerischen Kreditanstalt (SKA) Fritz Fleiner. Weitere Geschäftsleute vervollständigten das Aufsichtsgremium der IG Chemie – von der SBG war jedoch niemand dabei. Faktisch war es aber Hermann Schmitz, der das Unternehmen über ein komplexes Konstrukt von Stamm- und Vorzugsaktien kontrollierte.

Bereits einige Jahre vor Adolf Hitlers Machtübernahme unterstützte Hermann Schmitz die Nationalsozialisten finanziell und trug so zum Aufstieg dieser Partei bei. Schmitz war von 1933 bis 1945 auch Abgeordneter der NSDAP im Reichstag und ab 1935 Wehrwirtschaftsführer. Angesichts der kriegerischen Pläne Hitlers, die er logischerweise schon früh kannte, traf Schmitz Vorkehrungen, um sein internationales Firmenimperium zu schützen; insbesondere, um der drohenden Gefahr einer Beschlagnahmung der IG-Chemie-Fabriken in den USA zu entgehen. Bereits 1933 war er darum als Präsident der US-Töchter vorsorglich zurückgetreten und hatte als Statthalter seinen Bruder Dietrich Schmitz eingesetzt, der US-Bürger war. Als ein weiterer Verwaltungsrat der US-Gesellschaften amtete der Schweizer Felix Iselin-Merian von der IG Chemie in Basel.

Im Jahr 1939 überschrieb Hermann Schmitz die American IG Chemical vollständig an die Basler IG Chemie und gab der Firma mit General Aniline and Film (GAF) einen neuen Namen, der sich nicht mehr an denjenigen der deutschen Muttergesellschaft anlehnte. Zur weiteren Tarnung besetzte er den Verwaltungsrat der GAF mit angelsächsischen Wirtschaftsgrössen: Edsel Ford – Sohn des Automobilbauers Henry Ford, einem Geldgeber Hitlers und erklärten Antisemiten –, Charles Mitchell von der National City Bank, Walter Teagle von der Standard Oil (Esso) sowie Paul M. Warburg, einem Mitglied der gleichnamigen deutsch-britischen Bankiersfamilie.

Als «Feindunternehmen in der Schweiz» kam die IG Chemie bereits 1939 auf die Schwarze Liste der Engländer. Das veranlasste den

Verwaltungsrat der IG Chemie, beim Bundesrat vorstellig zu werden und um diplomatischen Schutz im Fall einer Beschlagnahmung der Tochtergesellschaft GAF in den USA zu ersuchen. Doch der Bundesrat lehnte ab, und Anfang 1942 beschlagnahmte die US-Regierung die GAF tatsächlich als deutsches Feindvermögen. Denn nach Ausbruch des Zweiten Weltkriegs hatte die deutsche IG Farben das Giftgas Zyklon B für die Ermordung der Juden in den Konzentrationslagern geliefert und in ihren Fabriken Hunderttausende von Zwangsarbeitern und KZ-Häftlingen beschäftigt.

Der juristische Zwist zwischen der IG Chemie in Basel und den amerikanischen Behörden entwickelte sich nach dem Urteil des Schweizer Historikers Mario König zu einer der «langwierigsten Finanzaffären des 20. Jahrhunderts».[71] Sie ging mit diplomatischen, rechtlichen und publizistischen Fehden einher, bei denen die SBG über die Zeit eine entscheidende Rolle spielen sollte.

Spekulationsobjekt Interhandel

Nach Kriegsende löste die amerikanische Militärregierung in Deutschland den IG-Farben-Konzern auf und verteilte die einzelnen Geschäftsbereiche auf die einstigen Gründerfirmen und andere Gesellschaften.* Dadurch stand die IG Chemie in Basel mit ihren Beteiligungen in der Schweiz und Norwegen (Norsk Hydro) isoliert da. Allerdings bestand da noch die Aussicht auf eine Rückgabe der in den USA beschlagnahmten Firma GAF. Vor diesem Hintergrund gab sich

---

* Hermann Schmitz kam nach dem Zweiten Weltkrieg mit anderen Verantwortlichen der IG Farben als Kriegsverbrecher vor Gericht, wo er 1948 wegen «Plünderung» zu einer Gefängnisstrafe von vier Jahren verurteilt wurde. Unter Anrechnung der bereits geleisteten Haft wurde er jedoch 1949 vorzeitig aus dem Kriegsverbrecher-Gefängnis Landsberg entlassen. Im Jahr 1952 wählten ihn die Aktionäre in den Aufsichtsrat der Deutschen Bank in Berlin-West, und 1956 wurde er darüber hinaus auch Ehrenvorsitzender des Aufsichtsrats der Rheinstahl-Rheinische Stahlwerke – deren grösster Aktionär während des Dritten Reichs die IG Farben gewesen war.

die IG Chemie Anfang 1946 einen unverfänglichen Namen: Internationale Industrie- und Handelsbeteiligungen AG, kurz Interhandel. In den folgenden Jahren ging es auf juristischer Ebene um die Frage, wer Anspruch auf die GAF-Aktien hat. Die Interhandel? Die USA? Das war nicht einfach zu klären, da sich schweizerisches und amerikanisches Recht gegenüberstanden. Selbst dem Internationalen Gerichtshof in Den Haag gelang es nicht, eine Lösung herbeizuführen. Während die Vertreter der Interhandel erklärten, die GAF stehe ihnen zu, weil das Unternehmen eine rein schweizerische Firma sei, beharrte die US-Regierung darauf, dass die Gesellschaft ein Tarnkonstrukt der früheren IG Farben gewesen sei. Zu einer Wende kam es erst dank der Schweizerischen Verrechnungsstelle. Die damals für die Überwachung des Zahlungsverkehrs mit dem Ausland zuständige Behörde hatte bei ihren Abklärungen keine verdeckten Abmachungen zwischen der IG Farben und der IG Chemie nach 1940 feststellen können. Das eröffnete nach den Worten des Schweizer Historikers Mario König die Möglichkeit, «diese sehr erheblichen Kapitalien [der GAF] für schweizerische Interessenten zu sichern».[72] Aus diesem Grund mutierten die Interhandel-Aktien zu den lange Zeit beliebtesten Spekulationspapieren an der Schweizer Börse. Unternehmerisch lieferte die Interhandel aber eher eine durchzogene Leistung. Während Expansionen im Ausland (Ägypten) scheiterten, versorgte das Unternehmen in der Schweiz einige Unternehmer mit Risikokapital, etwa den Restaurateur Ueli Prager (Mövenpick) oder den Bauunternehmer Karl Steiner; beide unterhielten später auch zur SBG, insbesondere zu Robert Holzach und Bruno Saager, enge Beziehungen.

In den Jahren 1957 und 1958 kam es in der Angelegenheit Interhandel zu gewichtigen Veränderungen: An den jeweiligen Generalversammlungen traten verschiedene Verwaltungsräte, darunter 1958 auch der bisherige Präsident Felix Iselin-Merian, zurück. Ausserdem schaffte das Unternehmen seine Vorzugsaktien ab, mittels deren die bisherigen Verwaltungsräte die Firma kontrolliert hatten. Neu zogen der Genfer Privatbankier Charles de Loes, Eberhard Reinhardt von der SKA, Rudolf Pfenninger vom SBV sowie Alfred Schaefer von der SBG ins Aufsichtsgremium ein. Zwischen den Vertretern der Grossbanken entbrannte im Verwaltungsrat alsbald ein Machtkampf, der zur Folge hatte, dass Reinhardt und Pfenninger bereits 1959 wieder aus dem Gremium austraten, während Schaefer so zum Präsidenten avancierte. Im Jahr 1961 zogen sich SKA und SBV auch finanziell aus der Interhandel zurück. Es ist bis heute unklar, ob sie einfach resigniert hatten, weil die Börse zu jener Zeit alles andere als berauschend war, oder ob sie sich von Schaefer und Saager im Hintergrund ausgebootet fühlten. Denn parallel zu diesen Umwälzungen hatte Saager diskret damit begonnen, Interhandel-Aktien zu kaufen – und zwar für die SBG, aber auch für sich und Schaefer persönlich, vor allem aber für die Dresdner Bank sowie für schweizerische, französische und sogar für amerikanische Privatkunden. Aufgrund dieser Engagements und der Verwaltungsvollmachten von anderen Aktionären kontrollierte Saager zeitweilig die Interhandel in Eigenregie. Zudem hatte er in den 1960er-Jahren in einer ebenfalls getarnten Aktion die Schweizer Börsenzeitung *Finanz und Wirtschaft* erworben, die sich in der Folge wortgewaltig dafür einsetzte, dass «neutral» über die Interhandel-Aktien berichtet wurde. Inwieweit diese Artikel den explodierenden Kurs der Titel tatsächlich beeinflusst haben, ist schwer abzuschätzen, zumal die Papiere damals einen generell spekulativen Charakter aufwiesen; besonders, wenn jeweils wieder bekannt wurde, dass Schaefer oder Saager in die USA gereist waren, um in der GAF-Angelegenheit eine Lösung herbeizuführen.

Historisch gesehen, stellt der Ausstieg der beiden anderen Grossbanken, SBV und SKA, aus der Interhandel Anfang der 1960er-Jahre den entscheidenden Wendepunkt dar. Er machte der SBG den Weg frei, um definitiv und mit Abstand an die Spitze aller Schweizer Banken zu gelangen.

Nach wie vor wurde gerichtlich darüber gestritten, ob es ein Dokument gab, das eine Verbindung zwischen der IG Farben und der IG Chemie nach 1940 belegen würde. Damit wäre das GAF-Vermögen den USA zugefallen. Doch Bruno Saager wusste dank seinen exzellenten Beziehungen nach Deutschland, dass kein solches Dokument existierte. Er kannte nicht nur verschiedene frühere Protagonisten der IG Farben persönlich, sondern hatte auch Kontakt mit einem amerikanischen Offizier, der anlässlich der Nürnberger Prozesse sämtliche IG-Farben-Akten aufgearbeitet hatte und dabei nie auf eine Verbindung zwischen der IG Farben und der IG Chemie in Basel gestossen war.[73] Mit diesem Wissen und mit Blick auf das noch blockierte GAF-Vermögen in den USA konnte Saager getrost weitere Interhandel-Aktien erwerben. Es ist in diesem Zusammenhang auch erwähnenswert, dass sich Schaefer noch 1962 in Sachen Interhandel auf «nationale Interessen» berief und spekulative Absichten weit von sich wies – was aber nicht (mehr) den Tatsachen entsprach.[74]

Vielmehr arbeiteten Schaefer und Saager entschlossen auf eine aussergerichtliche Einigung mit den USA hin. Darum die erwähnten nächtlichen Telefonate in die USA und ab 1961 eine Reisetätigkeit nach Amerika, die in immer dichteren Kadenzen erfolgte. Eine wichtige Rolle in dieser Affäre spielte Rainer E. Gut, der spätere Konzernchef und Präsident der Credit Suisse. Damals arbeitete er noch bei der SBG und war für den Sitz in New York verantwortlich. Seinen guten Beziehungen in den USA war es auch zu verdanken, dass die SBG in Sachen Interhandel effizient vorankam. Schaefer und Saager profitierten aber auch vom generellen Stimmungsumschwung, den die Wahl von John F. Kennedy zum Präsidenten in den USA ausgelöst hatte. Treffend schildert der Schweizer Ökonom Gian Trepp die Ausgangslage, die der SBG in die Hände spielte:

«Präsident John F. Kennedy und sein Bruder, Justizminister Robert F. Kennedy, hielten es für systemwidrig, dass das US-Justizministerium in quasi staatskapitalistischer Manier ein Chemiegrossunternehmen mit gegen einer Milliarde Franken Umsatz verwaltete. Dass die GAF sogar entschädigungslos ihrem früheren Eigentümer weggenommen worden war, passte ebenfalls schlecht ins Bild des freien Unternehmertums. Da der Hauptfeind auch längst nicht mehr Nazideutschland, sondern die Sowjetunion war, konnte die Vergangenheit der GAF nicht mehr ausschlaggebend sein.»[75]

Zum finalen Coup holten Schaefer und Saager 1963 aus. Saager hatte über einen mit ihm befreundeten Anwalt namens Louis Gutstein Kontakt zum polnischen Fürsten Stanislaw Albrecht Radziwill geknüpft, der wiederum ein Schwager der First Lady Jacqueline Kennedy-Bouvier war. Über diese Verbindung – und nicht zuletzt dank pekuniären Zuwendungen – gelang es Schaefer und Saager, einen Termin bei Justizminister Robert F. Kennedy zu erhalten. Bei dieser Audienz im Februar 1963 konnte die so lange Zeit blockierte Angelegenheit geregelt werden. Allerdings wäre das Unterfangen beinahe gescheitert. Bei dem Gespräch, das um 10 Uhr morgens in Kennedys Büro begann, waren von der SBG-Seite Schaefer, Saager sowie ein Anwalt, auf der Seite der USA Kennedy sowie der stellvertretende Justizminister Nicholas Katzenbach und mehrere Chefbeamte anwesend. Kennedy erklärte einleitend, neben einer Streitigkeit um Ländereien mit Indianern sei die Interhandel-Frage der zweitälteste Rechtsfall für das Justizdepartement. Umso mehr sei man an dessen Beendigung interessiert. In der Folge ergriff Schaefer das Wort und schilderte die ganze Geschichte aus Sicht der Schweizer Aktionäre. Offenbar wirkte er etwas pedantisch und betonte, dass es für die Interhandel unmöglich sei, auf einen für sie schlechten Kompromiss einzugehen. Er forderte eine Mehrheit am GAF-Vermögen. Darauf wurde die Stimmung im Büro gespannt. Es kam eine unangenehme Stille auf.

In diesem Moment kratzte es an einer Seitentür des Büros. Ein Mitarbeiter öffnete sie auf ein Zeichen des Justizministers hin, und herein trottete ein mächtiger Hund, Kennedys Hund. Das Tier ging von Mann zu Mann und blieb vor Saager stehen. Es roch offensichtlich an Saagers Kleidung, dass dieser auch Hundebesitzer war, und legte seinen Riesenkopf auf dessen Knie. Saager begann das Tier zu streicheln, worauf Kennedy sich mit der Bemerkung an ihn wandte: «Der Hund scheint Sie zu mögen.» Weiter sagte der amerikanische Justizminister, dass es ihn interessieren würde, was er, Saager, für eine Meinung zum Fall hätte.[76]

Saager war nicht überrascht, dass er nun im Zentrum der Aufmerksamkeit stand, schliesslich vertrat er die Mehrheit der Interhandel-Aktionäre. Unter diesen Prämissen erklärte er, dass man nach Washington gekommen sei, um einen Vergleich zu finden. Wenn sich zwei Parteien streiten würden, dann sei ein Vergleich auf der Basis von 50:50 die übliche Lösung. Selbst wenn dieser Vorschlag noch nicht die endgültige Regelung war, so ebnete er doch den Weg zur finalen Lösung. Die amerikanische Seite machte vor allem noch Steuerforderungen geltend, worauf Saager nüchtern feststellte, der Interhandel bleibe wohl nichts anderes übrig, als eine Regelung auf der Basis 50:50 unter Ausklammerung der Steuerfrage zu akzeptieren. Da nun offenbar schon über diese grundsätzliche Frage eine Einigung erzielt worden sei, schlage er vor, ein Abkommen sofort schriftlich aufzusetzen, fuhr Saager fort.

Offenbar soll Saager bis zuletzt befürchtet haben, der Deal könnte noch scheitern, da Schaefer zuvor verschiedentlich interveniert und die Amerikaner mit belehrenden Ausführungen über den «Schweizer Rechtsstandpunkt» provoziert hatte.[77]

Das Abkommen, das noch am Nachmittag desselben Tages ratifiziert wurde, stellte den Wendepunkt in der ganzen Interhandel-Affäre dar und machte die SBG einige Jahre später zur mit Abstand grössten Bank der Schweiz. Es sah eine Auktion der GAF an der Wall Street vor, zu der es allerdings erst 1965 kam. Den Zuschlag erhielten einerseits die amerikanische Investmentbank First Boston (später ein Teil der Credit Suisse) und die Finanzmaklerfirma Blyth & Company (später über den Kauf des US-Finanzinstituts Paine Webber ein Teil der UBS). Der Verkaufserlös, insgesamt 320 Millionen Dollar, wurde nach Begleichung aufgelaufener Steuern und Abgaben auf die USA (60 Prozent) sowie auf die Interhandel (40 Prozent) verteilt. Die Schweizer erhielten 120 Millionen Dollar, was zwar deutlich weniger war als das, was sich Schaefer vorgestellt hatte, aber doch rund 520 Millionen Franken entsprach – damals eine hübsche Summe.

Interessant im Zusammenhang mit der Audienz bei US-Justizminister Kennedy ist, dass es noch eine andere Version des Hergangs gibt. So wird vor allem aus dem Umfeld Schaefers kolportiert, dass es zwischen dem SBG-Präsidenten und dem amerikanischen Justizminister bereits früher, nämlich schon 1961, zu einer höchst diskreten und informellen Begegnung in Washington gekommen sei. Das trifft zu. Unbestätigt ist indessen, dass ihn Kennedy in seinem Büro in salopper Manier mit den Füssen auf dem Pult empfangen haben soll und dass Alfred Schaefer es dem Amerikaner geistesgegenwärtig gleichgetan habe. In dieser entspannten Atmosphäre soll man dann von

«Mann zu Mann» den Grundstein für die spätere Lösung gelegt haben.[78] Für diese Schilderung gibt es allerdings keine Belege. Sie beruht ausschliesslich auf verschiedenen Nacherzählungen, die dem Image von Alfred Schaefer durchaus zuträglich waren.

Tatsächlich waren nach dem Treffen zwischen Schaefer und Kennedy 1961 noch einige Gespräche nötig gewesen, bis es schliesslich zur Einigung im Februar 1963 kam. Dem Vernehmen nach soll sich Kennedy zeitweilig sogar geweigert haben, Schaefer aufgrund seiner unnachgiebigen Forderungen wieder zu empfangen. Auf eine solche Haltung lassen auch die Äusserungen von William H. Orrick schliessen, einem Anwalt, der später stellvertretender Justizminister unter Robert Kennedy war, und der eine Zeit lang den Fall Interhandel betreute. Er traf Schaefer im Mai 1961 in Washington zu einer offenbar lebhaften Unterredung. Dabei soll sich der SBG-Präsident über die Arbeitsmethoden der amerikanischen Gerichte und der Verwaltung höchst unbefriedigt gezeigt und dies Orrick auch in unverblümter Weise gesagt haben. Jedenfalls liess Orrick später protokollieren: «Ich erinnere mich, dass Schaefer in meinem Büro auf und ab lief und unhöfliche Bemerkungen über die Regierung der Vereinigten Staaten machte, was mich aufregte, und ich erinnere mich, ihn zum Verlassen meines Büros aufgefordert zu haben.»[79]

Vor dem Verwaltungsrat der SBG bezeichnete Alfred Schaefer die «Erledigung der Interhandel-Angelegenheit» im Jahr 1965 als «grossen Erfolg», den er für sich einheimste, obwohl vor allem der geschäftstüchtige und umtriebige Bruno Saager im entscheidenden Moment die richtigen Worte gefunden hatte. Bestand zunächst die Absicht, die Interhandel – mit mehr als einer halben Milliarde Franken in der Kasse – weiter als Investmentgesellschaft fortzuführen, prüfte die SBG bald auch die Idee, zusammen mit anderen Finanzinstituten eine Art europäische Finanz- und Holdinggesellschaft zu gründen, eine Banque d'Affaires.[80] Weil sich dieses Ansinnen jedoch als allzu komplex erwies, entschieden sich die SBG-Chefs schliesslich für ein drittes Vorgehen: Sie integrierten die Interhandel in die SBG. Um die im Publikum verbliebenen Aktien zu erhalten, boten sie im September 1966 zwei SBG-Aktien für einen Interhandel-Titel an. Die Rechnung ging auf. Und da sich herausstellte, dass verschiedene Interhandel-Beteiligungen zu tief bilanziert worden waren, war das Unternehmen noch viel mehr wert. Die SBG konnte so ihre Eigenmittel im Geschäftsjahr 1966 von 575 Millionen Franken auf einen Schlag auf 964 Millionen Franken erhöhen.

Nachdem der Fusionsvertrag im Frühjahr 1967 von beiden Firmen genehmigt worden war, verschwand der Name Interhandel zumindest markenrechtlich. Im Geschäftsjahr 1967 schaffte es die SBG dank der vollzogenen Einverleibung der Interhandel sowohl gemessen an den Eigenmitteln als auch am Gewinn an die Spitze des Schweizer Bankenplatzes vorzurücken.

Quervergleich: Die Schweizer Grossbanken im Geschäftsjahr 1967

Bank	Bilanzsumme (in Millionen Franken)	Eigenmittel	Gewinn
SBG	12 583	997	79
SBV	13 491*	706	65
SKA	11 957	640	65

* Bereits ein Jahr später, also 1968, schlug sich die Interhandel-Transaktion auch in der Bilanzsumme der SBG nieder. Diese erhöhte sich auf 18,5 Milliarden Franken.

Die Akte Interhandel war damit vordergründig erledigt, sollte die SBG aber noch lange beschäftigen. Bis weit in die 1990er-Jahre hinein kam es zu juristischen Nachuntersuchungen, ob die Vermögen der GAF tatsächlich rechtens verteilt worden waren. Gleichzeitig stand die Forderung im Raum, das Geld den Überlebenden der Konzentrations- und Arbeitslager zukommen zu lassen.* Nach dem rechtlichen Vollzug der

---

* Der Schweizer Historiker Paul Stauffer entgegnete am 12. Oktober 2005 in der *Frankfurter Allgemeinen Zeitung* auf derlei Ansinnen: «Dem moralisch berechtigten Anliegen, den einstigen Arbeitssklaven zu angemessener Entschädigung zu verhelfen, ist diese Argumentation kaum sehr förderlich, denn sie ist (zumindest) historisch nicht stichhaltig. Der in den Vereinigten Staaten tätigen GAF sind keine Mittel zugeflossen, welche die IG Farben dank der Beschäftigung von Zwangsarbeitern während des Zweiten Weltkriegs verdient hätte.»

Fusion zwischen der SBG und dem SBV zur UBS im Jahr 1998 verlor die Angelegenheit jedoch zunehmend an Resonanz.

Die Stunde der Ziehsöhne

Von den drei Direktoren, die Schaefer Anfang der 1960er-Jahre damit beauftragt hatte, die Jubiläumsfeierlichkeiten zu organisieren, erwies sich vor allem Nikolaus Senn als wichtige Person bei der Fusion der Interhandel mit der SBG. Der Jurist hatte sein enormes Fach- und Finanzwissen einbringen können, was der Bank hohe Gewinne bei dieser Transaktion bescherte. Insofern hatte Schaefer mit diesem Mann eine glückliche Hand bewiesen. 1966 stieg Senn in den Rang eines stellvertretenden Generaldirektors auf und war damit prädestiniert, dereinst eine noch wichtigere Rolle innerhalb der SBG zu spielen.

Auch Robert Holzach wurde auf den gleichen Zeitpunkt hin stellvertretender Generaldirektor. Es ist in diesem Zusammenhang durchaus bemerkenswert, dass er in der ganzen Interhandel-Angelegenheit, die strategisch gesehen für die SBG so enorm wichtig war, nie eine Rolle spielte. Seiner wachsenden Bedeutung tat dies aber keinen Abbruch. Dass er nicht in das Interhandel-Dossier involviert war, hing damit zusammen, dass sein Verantwortungsbereich ganz klar in der Schweiz lag, im nach wie vor wichtigsten Markt. Ab 1966 war er für das gesamte Kreditgeschäft der deutschen Schweiz zuständig; ein Posten mit einer enormen Machtfülle. Sein Übername «Kreditpapst», der ihm allmählich vorauseilte, passte perfekt zu seiner Tätigkeit, die bei ihm ja nie bloss auf betriebswirtschaftlichen Kriterien beruhte, sondern ebenso Vertrauen, Verantwortung und den gesundem Menschenverstand beinhaltete, wie dies die eine oder andere Anekdote illustriert, die bis heute mit Holzach assoziiert wird. In den 1960er-Jahren war beispielsweise der Schweizer Elektroinstallateur Ernst Burkhalter auf der Suche nach einem ersten grösseren Unternehmenskredit. Nachdem er bei mehreren Instituten Absagen erhalten hatte, nahm er seinen ganzen Mut zusammen und klopfte bei der SBG an der Bahnhofstrasse an. Dort wurde er an Robert Holzach verwiesen, der die mitgebrachten Unterlagen blitzschnell analysierte, dann aber lieber über das Unternehmerdasein und über Immobilienprojekte diskutieren wollte. Nach einer geraumen Weile liess er den wie auf Nadeln sitzenden Burkhalter wissen, er könne nun seinen Kredit sofort unten am Schalter beziehen.[81]

Einige Jahre später machte auch der Schweizer Automobilimporteur Walter Frey eine unvergessliche Erfahrung mit Holzach: Der damals 24-jährige Sohn des Unternehmers Emil Frey hatte von seinem Vater die Vertretung von Toyota in der Schweiz übernommen und benötigte einen Kredit, den er sich aufgrund der bestehenden Geschäftsbeziehung von der SBG erhoffte. Frey bereitete einen elfminütigen Vortrag über die japanische Automobilindustrie vor, weil er annahm, dass das Wissen über diese Autos noch wenig verbreitet war. Als er vor Holzach und dem Kreditspezialisten Hans Heckmann in einem Sitzungszimmer an der Zürcher Bahnhofstrasse mit seinem Referat begonnen hatte, fiel ihm Holzach schon nach wenigen Minuten ins Wort und fragte forsch: «Junger Mann, garantiert Ihr Vater?» Frey, gänzlich aus dem Konzept gebracht, bejahte dies völlig überrascht, worauf Holzach in militärischem Tonfall erklärte: «Dann ist es in Ordnung. Sie können gehen.»[82]

Solche Episoden machten schnell die Runde in Schweizer Unternehmerkreisen, zementierten Holzachs Ruf und Machtfülle und zeigten ihn als harten, aber fairen und bisweilen zu allerhand Überraschungen neigenden Bankfachmann, der über die Vergabe eines Kredits immer auch intuitiv entschied, wie sich noch verschiedentlich zeigen sollte – nicht zuletzt im Fall Rey (siehe Kapitel 5).

Der Dritte im Bund des Jubiläumskomitees von 1962, Alfred Hartmann, wurde ebenfalls stellvertretender Generaldirektor. Er sorgte jedoch später für Verstimmung, da er 1969 die SBG verliess, um beim Basler Pharmakonzern Hoffmann-La Roche eine neue Führungsaufgabe zu übernehmen.* Jüngeren Mitarbeitern wie Hartmann, für die

---

* Alfred Hartmann folgte dem Ruf des früheren SBG-Generaldirektors Adolf W. Jann. Dieser hatte nach Meinungsdifferenzen mit Alfred Schaefer bereits 1957 die Bank

die Bank eine minutiöse Karriereplanung vorgesehen hatte, stand es eigentlich nicht an, ihrem Arbeitgeber untreu zu werden. Dass Hartmann ausscherte, war für die Bank insofern ein Verlust, als Schaefer stark auf ihn gesetzt hatte. Vor der eilends einberufenen Führungsmannschaft, der er Hartmanns Entscheid kundtat, zeigte sich der sonst so stoische Schaefer höchst aufgewühlt und gab seiner Absicht Ausdruck, dass man Hartmann wieder «zurücknehmen» würde, sollte es ihm bei seinem neuen Arbeitgeber nicht passen. Diese Bemerkung blieb manchen Anwesenden in Erinnerung, weil sich Holzach unvermutet zu Wort meldete und scharf erklärte, sofort zu kündigen, falls man Hartmann «zurücknehme». Der prinzipientreue Holzach zeigte wenig Verständnis für Hartmanns Illoyalität. Sein Votum löste in der Runde betretenes Schweigen aus, worauf Schaefer die Sitzung auflöste. Wie schon in anderen Situationen war Holzach einmal mehr ein grosses Wagnis eingegangen, indem er seine Meinung so offen äusserte. Es sollte nicht das letzte Mal bleiben.

Im Gegensatz zu den anderen am Interhandel-Coup Beteiligten ging der Amerika-Mann der SBG, Rainer E. Gut, 1966 leer aus. Er hatte sich aufgrund seiner Verdienste in der Sache ebenfalls eine Beförderung erhofft, war dann aber nicht zum Zug gekommen, sondern sozusagen als Überzähliger übrig geblieben, wobei er mit Jahrgang 1932 auch etwas jünger war als die anderen. Ein interessantes Detail ist, dass ihm Holzach sozusagen als Trostpflaster die Position eines Direktors der Kommerzabteilung anbot, zuständig für die internationale Grosskundschaft. Doch der selbstbewusste und bereits bestens vernetzte Gut lehnte dankend ab. Er hatte Grösseres im Sinn und wollte vor allem in dem ihm angestammten Finanzbereich bleiben. So zog er die Konsequenzen: Er heuerte 1968 bei der renommierten Investmentbank Lazard Frères an, wo er dasjenige Geschäft von der Pike auf lernte, das später ein wesentlicher Bestandteil der Credit Suisse wer-

---

verlassen und zum Basler Pharmakonzern gewechselt, nachdem man ihm zwei Jahre zuvor Schaefer als Präsidenten der Generaldirektion vorgezogen hatte. Hartmann wurde Verwaltungsratspräsident aller zum Hoffmann-La-Roche-Konzern gehörenden Gesellschaften.

den sollte. Gegenüber Holzach äusserte Gut stets einen ausgesprochen hohen Respekt, und es traf ihn schwer, als er Holzach in dessen letzten Lebensjahren, als er gesundheitlich bereits stark angeschlagen war, einmal unverhofft in einem Restaurant begegnete.

Auch ohne Hartmann und Gut verfügte die SBG Ende der 1960er-Jahre über eine tatkräftige Führungscrew, die komplexe Projekte ungeachtet mannigfacher Widerstände zielstrebig umzusetzen verstand. Dabei zeigte sich zunehmend, dass vor allem zwei Personen die SBG dominierten: Robert Holzach und Nikolaus Senn. Mit den Mitteln aus der Interhandel-Transaktion konnte die SBG ihren Expansionskurs fortsetzen und erlangte eine Stabilität, die umso wichtiger war, als Anfang der 1970er-Jahre eine wirtschaftliche Krise am Horizont aufzog und der aussergewöhnlich langen Phase der Hochkonjunktur ein jähes Ende bereitete.

Kapitel 4
Ein Leben in Parallelwelten

Auch in seinem Privatleben ist Robert Holzach ein Mann des Kredits. Er gibt viel, verlangt aber mindestens ebenso viel. Das Leben als Junggeselle gerät ihm zum ehernen Prinzip, doch im Innersten verklärt er die Familie. Er gibt sich optimistisch und bleibt dennoch von einer abgrundtiefen Skepsis beseelt. Auf den Spuren eines russischen Generals philosophiert er über den tieferen Sinn des Marschierens. Dann wird behauptet, er sei Schlossherr geworden. Dabei leistet sich der Baunarr nur ein heruntergekommenes Landhaus und fragt dann noch: Meine güldenen Dukaten, sagt, wo seid ihr hingeraten? Und da ist eine Beziehung, die er verheimlicht. Warum tut er das? Er diversifiziert – würde man in der Finanzwelt sagen.

Robert Holzach führte ein «sektorales Leben», indem er es in verschiedene Bereiche aufteilte, die er streng voneinander trennte.[83] Besonders ausgeprägt zeigte sich dies in seinem privaten Beziehungsleben. Obschon er sich als eingefleischter Junggeselle gab, «der mit der Bank verheiratet ist», wie man ihm nachsagte, richtete er einen geradezu verklärten Blick auf die Familie als Hort der Geborgenheit. So widersprüchlich es auch anmutet, Familie war ihm wichtig, sehr wichtig sogar. Auch darum verfasste er – neben den Erinnerungen an seinen Grossvater Franz Josef Schrenk (siehe Kapitel 2) – eine Chronik über seine Vorfahren, die aus Aarau stammten.[84] Zudem verbrachte er die Feiertage oft bei seinen nächsten Angehörigen; zu seinen Nichten, Neffen und Patenkindern pflegte er einen besonders engen, bisweilen fast väterlichen Kontakt. Er unterstützte sie auch finanziell. Als er einmal feststellte, dass einer seiner Neffen in diesen Belangen über die Stränge schlug, redete er ihm gehörig ins Gewissen. Gleichwohl schenkte er seinen Angehörigen immer wieder neues Vertrauen. Loyalität war ihm auch innerhalb der Familie sehr wichtig.

Obwohl Holzach bis ins hohe Alter nicht heiratete, ging er mehrere Liebesbeziehungen ein; einmal verlobte er sich sogar. Gesprochen hat er nicht viel darüber. Einmal sagte er verklausuliert, die Beschreibung eines Berufslebens lege den Verzicht auf die Schilderung von Gefühlen nahe. Eine Ehe erwuchs aus der Verlobung nicht, stattdessen frönte er wieder seinem Junggesellendasein, das auch bankintern unablässig zu reden gab. Manche Mitarbeiter sagten ihm Frauengeschichten nach. Dann wieder kursierte das Gerücht, er sei homosexuell. Tatsächlich unterhielt Holzach – was zweifellos das grösste private Phänomen in seiner Biografie darstellt – fast drei Jahrzehnte ein mehr oder weniger heimliches Verhältnis zu einer Sekretärin aus der Generaldirektion der Bank. Diese wechselhafte Beziehung währte indessen mehr als 40 Jahre. Sie mündete 1998 im Hafen der Ehe. Es verwundert bis heute, dass selbst engste Angehörige und Freunde Holzachs lange Zeit nichts davon wussten. Erst Mitte der 1990er-Jahre machte das Paar sein Verhältnis Stück für Stück publik. Doch wer war diese Frau?

Ein streng gehütetes Geheimnis

Marlies Engriser wurde 1939 im aargauischen Schinznach-Dorf geboren. Sie stammte aus einfachen Verhältnissen und war die Zweitälteste von fünf Geschwistern.[85] Der Vater war Schneider, die Mutter arbeitete in einer Gärtnerei. Nach der Schule machte Engriser eine kaufmännische Lehre bei der Aargauischen Hypothekenbank in Brugg. Im Mai 1960 wechselte sie zur SBG in Aarau. So nahm sie 1962 an der 100-Jahr-Feier der Bank auf der Zürcher Allmend teil, wo sie Holzach zum ersten Mal begegnete (siehe Kapitel 3).

Bei der SBG in Aarau blieb Engriser fünf Jahre, machte dann einen mehrmonatigen Abstecher zur Bank nach Genf, bevor sie einen sechsmonatigen Sprachaufenthalt in London antrat. Um einen monatlichen Zustupf von 300 Franken von der SBG zu erhalten, hätte sie sich vor ihrer Abreise für fünf Jahre verpflichten müssen. Doch das wollte sie nicht, obschon sie letztlich ihr ganzes Berufsleben bei der SBG verbrachte. Nach ihrem Sprachaufenthalt in der Themsestadt kehrte sie in die Schweiz zurück, wo die Hochkonjunktur der 1960er-Jahre einen enormen Personalbedarf ausgelöst hatte. Noch von London aus gab sie ein Stelleninserat in der Zeitung auf und erhielt nicht weniger als 125 Angebote. So fand sie Ende 1966, erneut bei der SBG, eine Anstellung als Direktionssekretärin, allerdings am Hauptsitz in Zürich. Engriser arbeitete in der Kommerzabteilung, entgegen allen Behauptungen aber nie für Holzach.

Zu einer erneuten Begegnung mit dem um 17 Jahre älteren Mann kam es Anfang 1967 auf der Direktionsetage. Er trug seine Militäruniform und einen «grässlichen Ledermantel».[86] Als er forschen Schritts an ihr vorbeiging, sagte sie bloss: «Tag, Herr Oberst.» Offenbar machte die Tatsache, dass eine Frau seinen militärischen Rang erkannt hatte, Eindruck auf ihn, denn bald erkundigte er sich im Direktionssekretariat nach der Mitarbeiterin: «Habt ihr eine Neue?»

Aber erst Anfang Juli 1967, als die SBG im Zürcher Hallenstadion eines ihrer letzten grossen Personalfeste veranstaltete, trafen sie sich wieder. Lange nach Mitternacht beschloss eine Gruppe von Mitarbeitern, zum Frühstück ein Hotel am Zürichsee aufzusuchen. Holzach und Engriser waren mit von der Partie. Nach dem frühmorgendlichen Abstecher brachte er sie nach Baden zurück, wo sie ihren Wagen geparkt hatte. Unterwegs überfuhr der sonst so gewissenhafte Mann mehrere Rotlichter. So fand ein Verhältnis seinen Anfang, das fast bis in die erste Hälfte der 1990er-Jahre sowohl in Holzachs als auch in Engrisers engstem Umfeld ein streng gehütetes Geheimnis blieb. Während der Woche trafen sie sich nie, führten aber spät oder gar mitten in der Nacht lange Telefonate. Nur die Wochenenden verbrachten sie gelegentlich gemeinsam in Holzachs Haus in Zumikon bei Zürich.

Natürlich drängt sich die Frage auf, warum sich diese beiden Menschen auf ein solches Versteckspiel einliessen. Galt es, etwas zu verbergen? Wollte es der hohe Bankier so? War die Beziehung unstet? Holzach gestand Engriser einmal, er habe seine einstige Verlobte so sehr enttäuscht, dass er sich nicht wieder binden wolle. Mit dieser Feststellung schloss er eine feste Beziehung aus – vorerst. Manche Vermutungen gehen auch dahin, dass Holzach aufgrund seines militärischen Denkens eine Beziehung zu einer Person «der eigenen Truppe» – in diesem Fall der SBG – nicht eingestehen wollte. Eher vorstellbar ist indessen, dass Engriser eine von Holzachs Parallelwelten war, die er sorgsam nach aussen abschirmte. Und seine Rolle des eingefleischten Junggesellen liess sich auch nicht so einfach ablegen.

Doch auch Engriser schien nicht um jeden Preis an einer Heirat interessiert zu sein, hatte sie doch eine höchst attraktive Anstellung als Sekretärin in der Generaldirektion. Zudem leitete sie die Gruppe der damaligen SBG-Hostessen, die bei Geschäftsanlässen und Filialeröffnungen zum Einsatz kamen. Wäre das Verhältnis bekannt geworden, hätte sie das alles aufgeben müssen. Und das wollte sie nicht. Zudem zweifelte sie oft, ob Holzach tatsächlich der «Richtige» sei. Sie hatte durchaus ihre Vorbehalte.

Holzachs Beziehungsleben hatte geradezu etwas Klerikales, passte aber zur bedingungslosen Hingabe an die Bank, der er sein ganzes Tun und Handeln unterordnete. So nahm er offenbar auch die damit verbundenen Mühen in Kauf – sie waren der Preis für sein sektorales Denkschema, mit dem er sich vor den latent befürchteten persönlichen «Verlusten» schützte.

Heute wäre eine solche Liaison kaum mehr vorstellbar. Zweifellos würde sie innert kürzester Zeit aufgedeckt, doch Holzach kam damals der Umstand zugute, dass die Medien noch zurückhaltender waren. Aber auch aus der Warte einer guten Unternehmensführung, der Corporate Governance, wie sie inzwischen in der Firmenwelt Usus ist, wäre eine solche Beziehung sehr problematisch, zumal Engriser als Sekretärin in der Generaldirektion über sehr viele Belange bestens im Bild war. Doch zu Holzachs Zeiten war der Anspruch der Öffentlichkeit auf Transparenz sozusagen noch inexistent.

Als Aussenseiter in Zürich

Die über Jahre verheimlichte Beziehung zu Marlies Engriser passt nach dem Urteil mancher Kritiker Holzachs gut zu dessen militärischem Denken. Holzach besass für getarnte Aktivitäten ein unbestrittenes Faible; er hatte praktisch in allen seinen Lebensbereichen – oder eben Parallelwelten – Vertrauensleute installiert, mit deren Hilfe er permanent Informationen über Mitarbeiter, Kunden und Konkurrenten in Erfahrung brachte.

Natürlich haben das stets auch andere Unternehmensführer getan. Doch in Holzachs Fall hatte es damit eine zusätzliche Bewandtnis: Der aus dem provinziellen Thurgau stammende Bankier fühlte sich im «mondänen» Zürich zeit seines Lebens als Aussenseiter. Das Zürcher Establishment, das mehrheitlich aus Vertretern der Schweizerischen Kreditanstalt (SKA) und der Freisinnig-Demokratischen Partei

(FDP) bestand, war ihm nie ganz geheuer.[87] Daran änderte auch die Tatsache nichts, dass Holzach selbst – bis wenige Jahre vor seinem Tod – Mitglied der FDP Zürich war und dass er in der Limmatstadt verschiedene Funktionen, etwa in der Zürcher Volkswirtschaftlichen Gesellschaft oder in der James-Joyce-Stiftung, innehatte; Letztere hatte er gar initiiert (siehe Kapitel 7). Seinen Aufstieg an die Spitze der grössten Bank der Schweiz schaffte er aber aus dem konstituierenden Nichts – oder, wie es einer seiner Weggefährten und sein einstiger Adjutant im Militär, der Thurgauer Franz Norbert Bommer, einmal formulierte: «Robert Holzach hat alles ohne Protektion geschafft.»[88]

Jassabende oder «Schwarze Messen»?

Um seine Stellung zu festigen, baute sich Holzach sozusagen seine ureigenen Geländekammern. Eine davon waren seine Herrenabende. Diesen ging ein umfangreiches Auswahlprozedere voraus, bis sich schliesslich alljährlich im Spätherbst, zwischen Ende Oktober und Anfang November, jeweils etwa 60 Persönlichkeiten aus Wirtschaft, Politik, Militär und aus dem Bekanntenkreis Holzachs zu einem feierlichen Abendessen im Zunfthaus zur Haue in Zürich einfanden, das Holzach aus der eigenen Tasche bezahlte. Wie es der Name schon sagt, waren keine Frauen zugegen; der Anlass fand auch abseits jeder medialen Wahrnehmung statt. Die Herrenabende begannen 1972 und fanden bis 2009 statt, also bis kurz nach Holzachs Tod. Für die Geladenen entwickelte sich der Anlass zu einer Institution, von der immer auch etwas Verschwörerisches ausging, oder, wie es der frühere Chefredaktor der *Neuen Zürcher Zeitung*, Fred Luchsinger, einmal beschrieb:

«Ich rede vom HHA, vom Holzach-Herren-Abend – das heisst: Ich rede natürlich nicht darüber. Gemäss stillschweigender Übereinkunft lasse ich die abwesenden Ehegattinnen weiterhin in Ungewissheit und im Gwunder darüber, was an diesem legendären Fest, dem Höhepunkt des geheimgesellschaftlichen Lebens in Zürich, Jahr für Jahr eigentlich passiert. Sie werden sich weiterhin darum bemühen müssen, sich ihr Bild von dem, was auf der ‹Haue› vor sich geht, über ein Puzzle aus den seltsamsten Mitbringseln ihrer Ehemänner zusammenzusetzen – von Drillichhandschuhen zu Feldsesseln, von Zipfelkappen zu Artikeln des Lederfetischismus und sonstigen Gegenständen eines unerklärlichen, aber unzweifelhaft gehobenen Bedarfs. Sie werden weiterhin nicht wissen, ob es sich um einen Jassabend oder aber um eine Schwarze Messe handelt, um eine Vortragsveranstaltung der Antiquarischen Gesellschaft oder um eine Orgie.»[89]

Tatsächlich waren Holzachs Herrenabende ein vielgestaltiges Beziehungs- und, wenn man so will, auch Machtnetz, von dem indessen alle Teilnehmenden profitierten. Bundesräte wie Kurt Furgler, Wirtschaftsvertreter wie der Swissair-Chef Armin Baltensweiler, der Generalunternehmer Karl Steiner oder der Kaderstellen-Vermittler Egon Zehnder, aber auch FDP-Nationalrat Ulrich Bremi waren da inmitten anderer Holzach-Freunde zugegen. Dabei spielte es keine Rolle, ob ein Gast die SBG als Hausbank hatte. Was zählte, war einzig und allein die Persönlichkeit, mit der Holzach «seinen» Abend verbringen wollte. Im Prinzip schuf er sich so seinen eigenen Rotary oder Lions Club.

An diesen Anlässen brillierte Holzach mit anekdotenreichen Reden, die immer auch eine Steilvorlage waren für den jeweiligen Hauptgast des Abends, der sich möglichst ebenso gehaltvoll an seine Zuhörer richtete. Schriftlich wurde wenig festgehalten – es hätte kaum der Verschwiegenheit dieses Anlasses entsprochen. Dass es dabei nicht nur todernst zu- und herging, illustrieren einige eigens für diese Abende verfassten Gedichte, die den Anwesenden – bisweilen schon in weinseliger Stimmung und folglich unter einigem Gelächter – von Freunden Holzachs vorgetragen wurden. Da hiess es etwa:

> «Wenn die Natur sich herbstlich rüstet,
> der Bauer seine Matten mistet,
> die Trauben in die Trotten kommen,
> zu unser aller Nutz und Frommen,
> wenn Herbstwind durch die Wälder fegt,
> wenn Reif sich auf die Felder legt,

dann kommt von Robert frohe Kunde:
Das Aufgebot zur Herren-Runde!
Dann sammeln sich die Kenner labend
an Robert Holzachs Schlemmer-Abend.
Man greift zum Glas mit heissem Beben,
tut es mit Rotem oder Weissem heben,
man schlürfet mit Behagen Saft,
ist froh und fühlt sich sagenhaft.
Wie gern geht man zur Dämmerstunde
zu Roberts heit'rer Männer-Runde!»

Holzach legte stets grossen Wert darauf, dass seine Herrenabende in keiner Weise zu einer Selbstbeweihräucherung ausarteten. Sie sollten für sich selbst stehen und eine Eigendynamik entwickeln, von der die vielen Teilnehmer noch lange zehren konnten. Dazu nochmals NZZ-Chefredaktor Fred Luchsinger, der den Mehrwert dieser Veranstaltung wie folgt resümierte:

«Diejenigen (aber), die dabei sind, werden mir dankbar sein für meine Diskretion, und sie werden sich in diesem Augenblick an höchste geistige Intensiverlebnisse, an überaus fruchtbare Vermittlung von Lebenserfahrung und Weisheit in prägnantester Form erinnern, an balletthafte Selbstdarstellungen des höheren zürcherischen Managements von elefantösem Charme, an rednerische Entfesselungskünste und mimische Leistungen von internationalem Format, an Gabentempel mit Dingen von nicht zu überbietender Zweckmässigkeit. Und sie werden dem, der ihnen dieses jährliche Füllhorn an kollektivem Vergnügen stiftet, eine begeisterte Ovation darbringen.»[90]

Rund ein halbes Jahr vor seinem Tod nahm Holzach, gesundheitlich bereits stark angeschlagen, an seinem letzten Herrenabend teil – verstummt, sodass man hätte meinen können, er realisiere das, was um ihn herum geschah, gar nicht mehr. Zu dieser Zeit war er auch nicht mehr auf seine Parallelwelten angewiesen. Das «Verlustpotenzial» hatte mit dem Nachlassen seiner körperlichen und geistigen Kräfte bereits derart erdrückende Ausmasse erreicht, dass sich – militärisch ausgedrückt – jeglicher Widerstand erübrigte. Vor diesem Hintergrund beschloss die «Tafelrunde», im Herbst 2009 die Herrenabende nicht ohne deren Schöpfer fortzuführen. So fand diese Begegnungsform nach mehr als 30 Jahren ihr logisches Ende.

Mut zum Ausserordentlichen

Eigentlich war Holzach Bankangestellter. Doch als solchen hat er sich nie empfunden, allein schon weil ihm von zu Hause, im Prinzip von seiner Mutter, das Gen der unternehmerischen Verantwortung vererbt worden war. Über die Rechte und Pflichten einer solchen Tätigkeit hat er in seinen Tagebüchern regelmässig reflektiert. Diese Überlegungen fanden Eingang in seine Referate, in denen er sich als unternehmerischer Bankier definierte. Dabei stand ihm die Berufsbezeichnung des Bankiers recht eigentlich gar nicht zu, da er im Grunde ja «nur» ein leitender Angestellter eines Grossunternehmens war und eben nicht wie ein Privatbankier mit seinem Vermögen für die Verbindlichkeiten «seiner» Bank haftete. Doch die stete Auseinandersetzung mit der Tatsache, dass die eigene Pflicht und Verantwortung in sämtlichen Lebensbereichen weit über die «Muss-Vorschriften» hinausreichten, wie es Holzach einmal umschrieb, machten aus ihm eben doch diesen «unternehmerischen Bankier», der stets mehr als das Erforderliche anstrebte und den Mut zum Ausserordentlichen besass. 1979 formulierte er an einer Direktionskonferenz:

«Der Mut zum Ausserordentlichen, zugunsten des Anspruchsvolleren und zeitaufwendig Schwierigeren, bedeutet Verzicht auf das Naheliegende, das Bequemere, das Ordentliche und das Durchschnittliche. Mut zum Ausserordentlichen bedeutet Aufspüren von Erfolgs- und Verbesserungschancen, bedeutet laufend die gewollte Suche nach externen und internen Verbesserungsmöglichkeiten.»[91]

Mit diesem Anspruch erhielten Holzachs Parallelwelten eine weitere Dimension: Sie waren eine Voraussetzung, damit er als unternehmerischer Bankier überhaupt Ausserordentliches schaffen konnte. «Nur wer als Bankier aus der Welt der blossen Dienstleistung und aus der Rolle als Vollzugsperson ausbricht, wird seiner unternehmerischen Verantwortung gerecht», sagte Robert Holzach einmal.[92] Daraus leitete er «Respekt für aussenwirtschaftliche Werte» ab und folgerte: «Es ergibt sich ein idealistisches Bild des Bankiers, der nicht nur seine politische, kulturelle und soziale Umgebung mit wachem Sinn anteilnehmend miterlebt, sondern hieraus Impulse erhält und selbst zu vermitteln versteht. Ein ungestörtes Verhältnis zu den Werten ‹jenseits von Angebot und Nachfrage› ist sozusagen das minimale Erfordernis im Rahmen der unternehmerischen Verantwortung des Bankiers.»[93]

Diesem «idealistischen Bild des Bankiers» hing Holzach zeit seines Lebens an und ordnete ihm alles unter – was aber auch zur Folge hatte, dass er es nie allen recht machen konnte; ein Grund mehr für Parallelwelten. Eine davon war zweifelsohne das Militär, wo Holzach eine Vielzahl seiner Tugenden und Werte nicht nur ausleben konnte, sondern in einem hohen Mass erfüllt sah. Die Schweizer Armee beruht auf dem Milizsystem, was, wohl einzigartig, über regionale und soziale Schranken hinweg für echte Solidarität sorgt – ein Umstand, der besonders die Aktivdienst-Generation, zu der Robert Holzach gehörte, nachhaltig prägte. Aus dieser Erfahrung heraus versuchte er stets auch den Gedanken dieses schweiztypischen Zusammenhalts weiterzutragen, etwa mit den 1962 von ihm initiierten und ein Jahr später erstmals durchgeführten «Suworow-Märschen». Um diese Institution zu veranschaulichen, lohnt sich ein kurzer historischer Exkurs.

Auf den Spuren Suworows

Der 1730 in Moskau geborene russische General Alexander Wassiljewitsch Suworow führte 1799, nachdem er französische Truppen aus Oberitalien verdrängt hatte, einen 17-tägigen Feldzug durch die Schweiz. Sein militärisches Ziel war, vom Tessin aus in den Raum Zürich zu gelangen, wo er sich mit der Armee von General Alexander Korsakow sowie mit österreichischen Truppen gegen die Helvetien-

Armee des französischen Generals André Masséna verbünden wollte. Suworow beabsichtigte, mit seinem Heer von ungefähr 21 000 Soldaten in einer schnellen Offensive über den Gotthard-, den Lukmanier- und den Oberalppass in die Innerschweiz zu gelangen und dort den Verbänden Massénas in den Rücken zu fallen.

Doch bereits bei Faido und Airolo, also noch vor dem Gotthard, kam es zu Gefechten mit französischen Soldaten, was an der Substanz der Truppen zehrte und erste Verspätungen auf die Marschtabelle verursachte. In der Schöllenenschlucht kam es zu weiteren Kämpfen, und Suworow traf schliesslich mit dreitägiger Verspätung in Altdorf, im Kanton Uri, ein. Zu dem Zeitpunkt hatte jedoch sein Verbündeter, General Korsakow, die zweite Schlacht bei Zürich bereits verloren, sodass es nicht mehr möglich war, die russischen Heere zu einer starken Einheit zu vereinen. Suworow geriet in Bedrängnis und musste über den Kinzigpass ins Muotatal und dann über den Pragelpass ins Glarnerland ausweichen, von wo aus er über den Anfang Oktober bereits verschneiten Panixerpass ins Vorderrheintal flüchtete. In der Folge verliessen seine Truppen über den St. Luzisteig die Schweiz und gelangten zunächst nach München. Von dort beorderte Zar Paul I. die Suworow-Armee nach Russland zurück.

Damit war der Schweiz-Feldzug, der von heftigsten Unwettern, Schneestürmen und unzähligen Gefechtssituationen dominiert war, definitiv vorbei. Suworow hatte zwar hohe Verluste zu beklagen, doch seiner militärischen Ehre tat dies keinen Abbruch, hatte er doch seine Truppen vor einer Niederlage oder gar Kapitulation bewahrt und so seinen Auftrag mit grösstem militärischem Pflichtbewusstsein erfüllt. Suworow ging schliesslich als derjenige General in die Geschichte ein, der insgesamt sechs Schweizer Alpenpässe überquert hatte: Gotthard, Lukmanier, Oberalp, Kinzig, Pragel und Panixer.

Von dieser militärischen Odyssee, verbunden mit der Treue Suworows zu seinen Truppen und zu seinem Vaterland, war Holzach, nicht ganz überraschend, stark beeindruckt. Das bewog ihn Anfang der 1960er-Jahre, als Kommandant des Füsilierbataillons 75, einen eigenen Suworow-Marsch ins Leben zu rufen. Der Plan bestand darin, innerhalb einer Woche Suworows Route zu folgen und dabei jeden Tag über einen der erwähnten sechs Pässe zu marschieren. Die Anforderungen waren nicht zu unterschätzen: rund 40 Kilometer Marschdauer täglich, mit «Gepäck auf dem Mann» und eigener Verpflegung. Nachdem Holzach 1962 in einem Umschulungs-Wiederholungskurs die Route rekognosziert hatte, veranstaltete er im Jahr darauf den ersten Suworow-Marsch. Geladen waren alle Offiziere des Füsilierbataillons 75 sowie ehemalige Offiziere und Offiziere aus höheren Stäben. Die Etappenorte lagen so, dass niemand gezwungen war, den ganzen Marsch mitzumachen – das erwartete Holzach dann doch wieder nicht. Vielmehr liessen sich die Unterkunftsorte am Vorabend bequem erreichen.

Bisweilen marschierten nur ein paar Verwegene, manchmal kamen allerdings bis zu 35 Offiziere zusammen. Zweifelsohne war da auch ein gewisser Gruppendruck im Spiel, vor allem bei denjenigen Mitmarschierenden, die eine militärische Beförderung anstrebten und die Nähe zu ihrem Kommandanten nutzen wollten. Trotz der Strapazen dominierte auf diesen Märschen weder ein überrissener Ehrgeiz noch Verbissenheit. Oftmals ging es höchst unbeschwert zu und her, wie Tagebuch-Eintragungen von Holzach belegen:

«Krampf! Das war ihr letztes Wort,
Dann warfen sie die Säcke fort
Und steuerten zur nächsten Beiz,
Das Wandern hat doch seinen Reiz.
Es zieht der Schmerz die Bein' hinaus,
Bei solchen Märschen geht man drauf.
Doch trinkt man viele Alkohöler,
So wird es einem schliesslich wieder wöhler.»[94]

Das Passwandern hatte für Robert Holzach noch eine tiefere Bewandtnis: Bei einer Bergbesteigung empfand er den anschliessenden Abstieg als Niederlage, während das Erreichen einer Passhöhe für ihn der Vorstoss in eine neue Geländekammer war, so wie es General Suworow auf seinem Feldzug durch die Schweiz vorgemacht hatte. Dem Marschhalt konnte Holzach einiges abgewinnen:

«Das Bild des Marschhalts gefällt mir, weil es offenlässt, ob wir nun eigentlich zurückblicken oder in erster Linie vorwärts schauen. Was hinter uns liegt, was zu erleben und, wenn möglich, zu bewältigen war, beschäftigt uns im selben Moment, in dem wir uns für das Kommende rüsten. Das Bild des Marschierens gefällt mir auch, weil ich mich vorübergehend der strengen Ordnung entziehen kann. Für die Dauer der kurzen Pause ist es unerheblich, wer vorangegangen ist oder wer lediglich zu folgen versuchte. Ich finde Kontakt ausserhalb des Kreises meiner nächsten Weggenossen, und es sind plötzlich wieder sehr viele mehr, von denen ich feststelle, dass sie gleichzeitig mit mir und in der nämlichen Richtung unterwegs sind.»[95]

Wie sehr Holzach seinen diversen Betätigungen stets eine übergeordnete, sinnhafte Bedeutung verlieh, zeigt sich auch in der folgenden Überlegung:

«Während des Marschhalts gibt es kaum lauten Dank, keine Ansprachen und Zeremonien. Aber es gibt die gemeinsame Fröhlichkeit, den Zug aus der Zigarette oder aus der Tabakpfeife und das nach der Anspannung erlösende Lachen. Es gibt den teilnehmenden Austausch von Worten und Blicken, die neue oder fortgesetzte Bereitschaft, eine Last mitzutragen oder abzunehmen. Unausgesprochen, aber um so gültiger ist das Einverständnis, zusammenzubleiben, den nächsten Abschnitt zu meistern, zugleich die Hoffnung, nach einer weiteren Wegstrecke wiederum gemeinsam innezuhalten, die Beschwerlichkeiten des Weges zu vergessen.»[96]

Fast 20 Jahre lang fanden die Suworow-Märsche unter der Ägide Holzachs statt; zuletzt 1983. Aufgrund der beruflichen Belastung nahm Holzach selbst immer seltener während der ganzen Woche teil; zuletzt besuchte er die Teilnehmer nur noch an den jeweiligen Etappenorten. Dennoch behielt der Anlass einen wichtigen Platz in der Agenda zahlreicher Offiziere aus der Ostschweiz. Wie das Schweizer Milizsystem im Grossen hatte Holzach mit dem Suworow-Marsch ein Beziehungsnetz im Kleinen geschaffen, das für alle Beteiligten von enormem Wert war und ihm selbst eine weitere Parallelwelt erschloss, in der er sich aufgehoben fühlte.

Ein zugewanderter Schlossherr

Viele von Holzachs Initiativen standen im Zusammenhang mit dem Kanton Thurgau, zu dem er ein «doppeltes Verhältnis» hatte, wie er einmal notierte:
«Es bestehen zwar keine Bezüge zu thurgauischen Vorfahren. Ganz im Gegenteil, ich bin ein Zugewanderter, genauso waren es meine Eltern und Grosseltern mütterlicherseits. Also bin ich Thurgauer, weil ich hier meine Jugend – Schule, Verbundenheit mit Gleichaltrigen in Vereinen, Pfadfinder, Segeln – verlebt und Erinnerungen an Ortsteile, Sportplätze und Seeufer habe. Aber ich bin auch ein Thurgauer, weil ich da meinen Militärdienst geleistet habe. Ich war 22 Jahre im selbständigen Füsilierbataillon 75 und weitere im Infanterieregiment 31. Von 1966 bis 1969 habe ich diesen traditionsreichen, verlässlichen Truppenverband kommandieren dürfen.»[97]

Während seiner Dienstzeit hatte Holzach «vom Sozius des Motorrades aus» auch das «Schlössli» Ottoberg entdeckt und sich in der Folge auf «ein Spiel mit Lotteriecharakter eingelassen», wie er einmal erzählte.[98] Ein Schloss war das 1794 erbaute Haus tatsächlich nie, sondern ein herrschaftliches Gebäude, das die lokale Bevölkerung mit der Zeit «Schlössli» nannte und das der Gemeinde Märstetten von 1822 bis 1862 als Schulhaus gedient hatte. Es liegt in einem erhöhten, parkähnlichen Gelände in der Nähe eines Weingebiets, von wo sich bei schönem Wetter durchaus ein «königlicher» Blick über das Thurtal bietet, der bis in die Voralpen reicht.

Über die Jahre war das «Schlössli» allerdings in einen desolaten Zustand geraten, weil niemand die erforderlichen Mittel aufbringen wollte, um es zu sanieren – bis sich Holzach 1970 einen «persönlichen Traum» erfüllte und das Haus zusammen mit einer benachbarten Liegenschaft (Backhaus) kaufte. Später, 1992, erwarb er ein angrenzendes Landstück, auf dem er ein weiteres Haus mit Atelier bauen liess. Vor allem seine Neider und Kritiker haben Holzach gelegentlich als Schlossherrn tituliert, was angesichts dieser Liegenschaften jedoch unzutreffend ist. Als Privatmann restaurierte Holzach die Gebäulichkeiten auf eigene Kosten und liess die Geschichte des «Schlössli» erforschen. Im Jahr 1977 erstrahlte es in alter Gestalt und in neuem Glanz. An seinem 70. Geburtstag im Jahr 1992 vermachte er das «bauliche Kleinod» der Thurgauischen Kulturstiftung Ottoberg, die er 1989 selbst gegründet hatte, um zeitgenössisches Kunstschaffen mit Bezug zum Kanton Thurgau zu fördern.[99] Bereits von 1989 an hatte diese Institution ihren Sitz im «Schlössli».

Heute befinden sich im Erdgeschoss und Keller mehrere Gesellschaftsräume der Stiftung; im Obergeschoss hat es Wohnungen, die allesamt vermietet sind. Ein üppiger Garten mit zahlreichen Skulpturen, die Holzach über die Zeit erstand, umgibt das Haus. Herzstück des Anwesens ist indessen die Regimentsstube, die Holzach ebenfalls einrichtete. Inmitten historischer Memorabilien, eines Teils von seiner (Militär-)Bibliothek, Soldaten-Gemälden (unter anderem des Berner Malers Friedrich Traffelet), treffen sich hier bis heute die Kommandanten des Infanterieregiments 31, dem Holzach von 1966 bis 1969 vorgestanden hatte und in dem noch andere prominente Leute dienten, etwa der einstige Chef der Winterthur-Versicherung und FDP-Nationalrat Peter Spälti, der Holzach-Jugendfreund und Anwalt Jean-Claude Wenger, der erste Wolfsberg-Chef Ernst Mühlemann oder der frühere Bankier Oskar Holenweger.

In diesem Raum dürfte auch die Episode aus Holzachs Zeit als Major des Füsilierbataillons 75 von 1959 bis 1964 kolportiert worden sein – mehr als einmal. Von einem Geniestreich ist dabei die Rede. Und die Geschichte geht wie folgt: Kaum hatte Holzach 1959 das Bataillon übernommen, erhielt er im Rahmen einer Übung folgenden Auftrag: «Das Füsilierbataillon (Füs Bat 75) stellt sich am soundsovielten um soundsoviel Uhr dort und dort bereit, infiltriert ab Mitternacht die Stellungen der Grenzbrigade 8 (Gz Br 8) und nimmt bis um soundsoviel Uhr den Sommersberg in Besitz.»

Wie sich der Schweizer Historiker und Staatsarchivar des Kantons Thurgau, André Salathé, in seinem Buch erinnert, wurde in den 32 Stunden, die bis zum Start verblieben, bei Nacht rekognosziert und das ganze Bataillon darauf eingeschworen, sich völlig stumm zu verhalten.[100] Was folgte, war eine Art Geisterwanderung. Der Offizier, der die Strecke rekognosziert hatte, wies den Weg, den die ihn begleitenden Nachrichtensoldaten zuvor mit Papierschnitzeln markiert hatten. So zogen rund 500 Mann ohne Laut und Licht durch die Nacht Richtung Sommersberg. «Feindliche» Wachsoldaten wurden dabei «rasch und lautlos» geschnappt und abgeführt, sodass jeder Versuch, die Grenzbrigade zu alarmieren, im Keim erstickt werden konnte. Bald erreichten die Männer des Füsilierbataillons 75 ihr Ziel. Drei Soldaten des feindlichen Brieftauben-Detachements kamen ihnen entgegen und merkten erst, was gespielt wurde, als sie übermannt und gefangen genommen wurden. Kommandant Holzach verschaffte sich mit diesem Gesellenstück einen einzigartigen Einstand an der Spitze des Füsilierbataillons 75. Er festigte so auch seinen Ruf als blitzgescheiter Offizier, der sich selbst im Augenblick des Siegs dem Respekt und der Höflichkeit gegenüber den unterlegenen Gegnern verpflichtet fühlte. Die erbeuteten Brieftauben liess er mit folgender Nachricht zu den «feindlichen» Truppen zurückfliegen: «Der Kommandant des Füsilierbataillons 75 grüsst den Kommandanten der Grenzbrigade 8 vom Sommersberg herab.» Erwidert wurde diese Freundlichkeit nicht, denn der Chef der Grenzbrigade 8, Hugo Gremli, wurde darüber nie in Kenntnis gesetzt. Seine Leute brachten angeblich nicht «die nötige Courage» auf, ihm die Tat seines Nach-Nach-Nachfolgers im Füsilierbataillon 75 zu beichten. Tatsächlich hatte Gremli zwischen 1950 und 1953 diese Einheit geleitet.[101]

Der Thurgau war für Holzach die Parallelwelt, für die er Heimatliebe empfand, was für ihn, als Zugezogenen, keine Selbstverständlichkeit war. Er leitete daraus sogar eine positive Provokation ab.[102]

«Ich glaube, der Thurgau ist der schönste Kanton. Ich habe versucht, ihm das in der einen oder anderen Form zu entgelten. Wolfsberg und Ottoberg sind nicht zufällige ‹Erfindungen›, sondern aus einem besonderen Verständnis entstandene ‹Ableitungen›. Das Potenzial ist immer nur eine theoretische Grösse. Daraus Wirksamkeit und Ausstrahlung hervor- und herauszuheben, ist die Besonderheit der Aufgabe. Ich habe mich in vielerlei Belangen von solchen Provokationen fordern lassen. Ich habe es stets als besonders reizvoll empfunden, aus angetroffenen Situationen personell und materiell mehr herauszuholen (zu bringen), als andere darin vermutet hatten. So ist mir das Prestige des Kantons, in dem ich aufgewachsen bin, stets eine ganz besondere Provokation gewesen.»

Sein Alltag in Zürich ermöglichte es Holzach, stets auch den Blick von aussen auf «seinen» Kanton zu bewahren – bisweilen sogar kritisch, indem er die Thurgauer auch als kleinbürgerlich und konservativ bezeichnete, wie es in seinen Notizen weiter heisst:

«Ich glaube, (den Kanton Thurgau) ein paar wenige Schritte vorwärts begleitet zu haben. Das Selbstvertrauen ist grösser geworden. Wir Thurgauer können durchaus den Anspruch erheben, mitzureden, wenn es um eidgenössische Anliegen geht. Ich wollte dem Thurgau etwas geben. Ich wünschte, es wäre mir mindestens teilweise gelungen. Der Boden ist nicht gerade günstig. Die nur schwer in Gang zu bringende Anteilnahme der Thurgauer ist es fast noch weniger. Chancen zu ergreifen, liegt dem konservativen und kleinbürgerlichen Geist wenig. Geduldet zu werden, ist in diesen Gemarkungen zwischen dem Bodensee und Fischingen, zwischen Steinach* und Mammern schon sehr viel.»

Mit seinem Ansinnen traute der weltmännische Bankier dem Thurgau bisweilen viel zu; etwa, als er im Kreis von Offizieren seines Regimentsstabs die Auffassung vertrat, auch der Thurgau sei in der Lage, eine eidgenössische Landesausstellung auszurichten oder dabei mindestens eine federführende Rolle zu spielen. Diese Episode illustriert auch Holzachs Neigung, zuweilen, wenn auch nur spielerisch, an die Grenzen zu gehen, um Unmögliches oder unmöglich Scheinendes möglich zu machen, wie es Franz Norbert Bommer einmal schilderte.[103]

---

* Steinach liegt im Kanton St. Gallen, aber offenbar dachte Robert Holzach in diesem Fall eher regional.

«Ostschweizer Mafia»

Robert Holzach engagierte sich sein Leben lang und mit einer unglaublichen Kontinuität für unzählige Belange. Dabei trat er nicht etwa als Sponsor mit hintergründigen Absichten auf, sondern als Mäzen in klassischem Sinn, dem das schöpferische Resultat am Herzen liegt. So rief er nicht nur die erwähnte Thurgauische Kulturstiftung Ottoberg mit dem «Schlössli» und seiner Regimentsstube ins Leben, sondern später auch das Bodman-Literaturhaus in Gottlieben am Bodensee (siehe Kapitel 8), das James-Joyce-Pub und die in der Folge initiierte James-Joyce-Stiftung, beide in Zürich; er sorgte innerhalb der SBG für die Finanzierung der Max-Bill-Skulptur an der Zürcher Bahnhofstrasse (siehe Kapitel 7) und unterstützte mit seinem Geld regelmässig zeitgenössische bildende Künstler, denen er Werke abkaufte, die er zum Teil als Vorlagen für seine Weihnachtskarten an Geschäftsbekanntschaften, Familienangehörige und Freunde verwendete.

Holzachs vielgestaltige Parallelwelten fanden letztlich in seinem wichtigsten Projekt ihre Symbiose: im Wolfsberg (siehe Kapitel 5). Er schuf das Schulungszentrum auf dem Seerücken ob Ermatingen mit dem Anspruch, Bankangestellte zu sozial wie kulturell gebildeten Menschen zu machen, sodass sie in der Lage waren, Verantwortung zu übernehmen. Damit war er auf diesem Gebiet ein Pionier, zumal er stets betonte, dass auf dem Wolfsberg ein Teil der für eine Gesellschaft unverzichtbaren Elite ausgebildet werden sollte. Dass das ganze Konzept im Thurgau lag und auch strengsten militärischen Prinzipien sowie militärischer Ordnung gehorchte, unterstrich nur, mit welcher Konsequenz Holzach seinen Auftrag auffasste.

Kurz vor seinem 50. Geburtstag sagte Robert Holzach im Freundeskreis einmal, er wäre am liebsten Schriftsteller geworden. Da erstaunt es wahrlich nicht, dass dieser Bankier ständig am Schreiben war. Holzach führte nicht nur über Jahrzehnte hinweg Tagebuch, er notierte bei jeder Gelegenheit – in Heften, auf losen Blättern, Servietten und Speisekarten – Gedanken und Betrachtungen, die angesichts ihrer Fülle nur zu einem kleinen Teil in seine publizierten Essays und

Referate einflossen. Vielmehr dienten diese Textfragmente als persönliches Ventil, indem er so seine (Selbst-)Zweifel, sein Ringen mit sich und der Welt und seine offenen Fragen reflektierte und sich selbst darüber Rechenschaft ablegte.

Dazu passt Holzachs Passion für Literatur. Er fand nicht nur inhaltlich Gefallen an einzigartigen Werken, sondern ebenso an der handwerklichen Schönheit eines gebundenen Buchs, von denen sich über die Jahre viele Tausende in seiner Bibliothek ansammelten. Es ist auch kein Zufall, dass in dem erwähnten Bodman-Haus in Gottlieben eine kleine Buchbinderei untergebracht ist. Er verschenkte aber auch regelmässig Bücher an Freunde und Mitarbeiter in der Bank. Eine besondere Ehre wurde einem zuteil, wenn ein solches Buch noch Unterstreichungen oder Anmerkungen von ihm enthielt. Denn Holzach gab nie ein Werk weiter, das er nicht zuvor gelesen hatte. Er mochte Rainer Maria Rilke und Charles-Ferdinand Ramuz sowie zeitgenössische deutschsprachige Literatur. Er las gerne Siegfried Lenz, Peter Bichsel und Martin Walser, mit dem ihn die Nähe zum Bodensee verband. In zunehmendem Mass interessierte sich Holzach auch für das Werk von Elias Canetti, vor allem, nachdem seine Mutter Hertha Holzach-Schrenk 1976, 89-jährig, verstorben war. Bis zuletzt hatte er ein sehr enges Verhältnis zu ihr gepflegt. Umso mehr empfand er von da an die Unabwendbarkeit des Todes und sah in Canetti einen Geistesverwandten. Der spätere Nobelpreisträger, der von 1972 bis zu seinem Lebensende 1994 in Zürich ansässig war, haderte ewig mit der Vergänglichkeit und versuchte die Auswirkungen zu erforschen, die das Bewusstsein des Todes auf die Menschen hat. Einmal kam es zu einer kurzen Begegnung zwischen Holzach und Canetti; doch der gegenseitige Respekt hielt diese beiden noblen Herren auf Distanz.

Trotz der Löblichkeit seines ganzen Wirkens: Frei von Widersprüchen war es nie. Wegen seiner Parallelwelten musste sich Holzach den Vorwurf des Filzes gefallen lassen. Man sprach von der «Ostschweizer Mafia», aus der er seine Vertrauensleute rekrutiere. Seine Kritiker unterstellten ihm auch, dass er sich mit Ja-Sagern umgebe. Doch eigentlich war das Gegenteil der Fall. Jene Menschen, die ihm ihre Meinung sagten, machten ihm auf die Dauer sehr viel mehr Eindruck. Letztlich blieb Holzach aber ein einsam Suchender, einer der hadert und unentwegt an der Frage laboriert, was am Ende Bestand haben werde – und was man getrost loslassen könne. Dieser Herausforderung hat sich Holzach zwar zeit seines Lebens gestellt, aber ohne eine endgültige Antwort zu finden, wie sich noch schmerzlich zeigen sollte.

Kapitel 5

Die schwierigen 1970er-Jahre

Jetzt muss die Euphorie weichen. Krisen und Veränderungen kündigen sich wie so oft in unscheinbaren Begebenheiten an. Robert Holzach entwickelt einen sechsten Sinn für Gauner. Bankangestellte sollen redliche und kultivierte Menschen sein. Doch diese Meinung teilen nicht alle, besonders nicht die Spekulanten. Sie bejubeln lieber die neue Finanzarchitektur und bekommen die Rechnung umgehend serviert. Sorgen bleiben auch Holzach nicht erspart. Ein Supercomputer, Nutzfahrzeuge und die Trunkenheit seines Chefs setzen ihm zu. Allmählich fliesst viel Geld in die Schweiz. Die Preisfrage lautet: Geht alles mit rechten Dingen zu?

Im Jahr 1968 beschloss die Schweizerische Bankgesellschaft (SBG) eine für damalige Verhältnisse neue Organisation, die vier Sparten umfasste: den Kommerzbereich mit dem Kreditgeschäft und den Geschäftsstellen in der Schweiz; den Finanzbereich mit dem Wertschriftenhandel und der Anlageberatung (Vermögensverwaltung); den Auslandsbereich, dem die internationalen Geschäfte, die Niederlassungen ausserhalb der Schweiz sowie der Handel mit Devisen und Edelmetallen angegliedert waren; und schliesslich der Dienstebereich, der die Logistik, die Immobilienbewirtschaftung, das Personal und die Elektronische Datenverarbeitung (EDV, heute IT) zusammenfasste.

Dieses Modell galt schnell einmal als Vorbild für andere Banken und hatte lange Zeit Bestand, da es klare Verantwortlichkeiten definierte und leicht verständlich war – im Gegensatz zu späteren Strukturen der UBS. Es ist indessen interessant, dass damals weder der Finanzchef noch ein Risk Manager in der obersten Führungsebene vertreten waren. Offenbar erachtete man das (noch) nicht für nötig oder hielt sich in der Generaldirektion für kompetent genug, diese beiden Bereiche unter Kontrolle zu haben. Die operativ wichtigsten Bereiche waren der Kommerzbereich, kurz KOBE genannt, sowie der Finanzbereich, FIBE, der immer mehr an Bedeutung gewann. Verantwortet wurden diese beiden Sparten von Robert Holzach respektive von Nikolaus Senn. Letzterer hatte die Leitung von Bruno Saager «geerbt», der nach der Reorganisation nur noch als Senior in der Generaldirektion mit Rat und Tat wirkte. Insgesamt gehörte er diesem Gremium von 1957 bis 1974 an. Das Auslandsgeschäft leitete nach dem Abgang Alfred Hartmanns neu Guido Hanselmann, während der Bereich Dienste zunächst unter der Führung des Westschweizers Jean-Marius Clerc stand – ein Hinweis darauf, dass die frankofone Kultur bei der SBG damals noch einen höheren Stellenwert besass als beispielsweise die angelsächsische. Clerc wurde in Zürich allerdings nie heimisch und kehrte bald in seine Heimatstadt Lausanne zurück. So übernahm Holzach im Jahr 1971 zusätzlich zum Kommerz- auch noch den Dienstebereich. Damit baute er seinen Einfluss innerhalb der Generaldirektion beträchtlich aus und konnte dem wachsenden Einfluss Senns Gegensteuer geben. Dieser spielte spätestens seit der erfolgreichen Integration der Interhandel in die SBG eine wichtige Rolle im obersten Machtzirkel der Bank. Als Dienste-Chef ging Holzach alsbald daran, die Organisationsstruktur des Hauses zu erneuern, indem er allen Abteilungen eine aus vier Buchstaben bestehende Abkürzung gab, etwa SIDI für den Sicherheitsdienst; zusätzlich verpasste er allen knapp 10 000 Mitarbeitern ein Namenskürzel aus drei Buchstaben, das alsbald in der ganzen Korrespondenz und Unternehmenskommunikation konsequent angewendet wurde: HLZ für Holzach beispielsweise. Zudem hatte jeder Bereich eine Farbe: Blau für den Kommerzbereich, Rot für den Finanzbereich, Grün für den Auslandsbereich sowie Gelb für den Dienstbereich. Nach diesen Farben waren auch die internen Telefonbücher konzipiert.

Antipoden in der Generaldirektion

Zur Generaldirektion gehörten auch stellvertretende Generaldirektoren sowie Generaldirektoren, die keinen Bereich leiteten, aber dennoch eine wichtige Funktion hatten, wie später der Börsenchef Bruno Saager. Insgesamt umfasste dieses oberste Führungsgremium wechselnd rund ein knappes Dutzend Mitglieder. Seit Alfred Schaefer 1964 vom Vorsitzenden der Generaldirektion zum Präsidenten des Verwaltungsrats aufgestiegen war, funktionierte die Generaldirektion ohne eigentliche Leitung. Es wäre zwar naheliegend gewesen, dass Saager aufgrund seiner Seniorität und auch seines Einflusses wegen die Führung übernommen hätte. Doch offenbar hatte sich das Verhältnis zwischen dem intellektuellen Juristen Schaefer und dem pragmatischen Nichtakademiker Saager seit der Interhandel-Affäre dermassen abgekühlt, dass Schaefer alles daran setzte, Saager als Vorsitzenden der Generaldirektion zu verhindern. Vergeblich also hatte sich Saager seinerzeit dafür eingesetzt, dass Schaefer und nicht der gesetzte Albert Rösselet zum Nachfolger von SBG-Präsident Richner ernannt wurde. Schaefer seinerseits wollte nun beweisen, dass er auf die Unterstützung Saagers nicht angewiesen war. Folglich funktionierte die Generaldirektion als Kollegialbehörde – zumindest nach aussen. Immerhin übernahm zeitweilig der diplomatische Philippe de Weck, dessen familieneigene Bank 1953 von der SBG gekauft worden war und der deshalb in der Generaldirektion sass, die Rolle eines Primus inter Pares. Faktisch jedoch führten Holzach und Senn die Bank.

Obwohl beide Juristen, Oberst im Militär und aus der Ostschweiz stammend, hätten sie gegensätzlicher kaum sein können.[*] Für Holzach bestand das Bankwesen vor allem aus dem Kreditgeschäft, während Senn der Mann der grossen Finanztransaktionen an der Börse war. Da der prinzipientreue, zu seinen Untergebenen distanziert auftretende und zu schweren Gedanken neigende Holzach, dort der pragmatische, im Umgang eher humorvolle, nicht immer ganz greifbare und gleichzeitig blitzschnell agierende Senn. Während Holzach mit der Bank «verheiratet» war, in seiner Freizeit durch die Schweiz marschierte und sich dem Schreiben widmete, erholte sich Senn inmitten seiner fünfköpfigen Familie oder ferienhalber in Südafrika und frönte dem Golfspiel, im Winter dem Curling. Natürlich flogen bisweilen die Fetzen zwischen diesen zwei Persönlichkeiten, was auf der Chefetage jeweils kaum zu überhören war, doch waren sie beide besonnen genug, es nie zum fatalen Zerwürfnis kommen zu lassen – die Achtung füreinander sollte bis zuletzt erhalten bleiben. Dass sie sich bis kurz vor Holzachs Tod siezten, veranschaulicht ihren von Respekt dominierten Umgang miteinander. Im Herbst 2008, als die beiden schon längst pensionierten Bankiers sich bei einem Treffen in Senns Haus in Herrliberg bei Zürich begegneten und der gesundheitlich bereits schwer eingeschränkte Holzach seinem früheren Untergebenen

---

[*] Nikolaus Senn kam im appenzellischen Herisau zur Welt und ist heimatberechtigt in Wil SG und Herrliberg ZH.

überraschend das Du anbot, war Senn dermassen gerührt gewesen, dass er anschliessend mit Tränen in den Augen nur noch stumm dagesessen hatte, wie sich Weggefährten erinnern.[104]

Wolfsberg oder eine wechselvolle Geschichte

Grosse Veränderungen und Krisen kündigen sich oft in unscheinbaren Begebenheiten an, bevor sie Gestalt annehmen und das Alte auslöschen. So war es auch bei der SBG. Noch war wohl nicht vielen Mitarbeitern klar, dass das Bankwesen in den 1970er-Jahren radikal hinterfragt werden und dass die Schweiz in ihren Grundfesten erschüttert würde. Spekulationen, hohe Verluste, Firmenkrisen, Skandale, Terroranschläge, Schwarzgeldtransaktionen und feindliche Übernahmen verliehen diesem Jahrzehnt einen morbiden Charakter. Wie schwierig alles werden sollte, das ahnte auch die Gruppe leitender SBG-Leute nicht, die im Frühjahr 1970 ein Landgut oberhalb des Untersees, auf dem Seerücken bei Ermatingen im Kanton Thurgau, besichtigte.

Das Anwesen hatte eine ereignisreiche Geschichte hinter sich.[105] Wolf Walter von Gryffenberg hatte es 1576 als Landwirtschaftsbetrieb errichtet. 1732 baute der Junker Johannes Zollikofer von Altenklingen das Hauptgebäude im Barockstil um und nutzte es als Sommerresidenz. An der Wende zum 19. Jahrhundert liess der damalige Besitzer, Baron Jean Jacques von Högger, ein Gästehaus erstellen, worauf das Gut unter Charles Parquin – einem Bonapartisten, der dem Hof von Exkönigin Hortense auf dem benachbarten Schloss Arenenberg nahestand – zur ersten Fremdenpension im Kanton Thurgau wurde; die Gästebücher enthalten illustre Namen wie François-René de Chateaubriand, Alexandre Dumas oder Franz Liszt. Allerdings betätigte sich Parquin auch bei erfolglosen Putschversuchen in Frankreich und kam ins Gefängnis. Als Folge davon ging das Schloss Wolfsberg als Gaststätte Konkurs.

Mehrmals noch wechselte der Wolfsberg seine Besitzer und seine Ausgestaltung; einige Jahre gehörte das Schloss einem englischen

Landedelmann, später wurde es ein Kurhotel, bis die vorwiegend deutschen Gäste nach Ausbruch des Ersten Weltkriegs ausblieben und ein Teil des Parquinhauses als Erholungsheim für Kinder deutscher Kriegsgefangener diente.

Ein Geschäftsmann namens Paul Meyer-Schwertenbach war es, der das Anwesen 1938 erstand und dort bis zu seinem Tod 1966 residierte. Eigentlich hiess er Paul Eduard Meier und stammte aus dem Zürcher Vorort Dübendorf. Weil dem späteren Wirtschaftsjuristen und Schriftsteller nach Noblerem zumute war, änderte er seinen Namen von Meier auf Meyer und publizierte unter den Pseudonymen Wolf Schwerzenbach und Wolf Schwertenbach Kriminal- und Abenteuerromane. Daneben war er Geschäftsmann und im Militärdienst, namentlich während des Zweiten Weltkriegs, Rechtsberater von Oberstbrigadier Roger Masson, dem Chef des militärischen Nachrichtendiensts. Später wurde Hauptmann Meyer-Schwertenbach, wie er nun mehr oder weniger offiziell hiess, von Masson auch mit heiklen Angelegenheiten betraut. So kam er zum Übernamen «Spezialmeyer». Eine seiner Aufgaben war etwa, den persönlichen Schutz des Schweizer Armeegenerals Henri Guisan zu gewährleisten.

Gleichzeitig wurde der Wolfsberg in den Kriegsjahren 1939 bis 1945 zu einer wichtigen Drehscheibe für Kontakte zwischen der neutralen Schweiz und den Vertretern des Dritten Reichs. Auf dem Anwesen fanden Geheimtreffen statt zwischen Masson und dem SS-Brigadegeneral Walter Schellenberg, der den deutschen Auslandnachrichtendienst leitete. Er wurde später in den Nürnberger Prozessen als Kriegsverbrecher verurteilt. Von diesen Begegnungen wusste auch General Henri Guisan, denn er wollte ebenfalls mit Schellenberg in Kontakt treten, um ihm gegenüber persönlich die Neutralität der Schweiz zu bekräftigen. So empfing Paul Meyer-Schwertenbach auf dem Wolfsberg auch einmal General Henri Guisan und dessen Gattin sowie den damaligen Chef der Eidgenössischen Polizeiabteilung, Heinrich Rothmund.*

---

* An den Besuch Henri Guisans auf dem Wolfsberg erinnern ein Eintrag im Gästebuch sowie ein Brief vom 20. März 1943. Der General schickte der Gattin von Meyer-

Relevant ist im Zusammenhang mit diesem Buch, dass Meyer-Schwertenbach enge Geschäftsbeziehungen zu einem gewissen Paul Holzach (1905–1995) unterhielt. Dieser gehörte in der Schweizer Armee ebenfalls dem Kommando von Brigadier Masson an; er war über die Spezialaufträge Meyer-Schwertenbachs im Bild und kannte den Wolfsberg ebenfalls. Im Zivilleben arbeitete dieser Holzach als kaufmännischer Angestellter bei der Zürcher Firma Escher Wyss. Gemeinsam hatten er und Meyer-Schwertenbach 1940 die Interkommerz gegründet.[106] Dabei handelte es sich um eine Tarnfirma, an der, wie nach dem Zweiten Weltkrieg erst bekannt wurde, auch der SS-Agent und Schellenberg-Vertraute Hans Eggen beteiligt war. Die Interkommerz wickelte unter anderem das Barackengeschäft des Schweizerischen Holzsyndikats ab; dabei handelte es sich um Lieferungen von zerlegbaren Holzbaracken an die Waffen-SS in Deutschland, die in Konzentrationslagern verwendet wurden. Dieses Geschäft, bei dem hohe Provisionen flossen, sorgte für einiges Aufsehen, da ausser dem deutschen Nachrichtendienst ausgerechnet Henry Guisan, der Sohn des Schweizer Armeegenerals, auch involviert war.*

Auf dem Wolfsberg widmete sich Meyer-Schwertenbach der Wiederherstellung der historischen Substanz von Schloss, Kapelle und Ökonomiegebäuden. Als er 1966 starb, verfiel das Anwesen. Dass die SBG 1970 nach einiger «Vorarbeit» Robert Holzachs den Wolfsberg von den Erben Meyer-Schwertenbachs erwerben konnte, ist insofern interessant, als der erwähnte Paul Holzach sein Cousin war; Robert Holzachs Vater Ernst Holzach (1879–1955) war der Bruder von Paul Holzach (1881–1957), dem Vater des erwähnten Paul Holzach. Es ist nicht bekannt, dass Robert Holzach einen näheren Kontakt zu die-

---

Schwertenbach Kartoffelsetzlinge, wünschte ihr eine gute Ernte und bemerkte, dass diese zeitbedingt rare Sorte, von der er leider keine grössere Menge schicken könne, am besten «in der leichten, ein wenig sandigen Erde» gedeihe.

* Der Schweizer Historiker Willi Gautschi stellte in seiner 1989 publizierten Biografie über General Henri Guisan unmissverständlich fest: «Über die Zweckbestimmung der an die Waffen-SS gelieferten Holzbaracken konnten die beteiligten Unterhändler und Lieferanten wohl kaum im Unklaren sein, denn zu diesem Zeitpunkt wusste man auch in der Schweiz bereits Bescheid über die Existenz der Konzentrationslager.»

sem Vetter gehabt hätte, zumal er eher seiner Familie mütterlicherseits zuneigte, doch ist anzunehmen, dass er mit seinem grossen Interesse an der Familiengeschichte auch von der Verbindung zwischen Paul Holzach und Paul Meyer-Schwertenbach wusste – respektive dass er den Wolfsberg schon lange kannte, bevor das Schlossgut Anfang der 1970er-Jahre an die SBG überging. Holzach setzte dabei einiges aufs Spiel, denn er hatte den Wolfsberg bereits erworben – auf eigene Faust und ohne das Plazet der Bank.

Nun aber musste der Kauf von der SBG-Führung gebilligt werden, und darum stapfte diese Gruppe von Männern im Frühjahr 1970 durch die Gegend im thurgauischen Niemandsland. Holzach hatte die Visite indessen geschickt aufgegleist und dafür seinen Militärkameraden aus dem Thurgauer Infanterieregiment 31, Ernst Mühlemann, aufgeboten, der damals das Lehrerseminar in Kreuzlingen leitete. Holzach hielt grosse Stücke auf ihn, vor allem seit diese Ausbildungsstätte sowie die Klosterkirche in Kreuzlingen 1963 abgebrannt waren und Mühlemann den Wiederaufbau mit enormem persönlichem Einsatz an die Hand genommen hatte.

Bei der Inspektion der SBG-Oberen auf dem Wolfsberg schilderte Mühlemann den Bodenseeraum so plausibel als Nabel der Welt, dass Holzach mit seinem nachgeschobenen Antrag «sur place», wie es im Jargon der SBG hiess, auf Anhieb durchkam. Bis heute werden die Worte Alfred Schaefers nach der Präsentation kolportiert: «Messieurs, es ist zwar etwas teuer, aber ich glaube, *cela vaut la peine*. Gibt es hier auch etwas zu trinken?»

Die Notwendigkeit eines Adels im Bankwesen

Zu jener Zeit hatte die SBG ein Personalproblem. Zwischen 1960 und 1970 war die Belegschaft der Bank von knapp 4000 Mitarbeitern auf fast 10 000 gestiegen. Davon war fast die Hälfte jünger als 25 Jahre. Angesichts dieser Entwicklung stellte sich erstens die Frage, wo sich weitere Beschäftigte rekrutieren liessen, und zweitens, wie dieses Personal auf die hohen Qualitätsansprüche der Bank «eingeimpft» werden konnte. Tatsächlich war es damals noch so, dass viele Führungskräfte der Bank keine akademische oder höhere Ausbildung besassen. Holzachs Vision war eine Kaderschmiede, in der die fähigsten Leute, nicht ohne militärischen Drill, zu universellen Bankangestellten ausgebildet werden sollten. Und seine Ansprüche waren, wie so oft, nicht wirklich bescheiden; im Bankangestellten sah er mehr als nur einen gewöhnlichen Bürolisten:

«Ich glaube an die Notwendigkeit eines gewissen ‹Adels› im Bankwesen. Edelmut, Vornehmheit, Stil- und Formgefühl, Nobilität: Das sind offenbar ausnahmslos verstaubte, überholte, bestenfalls noch nostalgische Attribute in einer Zeit, welche die Selbstverwirklichung häufig in betonter Nonchalance oder Ungepflegtheit zu suchen scheint. Das völlige Sichgehenlassen, sich salopp oder mindestens ‹lässig› über Bewährtes hinwegzusetzen, mag lustvoller, sicher anspruchsloser sein als die Einordnung und gelegentlich die Unterordnung unter Strukturen, die gestaltende Kraft entfaltet haben und nach wie vor entfalten.»[107]

Holzachs Idee war also nicht bloss die eines Ausbildungszentrums, sondern eher die einer Denkstätte für Bankangestellte:

«Der Bankier benötigt zur erfolgreichen Bewältigung seiner vielfältigen Aufgaben eine gefestigte Lebenshaltung. Um seine Aufgaben zu begreifen, muss er sich auch bemühen, den Sinn des Lebens zu begreifen, durch Denken und Nach-Denken Ordnung in das so komplexe Thema zu bringen. Aber eben», folgerte Holzach und zitierte den armenisch-amerikanischen Romancier William Saroyan mit den Worten: «Für manche Menschen bedeutet Denken lediglich das Neuordnen ihrer Vorurteile.»[108]

Am 21. Februar 1971, zu Beginn der Manöver des Feldarmeekorps 4, stürzte Ernst Mühlemann als Generalstabsmajor an Bord eines Helikopters nach einem Triebwerksausfall in dichtem Schneetreiben in einem Wald bei Rüti im Zürcher Oberland ab. Während Korpskommandant Adolf Hanslin sofort tot war, überlebten Mühlemann und der Pilot Hans Pulver. Schwer verletzt wurden sie ins Zürcher Universitätsspital übergeführt. Später, als sich Mühlemann zur

Rekonvaleszenz im Tessin befand, meldete sich Holzach bei ihm. Der Bankier erkundigte sich nach Mühlemanns Wohlergehen, kam dann aber rasch zur Sache: «Mit einem ‹zweiten Leben› kann man nicht einfallslos weitermachen.»[109] Holzach, noch nie ein Mensch überschwänglicher Sentimentalitäten, bot ihm kurzerhand die Leitung des Wolfsbergs an. Mühlemann sagte zu und wurde zu einem der engsten Vertrauten Holzachs.

Vorher aber musste der Wolfsberg noch hergerichtet werden, und fast wäre das Vorhaben gescheitert respektive um Jahre verzögert worden. 1972 hatte Holzach unter der Hand aus Bern vernommen, dass der Bundesrat zwecks Eindämmung der überschiessenden Konjunktur einen Baustopp für verschiedenste Bauvorhaben verfügen wollte. Das betraf auch Liegenschaften von Banken. Peter Gross, dem damaligen Stabschef Dienste, war es zu verdanken, dass es nicht so weit kam. Er kontaktierte seinen militärischen Vorgesetzten Paul Müller, den Inhaber der Baufirma Stutz im thurgauischen Hatswil bei Amriswil. In Umkehrung der üblichen Kommandoordnung erteilte Gross dem Unternehmer den «Befehl», am darauffolgenden Morgen um 7 Uhr mit Baumaschinen auf dem Wolfsberg in Aktion zu treten; Rückfragen jeglicher Art seien zu unterlassen.

Es klappte gerade noch. Denn am Mittag jenes Tages kam mit sofortigem Inkrafttreten der bundesrätliche Erlass aus Bern. Ausgenommen waren bereits begonnene Bauvorhaben, zu denen nunmehr auch der Wolfsberg gehörte.[110]

In der Folge baute das Architektenpaar Rudolf und Esther Guyer die Anlage um. Entlang einer Achse mit Wandelhalle und Empfangsfoyer entstanden Kursräume mit einer Aula, ein Schwimmbad mit Turnhalle und rund um einen Föhrenhof 120 kleine, spartanisch eingerichtete Einzelzimmer mit je 19 Quadratmetern Fläche. Gemäss Holzach durfte der Wolfsberg keine Wohlfühloase werden, sondern sollte zweckmässig sein und den übergeordneten Ausbildungsansprüchen genügen, zu denen auch Bescheidenheit und Mass gehörten. So galt der Wolfsberg im Volksmund bald einmal als Bankierskloster – auch wenn nicht wenige SBG-Angestellte dort in der barähnlichen Remise manch feuchtfröhlichen Abend erlebt haben.

Ein Lob auf die Elite

Die offizielle Eröffnung fand am 8. Mai 1975 statt. In einer Zeit, die bereits stark von den egalitären Ideologien der 1968er-Studenten- und Bürgerrechtsbewegung beeinflusst war, stellte Holzach in seiner Ansprache die ketzerische Frage: «Kann unsere Zeit auf eine Elite verzichten?» Ausgehend von der Feststellung, dass vor dem Hintergrund der zunehmenden Nivellierung durch politisch linksgerichtete Kräfte über die Elite nicht in erster Linie geredet, sondern geschwiegen werde, stellte er ebendiese Elite als die wichtigste Institution dar für den Wohlstand und das Prosperieren einer Gesellschaft: «Das Hauptanliegen der Elite soll das Allgemeinwohl sein.» Holzachs Rede war ein fulminantes Plädoyer für das tüchtige Individuum, das seine Aufgabe bewusst als Teil der Elite wahrnimmt. Und mit dem Wolfsberg wollte Holzach, zumindest was die Bankbranche anging, sozusagen eine Keimzelle für dieses Wirken schaffen:

«Zu allen Zeiten und auf allen Gebieten haben heraus- und hervorragende Leistungen einer Minderheit die Fortschritte für die Mehrheit langfristig möglich und zugänglich gemacht. Auf eine solche Hilfe der Elite könnte unsere Zeit nur verzichten, wenn sie eine weitere gesamtheitliche Fortschrittsentwicklung entweder nicht mehr braucht oder nicht mehr will oder wenn sie gleichwertige Hilfen anderweitig anbieten kann. Unterstellen wir einmal, dass unsere Gesellschaft einen weiteren Fortschritt, eine Fortentwicklung sowohl braucht als auch will, was erst recht für die nicht industrialisierten und für die weniger entwickelten Staaten zutrifft, dann reduziert sich das Problem auf die Frage nach einer alternativen Trägerschaft. Wer anstelle der Elite im Sinne unserer Vorstellungen könnte die nämliche Pionierfunktion ebenso gut oder besser wahrnehmen?»

Die Elite, das waren für Holzach «kraftvolle Persönlichkeiten», die mit ihrem «Mut zum Ausserordentlichen» dem Gemeinwesen den Fortschritt bescherten. Das Ausbildungskonzept auf dem Wolfsberg beruhte folgerichtig auf einem karrierebegleitenden System mit obligatorischem Charakter. Wer bei der SBG aufsteigen wollte, wurde im Wolfsberg gestählt. Das war tatsächlich aussergewöhnlich, denn es

wurde dabei nicht einfach gepaukt. Vielmehr wechselten sich Fach- und Führungsausbildung ab, immer verbunden mit der Absicht, die Kursteilnehmer mit gezielter Allgemeinbildung in Wirtschaft, Politik, Kultur und Sozialem zusätzlich zu fördern. Natürlich besass das Ganze einen gehörigen militärischen Charakter, und viele Übungen beruhten explizit auf der Tatsache, dass Menschen erst unter Druck ihre letzten Reserven aktivieren und dass sich so am besten feststellen lässt, ob jemand für eine Führungsfunktion geeignet ist. Die Wolfsberg-Kursfolgen dauerten in der Regel jeweils vier Wochen und waren systematisch gegliedert:
- Einführungsseminar (30-40 Jahre) für junge Nachwuchsleute
- Grundseminar (40-50 Jahre) für zukünftige Sektionsleiter
- Weiterbildungsseminar (35-65 Jahre) für zukünftige Abteilungsleiter
- Fortbildungsseminar I (35-65 Jahre) für das Direktionskader
- Fortbildungsseminar II (35-65 Jahre) für die Geschäftsleitung
- Fortbildungsseminar III (40-70 Jahre) für Verwaltungsrat und Kontrollstelle

Neben dem üblichen Frontalunterricht fanden in diesen Seminaren viele Gruppendiskussionen (Brainstorming) über politische, kulturelle und soziale Themen statt. Während einer Kurswoche gab es aber auch zahlreiche realitätsbezogene Übungen, also Rollenspiele – etwa, wie sich ein Niederlassungsleiter zu verhalten hat, wenn vor seiner Filiale gegen die Bank demonstriert wird. Dabei stellte man solche Situationen mit Statisten so wirklichkeitsgetreu wie möglich nach. Beliebt waren auch Medientrainings, für das die SBG unzimperliche Boulevardjournalisten aufbot, die den Auftrag hatten, in fiktiven Interviews die Bankangestellten in die Enge zu treiben respektive in Erklärungsnot zu bringen.[111] Schliesslich ergänzten bankfachliche und führungsbezogene Ausbildungsmodule diese Lektionen.

Zwecks allgemeiner Weiterbildung organisierte die Wolfsberg-Leitung unter Mühlemann Begegnungen mit Unternehmern, Politikern und Künstlern. Diese Dialoge sollten «einen Beitrag zur individuellen Emporbildung» liefern. Ferner nahmen die Kursteilnehmer an Exkursionen im Bodenseeraum und darüber hinaus teil.

DIE SCHWIERIGEN 1970ER-JAHRE   123

Zudem gelang es Mühlemann, den Wolfsberg über den Ausbildungsauftrag hinaus zu einem Begegnungszentrum von internationaler Ausstrahlung zu machen; der Einladung der SBG folgten unzählige Persönlichkeiten wie Helmut Schmidt, Alexander Dubček, Michail Gorbatschow oder Franz Josef Strauss. Im Rahmen der kulturellen Veranstaltungen fand 1978 unter anderem eine Ausstellung des Bildhauers Henry Moore statt. Damals erwarb die SBG auch Moores Werk *Four pieces reclining figure*. Legendär ist, wie Holzach mit dem englischen Künstler das Gelände des Wolfsbergs fast schon andächtig abschritt, um den geeigneten Platz für das Werk zu finden. Siebenundzwanzig Jahre später beschloss die Führung der UBS aus strategischen – Kritiker behaupten: aus pekuniären – Überlegungen, Moores Skulptur zu veräussern. Offiziell hatte die UBS zuvor entschieden, nur noch zeitgenössische Kunst zu sammeln und alle übrigen Werke zu veräussern. Der Verkauf der Moore-Skulptur löste eine riesige öffentliche Empörung aus und galt als Chiffre für den angeblich bloss noch gewinnmaximierenden Kurs der UBS.

Die Wolfsberg-Verantwortlichen der ersten Stunde mussten sich in den frühen 1990er-Jahren von der damaligen SBG-Führung unter Robert Studer auch den Vorwurf gefallen lassen, das Ausbildungszentrum nicht dem veränderten Zeitgeschehen (Ende des Kalten Kriegs, Globalisierung, Amerikanisierung der Finanzwelt) angepasst zu haben. So kam es 1992 zur Pensionierung von Ernst Mühlemann, dem ersten und langjährigen Leiter des Wolfsbergs. In der Folge evaluierten und überarbeiteten die neuen Verantwortlichen das Konzept des Zentrums. Zwischen 2005 und 2008 wurde es dann um- und ausgebaut. Dabei enstand auch ein neuer Unterkunftstrakt, der modernsten Komfortansprüchen gerecht wurde, sodass das asketische Element, auf das Holzach so viel Wert gelegt hatte, vollends verschwand. Vor diesem Hintergrund erstaunt es kaum, dass die Verfechter des ursprünglichen Ausbildungszentrums dem «neuen» Wolfsberg den Charakter eines anonymen US-Motels attestierten.

Holzachs Wolfsberg-Projekt beinhaltete auch die *Wolfsbergschriften*, die seiner bibliophilen Passion entstammten – edel hergestellte Publikationen, in denen sich die obersten Mitarbeiter der SBG zu aktuellen bank- und gesellschaftspolitischen Themen äusserten. Holzachs wichtigste Beiträge in dieser Reihe sind: *Personalführung im Wandel, Kann unsere Zeit auf eine Elite verzichten?, Führung als Herausforderung* sowie sein Klassiker, *Das Schwerste ist der Entschluss.** Wenige Wochen vor seinem Tod im September 2009 zitierte Ernst Mühlemann in einer Erinnerungsschrift an Robert Holzach den griechischen Staatsmann Perikles: «Jedes System geht an der Übertreibung zugrunde.» Daraus zog der einstige Wolfsberg-Patron den Schluss: «Hätte man in der fusionierten Grossbank UBS die systematische Kaderausbildung nach Holzachs Prinzipien fortgesetzt, hätte sich wahrscheinlich vieles besser entwickelt.»[112]

Heute firmiert das Ausbildungszentrum ob Ermatingen als Wolfsberg – The Platform for Executive & Business Development und ist eine Tochtergesellschaft (Subsidiary) des Konzerns. Vom einstigen Bankierskloster oder der Zentralschule für das SBG-Kader hat sich das Zentrum zu einer international ausgerichteten Institution gewandelt, die vor allem Anlässe für andere Unternehmen sowie für UBS-Kunden veranstaltet und im Vergleich zu früher einen wesentlich geringeren Anteil an bankinterner Ausbildung anbietet.

Zwischen Vision und Kapitulation

Hatte Holzach beim Wolfsberg in waghalsiger Eigenregie gehandelt, liess er sich in anderen Sachgeschäften von Mehrheitsentscheiden leiten, war damit jedoch nicht immer erfolgreich. Wie er später einräumte, stellte ein anderes Projekt aus den 1970er-Jahren eine seiner grössten Fehlleistungen dar.[113] Es trägt den Namen UBISCO. Worum ging es?[114] Bereits Ende der 1960er-Jahre hatte die SBG erste Abklärungen getroffen, wie sie ihr enormes Wachstum mit Effizienzsteige-

---

* Diese Publikationen sind vergriffen. Seit 2007 bringt die UBS eine neue Schriftenreihe namens *Wolfsberg/Script* heraus, die, allerdings mit externen Autoren, teilweise an die alte Tradition anknüpft.

rungen und vermehrter Automatisierung meistern konnte. In den Jahren 1969 und 1970 erstellte sie mehrere Studien dazu und holte Offerten ein. Bald waren nur noch drei Anbieter im Rennen: der IBM-Konzern als damals unangefochtener Marktführer, die Firma Univac als bisherige Lieferantin sowie die Control Data Corporation (CDC), ein aufstrebendes Jungunternehmen, das in den USA als Erbauer des ersten Supercomputers galt; eines Rechners, der bereits eine Vielzahl von Funktionen simultan ausführen konnte. Genau das schwebte den SBG-Verantwortlichen vor: sämtliche Transaktionen und Prozesse in Realtime abwickeln zu können, damals eine absolute Novität, die offenbar die Firma CDC realisieren konnte. So votierte die Geschäftsleitung der Schweizer Grossbank mehrheitlich für die CDC, nicht zuletzt, weil das Unternehmen auch innovativ auftrat und auf renommierte Kunden wie die US-Armee, die Nasa sowie amerikanische Universitäten verweisen konnte. Da die CDC im Finanzsektor noch kaum aktiv war und sich diesen Markt ebenfalls erschliessen wollte, machte die Firma gegenüber der SBG so erhebliche Preiskonzessionen, dass der Branchenprimus IBM – für den Robert Holzach plädiert hatte – nicht mitziehen wollte.

SBG und CDC schlossen 1971 einen Vertrag ab, der auf vier bis maximal fünf Jahre projektiert war. Bis dahin sollte der neue Supercomputer im Vollbetrieb sein – ein ambitiöses Vorhaben. UBISCO war in der Schweiz das erste und mit Abstand grösste IT-Projekt jener Zeit. In Stellenanzeigen suchte die Bank grossspurig nach Mitarbeitern für das Vorhaben und schrieb etwa: «Wollen Sie an einem der anspruchsvollsten Datenverarbeitungsvorhaben Europas mitwirken? Die Realisierung von UBISCO bedeutet für jüngere, tüchtige Fachkräfte die Chance der beruflichen Entfaltung.» Tatsächlich kam das Projekt nach der ersten Euphorie schon ins Stocken. Verschiedene von der CDC gelieferte Systeme funktionierten nicht. Wie sich zeigte, hatte das US-Unternehmen, das im Finanzbereich eben unerfahren war, die Tatsache unterschätzt, dass die SBG als Universalbank funktionierte. In den USA gab es aufgrund des gesetzlich vorgeschriebenen Trennbanken-Systems, das den Geldhäusern untersagte, sämtliche Finanzdienstleistungen aus einer Hand anzubieten, wie das die europäischen und eben auch schweizerischen Universalbanken taten, kein Pendant und somit auch keine Vergleichs- oder Erfahrungswerte. Dadurch schlitterte die CDC in einen Know-how-Notstand. Und als ob dies nicht genügt hätte, bekundeten die Programmierer in der Schweiz erhebliche Probleme mit den aus Übersee gelieferten Applikationen. Laufende Änderungen und stetig neue Anforderungen der SBG an das künftige System erschwerten die Projektentwicklung noch zusätzlich. Die Lage verfinsterte sich vollends, als die CDC in finanzielle Schwierigkeiten geriet. Anstatt ihre besten Mitarbeiter weiter bei UBISCO einzusetzen, stellte das Unternehmen diese für andere, lukrativere Aufträge der US-Armee ab. Doch auch die SBG unterschätzte den Personalbedarf. War sie zunächst von maximal 100 Mitarbeitern für das Projekt ausgegangen, arbeiteten bis zu 200 Personen daran. Allmählich zeigte sich aber, dass die Bank die Kompetenz der Firma CDC falsch eingeschätzt hatte. Allerdings kamen die riesigen Probleme lange nicht zur Sprache – weil niemand in der Geschäftsleitung der SBG sich bei diesem anspruchsvollen Projekt die Finger verbrennen wollte. Noch 1974 suchte die SBG weitere Mitarbeiter und schrieb in Stellenanzeigen vollmundig: «Weil UBISCO ein so umfassendes und langfristiges Real-time-Projekt ist, werden vielfältige Berufsmöglichkeiten geschaffen. Und damit verbunden sind eigentlich zwangsläufig aussergewöhnliche Entwicklungsmöglichkeiten.»

Doch im selben Jahr war es Peter Gross, der Alarm schlug. Der damalige Leiter des Ressorts Technik war erst 1972 zur SBG gestossen, also noch vergleichsweise jung respektive unbelastet und von Haus aus auch kein Bankangestellter, sondern Logistiker. Sein Antrag an die Generaldirektion lautete: «Projekt UBISCO abbrechen.» Das war für die erfolgsgewohnte SBG zunächst ein starkes Stück, weil es ein Eingeständnis des Versagens darstellte. Das war man sich bei der grössten Bank der Schweiz nicht gewohnt. Dennoch rang sich die operative Spitze angesichts der ausweglosen Situation zum Entscheid durch: UBISCO wurde gestoppt.

Allerdings dauerte es noch ganze sechs Jahre, bis eine aussergerichtliche Einigung gefunden werden konnte, die der SBG einen Verlust von 200 Millionen Franken einbrockte, was damals ein enormer

Betrag war. Weil das System aber nie in Betrieb genommen wurde und somit keine Kunden betroffen gewesen waren, beschränkte sich der Schaden aufs Finanzielle. Dennoch war UBISCO ein Desaster, das den Verantwortlichen klarmachte, dass auch bei der SBG die Bäume nicht in den Himmel wuchsen. Nach dem Abbruch von UBISCO startete die Bank nicht gleich ein neues Projekt, sondern rüstete die bestehenden Computer auf. Das Vorhaben lief unter der Bezeichnung «Univac-Brücke». Dabei legten die SBG-Leute grössten Wert darauf, dass die Kunden von all den Schwierigkeiten und Problemen möglichst nichts bemerkten. Später – erneut unter Umgehung des Marktführers IBM – ging die SBG mit der Firma Univac-Sperry (später Unisys) eine Kooperation ein. Das neue Projekt hiess Abacus. Es war ein voller Erfolg, blieb es doch bis zur UBS-Fusion 1998 in Betrieb.

Trunkenheit am Steuer

Die 1970er-Jahre erwiesen sich in vielfacher Hinsicht als eine schwierige Zeit. Ende 1972 notierte Holzach in sein Tagebuch: «Noch ein verlorenes Jahr geht vorbei.» Persönlich traf ihn damals unter anderem auch folgendes Ereignis: SBG-Präsident Schaefer war – für heutige Verhältnisse – stark alkoholisiert in eine Polizeikontrolle geraten – nur wenige Hundert Meter von seinem Haus in Zollikon entfernt. Er hatte 1,6 Promille im Blut, was für eine Gefängnisstrafe ausgereicht hätte. Doch der Verteidigung gelang es, dank einem Gutachten des gerichtsmedizinischen Instituts die Höhe des Alkoholpegels zum fraglichen Zeitpunkt nachträglich auf 1,4 Promille zu reduzieren. Dadurch musste Schaefer zwar eine Busse von 20 000 Franken bezahlen, kam aber um eine Gefängnisstrafe herum.[115] Die Vorstellung, dass Schaefer ins Gefängnis hätte gehen müssen, schockierte Holzach sehr, und nachdem er selbst mehrmals wegen Überarbeitung am Steuer fast eingenickt wäre, ordnete er an, dass sämtliche Generaldirektoren beruflich nur noch mit Chauffeur herumfahren durften. Natürlich legten ihm seine Kritiker diesen Entscheid negativ aus – sie sahen darin einfach ein weiteres Privileg der SBG-Oberen.

Die institutionalisierte Spekulation beginnt

Holzach beobachtete mit Sorge, wie sich die Welt in einer Art veränderte, die mit seinen Wertvorstellungen immer weniger gemeinsam hatte. Die Ölkrise und die daraus resultierende Rezession forderten ihren Tribut in der Firmenwelt. Es kam zu einem markanten Anstieg der Konkurse, was das Kreditgeschäft der SBG belastete. Darüber hinaus hatte das Ende von Bretton Woods der institutionalisierten Spekulation an den Finanzmärkten Tür und Tor geöffnet. Das Bretton-Woods-System, das nach dem Zweiten Weltkrieg eingeführt worden war, um eine internationale Währungsordnung zu schaffen, beruhte, vereinfacht gesagt, auf dem Dollar als Basiswährung und hatte feste Wechselkurse zum Ziel. Allerdings führte dieses System in den 1960er-Jahren zu grösseren Wechselkursveränderungen und gar -ausschlägen, da neben den USA auch die grossen westeuropäischen Volkswirtschaften einen markanten Aufschwung verzeichneten. Die Konsequenz waren wiederkehrende Devisenkrisen, die sich wiederum nur durch staatliche Eingriffe beseitigen liessen. Im März 1973 mussten verschiedene Länder Europas vorübergehend ihre Devisenbörsen sogar schliessen. In diesem Zeitraum beschlossen daher mehrere europäische Staaten, aus dem Bretton-Woods-System auszusteigen, wobei die Schweiz und Grossbritannien als erste dazu übergingen, freie Wechselkurse zuzulassen. Damit brach die alte Ordnung endgültig zusammen. Noch im Jahr 1973 wurde das Bretton-Woods-System offiziell aufgehoben, sodass danach in den meisten Ländern freie Wechselkurse existierten.

Welche Risiken mit der neuen Finanzarchitektur einhergingen, offenbarte sich auch bei der SBG, als sie im April 1974 einen riesigen Devisenverlust ausweisen musste. Entgegen den bis dahin üblichen Regeln räumte die Bank öffentlich ein, durch Devisentermingeschäfte eines Kunden einen «grösseren Verlust» erlitten zu haben. In den Medien zirkulierten Zahlen zwischen 12 und 120 Millionen Franken; Klarheit gab es nie. Wie auch immer: Die SBG besass damals mehr als genügend Reserven, um das Loch zu stopfen. Neu war aber, dass der verantwortliche Devisenchef Robert Strebel die Konsequenzen ziehen musste und seinen Rücktritt bekannt gab – nachdem er noch Anfang Jahr zum stellvertretenden Generaldirektor befördert worden war. An seine Stelle rückte der Luzerner Robert Studer nach, der es gegen Ende der 1980er-Jahre bis an die operative Spitze der SBG schaffen sollte und von 1996 bis Mitte 1998 der letzte Verwaltungsratspräsident der SBG war.

Zu den geldpolitischen Veränderungen kamen gesellschaftliche Umwälzungen hinzu. In Deutschland schwand mit dem Vorrücken der Sozialdemokraten das Vertrauen in den Rechtsstaat; eine Entwicklung, die mit den zunehmenden Anschlägen der terroristischen Roten-Armee-Fraktion (RAF) noch an Vehemenz gewann. Das veranlasste viele vermögende und sehr vermögende Deutsche, ihr Geld an einen sicheren Ort zu bringen; und was lag da näher als die granitsolide Schweiz? Wie sich frühere Mitarbeiter der SBG erinnern, war der Andrang aus Deutschland bisweilen so gross, dass die Angestellten mit der Annahme und Abwicklung dieser Gelder kaum mehr nachkamen. Ähnliches ereignete sich im Tessin, wo die laufend abgewertete Lira, der Eurokommunismus sowie die Anschläge der Terrororganisation der Roten Brigaden ebenfalls viele Italiener mit ihrem Geld in die Schweiz trieben. Die SBG rüstete unter der Leitung von Amilcare Berra, dem ersten Nichtdeutschschweizer Chef im Tessin, in den 1970er-Jahren das ganze Erdgeschoss ihres Hauptsitzes in Lugano zu einem Café mit dem Namen Investors Club um – solche Lokale gab es alsbald auch in anderen Städten. Zumindest im Tessin war der Hintergedanke dieser Einrichtung, dem Andrang der Klientel aus dem Süden möglichst kundenfreundlich zu begegnen. Nicht selten sorgten die Pförtner und Kellner dafür, dass die Leute ihre Formulare korrekt ausfüllten und an der richtigen Stelle unterschrieben.

In diesem gesellschaftspolitischen Umfeld etablierte sich in Europa das grenzüberschreitende Bankgeschäft mit Privatkunden im grossen Stil. Zwar hatten schon früher viele Leute aus dem Ausland ihr Vermögen oder einen Teil davon in die Schweiz gebracht, doch in den 1970er-Jahren entwickelte sich so etwas wie ein Megatrend, für den es sogar eine angelsächsische Bezeichnung gab: Offshore-Banking, also die Betreuung einer Klientel mit Wohnsitz im Ausland. Dass manche Offshore-Banking-Kunden dabei dem Fiskus in ihrer Heimat ihre «ausgelagerten» Vermögensverhältnisse verschwiegen, indem sie den Schutz des Schweizer Bankgeheimnisses in Anspruch nahmen, ist ein Fakt, der die Schweizer Bankenwelt mit Beginn des 21. Jahrhunderts in die grösste Krise ihrer Geschichte ritt, als sich nämlich das internationale Rechtsverständnis schlagartig änderte. In den 1970er-Jahren galt es aber noch als schick, ein Konto in der Schweiz zu haben; es gab sogar Ratgeberliteratur, wie man dabei zu verfahren hatte.[116] So sorgte das immer schneller ins Land sprudelnde (Schwarz-)Geld dafür, dass eine «intime Partnerschaft zur Zweckehe verkam», wie der Schweizer Finanzjournalist Samuel Gerber feststellt. «Der Kunde brachte das Geld. Die Bank schwieg darüber.»[*] Sie war damals auch nicht verpflichtet, in Erfahrung zu bringen, ob dieses Geld versteuert war oder nicht.

Das Offshore-Banking bescherte den Schweizer Geldhäusern gut vier Jahrzehnte lang höchste Erträge, ohne dass sie sich dabei sonderlich anstrengen mussten. Das Geld floss ihnen einfach zu. Dass das Geschäft dermassen florierte, hatte verschiedene Gründe, die nicht nur pekuniärer, sondern auch psychologischer Natur waren. Erstens war das Steuerrecht in Deutschland seit dem Zweiten Weltkrieg nie einheitlich geregelt worden, was zu Unwägbarkeiten führte; zweitens wurde ab den 1960er-Jahren latent ein Übergreifen des Kommunismus auf die BRD befürchtet; drittens schätzte man die vielen Vorzüge

---

[*] In dem Buch *Ein Konto in der Schweiz* stellen die Autoren Heinz Brestel, Peter Kratz und Wolfgang Winter fest, dass «sich jedermann ohne Furcht ein Konto in der Schweiz anlegen kann – ohne von den schweizerischen Banken oder Behörden steuergesetzlich überwacht zu werden». Nach einer ausführlichen Beschreibung des Bankgeheimnisses schreiben sie, wie man bei der Eröffnung eines Kontos in der Schweiz vorgehen musste. Sie erläutern Details, wägen Vor- und Nachteile ab und sprechen auch freizügig über «nicht deklariertes Auslandsvermögen».

der Schweiz, unter anderem auch den starken Franken, sodass man auch bereit war, stattliche Gebühren für die Kontoführung zu bezahlen, ohne dass dabei die Performance, also die Wertvermehrung des Geldes, entscheidend war; und viertens war es weniger auffällig, auf der Fahrt in den Urlaub nach Italien einen Halt in der Schweiz zu machen, als etwa nach Luxemburg zu fahren. Unter diesen Prämissen waren die verschiedenen Ratgeberbücher zum Thema durchaus gut gemeint, auch wenn sie letztlich zur Steuerhinterziehung rieten, wie der Schweizer Historiker Tobias Straumann findet.* Mit der Zeit frönten jedoch nicht nur Deutsche dem «Finanztourismus» in die Schweiz – ihrem Beispiel folgten auch viele Bürger anderer Staaten.

Unheilvolle Verstrickungen

Die zunehmende Bedeutung der Anlageberatung, aber auch die Möglichkeiten für Unternehmen, sich am Finanzmarkt zu engagieren, blieben nicht ohne Auswirkungen auf den Kommerzbereich der Banken. Den klassischen Kredit, der über die Bilanzsumme gedeckt wurde und entsprechend seinen Preis hatte, fragten viele Unternehmen vergleichsweise seltener nach. Hinzu kamen in den schwierigen 1970er-Jahren zahlreiche Problemfälle in der Industrie, wobei die Vertreter der Schweizer Grossbanken in einer heiklen Situation waren, da sie, wie es damals üblich war, in den Verwaltungsräten der jeweiligen Firmen Einsitz hatten. Das stürzte sie in erhebliche Interessenkonflikte, wie sich am Beispiel des Thurgauer Nutzfahrzeug- und Textilmaschinenherstellers Saurer zeigte.

Als Saurer befürchtete, von einer anderen Firma übernommen zu werden, sprang die SBG ein und beteiligte sich substanziell an dem Unternehmen. Mit anderen Worten: Die SBG betrieb klare Unternehmenspolitik, was streng genommen nicht ihre Aufgabe war. Durch das

---

* Dazu existiert eine Studentenarbeit aus dem Historischen Seminar der Universität Zürich unter der Anleitung von Dr. Tobias Straumann, 15. November 2011.

Engagement kam Holzach in den Verwaltungsrat von Saurer und sass, gemäss eigenem Bekunden, mitten in einem Problemnest. Denn parallel zum Ausbruch der Erdölkrise und der Rezession hatte Saurer eine ambitiöse Verkaufsoffensive gestartet, die darauf abzielte, Nutzfahrzeuge im Ausland abzusetzen. Obschon sich dieser Plan sehr rasch als untauglich erwies, hielten die Entscheidungsträger daran fest. Die SBG überbrückte eine Zeit lang mit Notkrediten. Doch die operationelle Führung von Saurer hatte zu lange verheimlicht, wie schlecht es tatsächlich um das Unternehmen stand. Das brachte die Firma in Zugzwang. Um überleben zu können, musste sie einen Partner für die Nutzfahrzeugsparte finden. Zwei Firmen kamen infrage: Iveco in Italien und Daimler-Benz in Deutschland. Während die Geschäftsleitung zu Iveco tendierte, war der Verwaltungsrat mit Holzach für Daimler-Benz. Doch die operative Leitung von Saurer setzte sich in diesem Fall durch und gab den Italienern den Zuschlag. Iveco, eine junge Firma, die sich selbst noch in der Verlustzone befand, war allerdings nicht in der Lage, ihren Aufgaben nachzukommen. So verschlimmerte sich die Situation bei Saurer bloss noch. Auf Druck Holzachs löste Saurer schliesslich den Vertrag mit Iveco wieder auf und ging auf Tuchfühlung mit Daimler-Benz. Doch auch diese Zusammenarbeit sicherte das Fortbestehen der Saurer-Nutzfahrzeugsparte nicht. Sie musste geschlossen werden, was zum Verlust von vielen Arbeitsplätzen führte. Ähnlich erging es der Textilmaschinensparte der Firma, die ebenfalls veräussert wurde, sowie ihrem dritten Standbein, der Giesserei, die schon viel früher unrentabel gewesen war.

Das Fazit war ernüchternd: Viel zu lange hatte man sich bei Saurer auf inländische Staatsaufträge aus dem Militärdepartment abgestützt und darüber hinaus mit der Expansion ins Ausland strategische Fehlentscheide getroffen. Im Textilmaschinenbereich hatte die Saurer-Führung die neusten technologischen Entwicklungen verpasst und war gegenüber der Konkurrenz aus Asien ins Hintertreffen geraten. Dass der Verwaltungsrat in dieser Situation untätig blieb und den fatalen Niedergang nicht wahrhaben wollte, war ein kapitales Versäumnis und zeigt deutlich, in welch problematische Lage sich die SBG mit ihrer Kreditpolitik hineinmanövriert hatte. Einiges deutet darauf hin, dass in dem Fall auch emotionale Gründe hineinspielten, zumal die Thurgauer Firma Saurer Holzach verständlicherweise nahestand und es ihm umso wichtiger erschien, die bedrohten Arbeitsplätze zu retten. Fest steht, dass die unheilvollen Verstrickungen zwischen dem Unternehmen und der Bank dazu führten, dass man bei Saurer nicht rechtzeitig handelte, sodass ein einstmals innovativer und angesehener Konzern praktisch innert eines Jahrzehnts implodierte und vor allem im Kanton Thurgau eine tiefe Wunde hinterliess.

Der Fall Saurer zeigte klar, dass es für die Banken zusehends heikler wurde, so tief in wirtschaftliche Aktivitäten verstrickt zu sein. Ganz offensichtlich änderten sich die Zeiten. Abgefedert wurde das Fehlengagement der SBG, wie auch bei anderen Beispielen, dadurch, dass die Bank ihre Investitionen und Kredite über die diversen Teilverkäufe der Unternehmensbereiche kompensieren konnte. Bei Saurer zeigte sich noch etwas anderes, das sich bald ändern würde: Damals nahmen noch keine kritischen Aktionäre Einfluss auf die Geschäftspolitik und setzten das Management wie den Verwaltungsrat unter Druck.

Schaefers Waterloo

1976 trat ein Mann ins Rampenlicht, der für allerhand Aufsehen sorgte: Werner K. Rey. In der Geschichte dieses ersten Firmenjägers der Schweiz spielt Robert Holzach eine wichtige Rolle. Rey, ein unscheinbarer Unternehmer, hatte es geschafft, innert weniger Jahre zu so viel Geld und Investoren zu kommen, dass er namhafte Schweizer Unternehmen übernehmen konnte. Für Schlagzeilen sorgte er erstmals 1976 mit der feindlichen Übernahme des traditionsreichen Schweizer Schuhkonzerns Bally. Doch wie hatte es bloss so weit kommen können?

Im Sommer 1975 hatte Rey von einem Banker in London erfahren, dass ein grösseres Aktienpaket von Bally zum Kauf stand. So setzte er sich mit dem Familienaktionär Roman Abegg in Verbindung, der ihm ein erstes Paket noch unter dem Nominalwert von 500 Franken pro Aktie verkaufte. Die Bally-Aktie notierte damals zeitweilig unter 300 Franken. Doch allein der Wert der Liegenschaften, nicht nur im solothurnischen Schönenwerd, sondern auch an besten Lagen in Zürich und Genf, hätte einen Aktienkurs von mindestens 600 Franken gerechtfertigt. In der Folge baute Rey seine Beteiligung aus. Die Umtriebigkeit des Raiders führte dazu, dass sich der Kurs der Bally-Aktie zeitweilig vervierfachte. Als er ein grösseres Paket beisammen hatte, klopfte er beim Vizepräsidenten und starken Mann im Verwaltungsrat von Bally an: bei keinem Geringeren als SBG-Präsident Alfred Schaefer. Es entbehrt in diesem Zusammenhang nicht einer gewissen Ironie, dass Rey einst sogar bei der SBG gearbeitet und ihn genau diese Erfahrung bewogen hatte, professioneller Investor zu werden, wie er 2001 in einem Interview erklärte:

«In jungen Jahren habe ich als Praktikant bei der Bankgesellschaft gearbeitet – auf der untersten Stufe überhaupt. Da habe ich gemerkt, wie sich Tausende von Leuten ganz unten abmühten, um in dreissig, vierzig Jahren vielleicht einmal Direktor zu werden. Das war keine Perspektive für mich. Da entschied ich, selbstständig etwas aufzubauen.»[117]

Schaefer unterschätzte den Emporkömmling völlig, da ihm mit seinem durch und durch schweizerisch geprägten Geschichtsbild und seiner eher formaljuristischen Sichtweise «feindliche» Übernahmen und Aktionärsaufstände, wie sie damals höchstens in den USA vorkamen, kaum geläufig waren. Und Rey versprach erst noch, sich für das Wohlergehen des Unternehmens einzusetzen. So willigte Schaefer ein, dass der neue Investor seine Anteile im Aktienregister eintragen konnte. Der junge Investor sicherte sogar noch mehr zu, nämlich den Verwaltungsrat in seiner Zusammensetzung so zu belassen und Bally nicht ins Ausland zu verkaufen.

Rey kaufte weitere Aktien zu, bis er die Mehrheit hielt. Da erst merkte Schaefer, dass er über den Tisch gezogen worden war. «Für Schaefer war das eine ungeheure Schmach», stellt die Schweizer Journalistin Rita Flubacher in ihrem viel beachteten Buch über Rey fest: «Schaefer, der grosse Bankier, war von einem Parvenu aufs Kreuz gelegt worden. Es war aus mit Schaefers schönen Plänen, sich an der kommenden ordentlichen Generalversammlung mit allem feierlichen Drum und Dran ehrenvoll von Bally nach fast dreissig Jahren im Aufsichtsgremium verabschieden zu lassen.»[118] So regte Schaefer einen geordneten Rückzug aus dem Verwaltungsrat an, sofern man «seine» Verwaltungsräte in Amt und Würden ihre Mandate aussitzen liesse, schreibt der Journalist Res Strehle in seinem Essay über den Fall Rey.[119] «Doch ich konnte dieses Angebot nicht annehmen», sagte Rey Jahre später gegenüber Strehle. «Denn ich war jung und aggressiv.» So blieb Schaefer nichts anderes übrig, als pro forma seinen eigenen Rücktritt anzubieten. Der SBG-Präsident rechnete wohl nicht einmal im Traum damit, dass der junge Rey darauf eingehen würde. Doch Schaefer täuschte sich ein zweites Mal. Der ungestüme Raider nahm das Angebot an. Es war das erste und einzige Mal in seinem Leben, dass Schaefer aus einem Aufsichtsgremium hinauskomplimentiert wurde.

Schaefers Niederlage gegen Rey war für Holzach dermassen einschneidend, dass er alle Vorkehrungen traf, dass der Firmenjäger von der SBG nie auch nur einen Franken Kredit erhielt. «Diesem Gauner gebe ich kein Geld», schwor Holzach. Legendär ist auch seine Feststellung: «Wer mit dem Rolls-Royce vor die Bank fährt, erhält keinen Kredit»; dies in Anlehnung an Reys damaliges Fortbewegungsmittel. Gleichzeitig unternahm Holzach alles, um Rey als Betrüger zu überführen. Zu diesem Zweck nahm er auch Kontakt mit Hansjörg Abt auf. Dieser hoch angesehene Wirtschaftsredaktor der *Neuen Zürcher Zeitung* hatte sich bereits früh und kritisch mit den Machenschaften Reys auseinandergesetzt. Abt besass vor allen Dingen ein fundiertes betriebswirtschaftliches Wissen, das ihm entscheidend half, die betrügerischen Transaktionen in dem immer grösser werdenden Firmenimperium Reys auszuleuchten und aufzudecken. Das machte Eindruck auf Holzach, der den Journalisten einige Mal zum Essen ins Direktionsrestaurant der SBG einlud. Die Gespräche gingen indessen weit über das Thema Rey hinaus. Mit der Zeit entstand ein Vertrauensverhältnis, das Abt letztlich auch dazu verpflichtete, nie alles zu schreiben, was er über eine Sache erfuhr. An diese Maxime hat er sich, im Gegensatz zu zahlreichen anderen Journalisten, die eher das Umgekehrte taten, stets gehalten. Mit seinen Artikeln hat Abt entscheidend dazu beigetragen, den Behörden wie auch den Anlegern die Augen zu öffnen, sodass Reys Firmenkonglomerat Anfang der 1990er-Jahre kollabierte. Holzachs Direktive, diesem letztlich rätselhaften Financier nie auch nur einen Rappen zu leihen, ersparte der SBG jene horrenden Verluste, die viele andere Banken zu beklagen hatten. Die unnachgiebige Haltung Holzachs in dieser Sache – man sagte dem Bankier bisweilen sogar einen «sechsten Sinn für Gauner» nach – ist legendär und gehört neben dem Wolfsberg-Projekt und der Sanierung des Zürcher Augustinerquartiers zu seinen herausragenden Leistungen. Es bleibt allerdings offen, wie sehr Holzach in diesem Fall von der Tatsache beeinflusst wurde, dass sein grosses Vorbild Schaefer von diesem Parvenü Rey desavouiert worden war.

Ein Graf und seine Schnüffelflugzeuge

1976 trat Schaefer nicht nur bei Bally aus dem Verwaltungsrat zurück, sondern er vollzog diesen Schritt auch als Verwaltungsratspräsident der SBG. An seine Stelle kam der Generaldirektor Philippe de Weck. Nach der Ära Schaefer, der über Jahrzehnte die SBG gestaltet und zur führenden Kraft im Land entwickelt hatte, war es nicht einfach, in dessen Fussstapfen zu treten. Mit dem Romand de Weck übernahm zudem ein höchst untypischer Bankier das Präsidium der SBG. Den eher ungehobelten Deutschschweizern stand nun ein Welscher vor, der erst noch Aristokrat und katholischen Glaubens war. Der stets mit nobler Zurückhaltung auftretende de Weck galt allseits als beliebt und setzte einen Kontrapunkt zur sonst eher rauen Atmosphäre auf der Chefetage der SBG. Mit der Absicht, in der Öffentlichkeit mehr Verständnis für die Anliegen der Banken zu schaffen, hatte de Weck bereits 1972 erstmals auch eine Bilanzpressekonferenz und Mediengespräche veranstaltet. Damit wurde die Öffentlichkeit detailliert über den Geschäftsgang der SBG informiert. Mit dem Aufstieg de Wecks zum Präsidenten des Verwaltungsrats war Robert Holzach 1976 neben seiner Zuständigkeit für den Kommerzbereich neu auch für die Stabsstellen der Generaldirektion und für die Koordination innerhalb der Generaldirektion verantwortlich. Offiziell war er nie Präsident oder Vorsitzender der Generaldirektion, wie er es allzu gern gewesen wäre.

Er musste sich damit abfinden, der Primus inter Pares zu sein, wobei es faktisch doch so war, dass er – zusammen mit Nikolaus Senn – sehr wohl den Ton in der Generaldirektion angab.

Dass es offiziell lange keinen Vorsitzenden innerhalb der Generaldirektion der SBG gab, ging auf Alfred Schaefer zurück, der 1964 nach seinem Aufstieg von der operativen Führung in den Verwaltungsrat den einflussreichen Börsenchef Bruno Saager als seinen logischen Nachfolger um jeden Preis hatte verhindern wollen. Zwar achteten sich die beiden Bankleute, doch war der Bildungsbürger Schaefer dem pragmatischen Saager stets mit einer wachsenden Distanz, um nicht zu sagen mit einer zunehmenden Portion Dünkel begegnet. Dass jemand, der nicht studiert hatte, seinen Posten übernehmen sollte – das war für Schaefer undenkbar. Darum mutierte die Generaldirektion nach Schaefers Aufstieg in den Verwaltungsrat zu einer Kollegialbehörde, was sie bis in die 1970er-Jahre hinein blieb. Zeitweilig übernahm Philippe de Weck eine Art Leitung des Gremiums, bevor er Präsident des Verwaltungsrats wurde. Erst Holzachs Nachfolger, Nikolaus Senn, erhielt ganz offiziell den Titel eines Präsidenten der Generaldirektion, was den hierarchiebewussten Holzach natürlich immer geärgert hat.

Dass de Wecks Amtszeit als Präsident der SBG schon nach vier Jahren zu Ende gegangen war, hatte unter anderem mit dem Engagement in der Affäre um die sogenannten Avions renifleurs (Schnüffelflugzeuge) in Frankreich zu tun. Die 200 Millionen Franken, die die SBG dafür schliesslich abschreiben musste, waren verkraftbar gewesen. Eher peinlich berührte dagegen der Umstand, dass sich de Weck von kühnen Ambitionen so leicht hatte blenden lassen und einem derart dreisten Betrüger aufgesessen war.

Doch der Reihe nach: Der belgische Graf Alain de Villegas wollte mit dem französischen Mineralölkonzern Elf-ERAP, später Elf Aquitaine, ein Flugzeug entwickeln, das aus der Luft Ölvorkommen orten konnte. Für diese «Innovation» suchte er Geld, viel Geld. So trafen sich Ende Mai 1976 am Hauptsitz der SBG die beiden Parteien, um eine Kooperation zu besiegeln, die Elf-ERAP die Exklusivrechte an diesem Projekt zusicherte. Im Gegenzug erhielt der Graf dafür 200 Millionen Franken. Trotz zahlreicher Tests verzögerte sich jedoch die Entwicklung des Flugzeugs. Dessen ungeachtet bekam der Graf weitere 500 Millionen Franken; man veranstaltete bei dieser Gelegenheit sogar eine Feier auf dem Wolfsberg. Als die Bohrungen in Frankreich und in Südafrika aber nicht die erhofften Resultate lieferten, flog der Schwindel auf.

Spezialisten bei Elf-ERAP entlarvten Graf de Villegas als hochkantigen Betrüger. Im Juni 1979 sperrte die SBG auf Geheiss de Wecks die relevanten Konten und konnte so noch einen Teil der geleisteten Zahlungen sicherstellen. Dennoch blieben, wie sich später herausstellte, rund 200 Millionen Franken verschwunden.

Die Leichtfertigkeit, mit der man so viel Geld in diese Angelegenheit investiert hatte, entsprach ganz und gar nicht der bisher umsichtigen Kreditpolitik der SBG, wie Holzach im engeren Kreis monierte. Vor diesem Hintergrund gab de Weck 1980 sein Amt als Präsident des Verwaltungsrats ab. Um den noblen Bankier, der 1953 durch den Verkauf der familieneigenen Bank an die SBG in deren Führungszirkel geraten war, nicht zu desavouieren, gewährte man ihm bis 1988 noch als gewöhnliches Mitglied Einsitz im Aufsichtsgremium, was problemlos möglich war, zählten doch solche Organe damals in der Regel weit mehr als 20 Mitglieder. Sein Nachfolger war Robert Holzach, der 1980 somit im Zenit der Macht angelangt war.

Die Entweihung der Schweizer Banken

Wie schwierig die 1970er-Jahre waren, zeigte sich nicht nur bei der SBG. Im Frühjahr 1977 erlebte die Schweizerische Kreditanstalt (SKA) ihren bis anhin grössten Skandal. Ernst Kuhrmeier, der damalige Lei-

DIE SCHWIERIGEN 1970ER-JAHRE

ter der SKA-Filiale im Tessiner Grenzort Chiasso, hatte über Jahre Kundengelder in Milliardenhöhe bei einer liechtensteinischen Anstalt und deren Beteiligungsgesellschaften placiert. So konnte er seinen Kunden Garantien gewähren, die er ausserhalb der Bankbilanz verbuchte. Dieses waghalsige und kriminelle Vorgehen führte letztlich zu einem riesigen Debakel. Der Skandal offenbarte auch dem Ausland, das den phänomenalen Aufstieg des Schweizer Finanzplatzes stets mit einigem Neid und Argwohn verfolgte, wie verwundbar die Branche war. Doch was war geschehen?

Am 14. April 1977 informierte die Kreditanstalt die Öffentlichkeit über einen «erheblichen Verlust», der jedoch durch die allgemeinen Delkredere-Rückstellungen gedeckt sei. Bei der florierenden SKA-Filiale in Chiasso waren Kundengelder in der Höhe von 2,2 Milliarden Franken zu dubiosen Beteiligungsgesellschaften verschoben worden. Für die Abwicklung hatte Kuhrmeier bereits 1961 die Texon Finanzanstalt im liechtensteinischen Vaduz gegründet, wobei er als Sicherheit – verbotenerweise – eine Garantie der SKA Chiasso abgab. Über diese Firma liess er seine Investitionen in Italien und im Fürstentum Liechtenstein ausführen. Jahrelang hatte Kuhrmeier auch Kreditgeschäfte über die Texon abgewickelt, bis ihm die Situation entglitt. Um die wachsenden Verluste zu verschleiern, wandelte er notleidende Kredite in Beteiligungen um. Das wurde ihm zum Verhängnis. Im Frühjahr 1977 liess die Tessiner Staatsanwaltschaft Kuhrmeier verhaften. Damit wurde erst richtig klar, dass es sich um einen Betrugsfall bisher nie gekannten Ausmasses handelte. Im Verlauf der Ermittlungen geriet die SKA ins Kreuzfeuer der Presse. Das führte wiederum dazu, dass sich plötzlich viele Leute an die Bankkrisen der 1930er-Jahre erinnerten und um ihr Erspartes fürchteten. Zahlreiche Kunden zogen ihr Geld von der SKA ab. Um einen Ansturm auf die Bank (Bank Run) zu verhindern, sprach die Schweizerische Nationalbank (SNB) eine faktische Staatsgarantie aus, gleichzeitig sicherten auch die beiden anderen Grossbanken SBG und SBV, falls erforderlich, einen Notstandskredit zu, was die Dimension dieses Skandals zusätzlich unterstrich. Unter der Last der Ereignisse trat der erst im März 1977 zum Präsidenten der Generaldirektion ernannte Heinz R. Wuffli im Mai zurück.

Rein finanziell verursachte die Chiasso-Affäre bei der SKA einen Ausfall von 1,2 Milliarden Franken. Dank den damals üblichen stillen Reserven konnte die Bank diesen Schaden nicht nur gut verkraften, sondern für das Geschäftsjahr 1977 erst noch einen Reingewinn von 235 Millionen Franken ausweisen und den Aktionären eine Dividende bezahlen. Wesentlich schwerer wog der Reputationsverlust, zumal sowohl SKA-Präsident Felix Schulthess als auch der Vorsitzende der Generaldirektion, Heinz R. Wuffli, schon früh auf die Unregelmässigkeiten in der Tessiner Filiale aufmerksam gemacht worden waren – und zwar von der Konkurrenz, von SBG-Präsident Alfred Schaefer sowie vom damaligen Sprecher der SBG-Generaldirektion, Philippe de Weck. Sie hatten verschiedentlich erklärt, dass etwas nicht stimmte. Doch offenbar schlugen die Verantwortlichen der SKA diese Warnungen in den Wind, oder sie glaubten beide, der jeweils andere kümmere sich darum. Kuhrmeier wurde zu viereinhalb Jahren Zuchthaus und einer Busse von 10 000 Franken verurteilt. Doch die strafrechtlichen Konsequenzen trafen ihn nicht mehr. Wenige Tage nach seiner Verurteilung starb er im Juli 1979 an einem Herzinfarkt.

Als Konsequenz aus dem Chiasso-Debakel verabschiedeten die Schweizer Banken unter der Führung ihres Dachverbands, der Schweizerischen Bankiervereinigung, die «Vereinbarung über die Sorgfaltspflicht bei der Entgegennahme von Geldern und über die Handhabung des Bankgeheimnisses (VSB)». Damit wurden die Finanzhäuser angehalten, die Herkunft neuer Kundengelder genauer und verbindlicher zu kontrollieren. Die Bestimmungen traten bereits im Juli 1977 in Kraft, also nur drei Monate nach dem Auffliegen der Chiasso-Affäre. Danach wurden sie laufend ergänzt. Dennoch trug der Skandal dem Schweizer Finanzplatz ein erhebliches Reputationsproblem ein. Für manche Kunden, insbesondere aus dem Ausland, waren die Schweizer Banken «entweiht» worden.

Bei der SKA führte der Chiasso-Skandal zu einem Paradigmenwechsel: weg vom elitären Dünkel, hin zur Bank für alle, so, wie es die SBG schon seit vielen Jahren vormachte. Damit schlug die Stunde des früheren SBG-Mitarbeiters Rainer E. Gut, der nach seinem Abstecher zu Lazard Frères 1968 im Jahr 1971 zur SKA gewechselt hatte. Da er in die ganze Chiasso-Affäre nicht involviert gewesen war, ernannte ihn der Verwaltungsrat im Mai 1977 zum Sprecher der Generaldirektion. Erstmals stand damit an der operativen Spitze der Bank ein Nichtzürcher, Nichtakademiker und Katholik, der weder Zünfter noch Rotarier war und auch nicht Mitglied der FDP. Vielmehr gab er den Schweizer Bankier, der eine neue Ära einläutete: internationaler, unverhohlen amerikanischer. So brach die SKA zu neuen Ufern auf. Es lässt sich nur vermuten, wie sich die SBG entwickelt hätte, wäre Gut bei seiner einstigen Arbeitgeberin geblieben respektive wäre es ihr gelungen, ihn zu halten.

Kapitel 6
Ewige Skepsis

Wie seit eh und je stellt Robert Holzach hohe Ansprüche an sich und seine Mitmenschen. Das macht ihn angreifbar für Kritiker. Doch unbeirrt bleibt er den falschen Gläubigkeiten auf der Spur. Seine Intuition gibt ihm recht: Der Firmenjäger Rey entlarvt sich als der grösste Wirtschaftsbetrüger seiner Epoche. Im Vermächtnis von Robert Bosch lassen sich die grossen Wahrheiten aufspüren. Doch die Welt bleibt nicht stehen, bisweilen bläst der Wind sogar von ganz woanders her. In der anschwellenden Autoritätskrise mangelt es an Erfahrungswerten. Kredit gibt es jetzt auch an den Finanzmärkten. Ist das Abenteuer Bankier für alle Zeiten vorbei?, fragt sich Holzach.

Dass Robert Holzach eine grosse Persönlichkeit war, stellen selbst seine ärgsten Kritiker nicht in Abrede. Er war intellektuell brillant, eloquent, von staatsmännischem Format und in seinen Ansprüchen konsequent. Im Bankwesen leistete er Grosses. Genau genommen war er wie erwähnt kein Bankier, der persönlich mit seinem Vermögen für die Verbindlichkeiten seines Unternehmens haftete. Er war ein Bankangestellter – ein Manager. Doch als solchen hat er sich nie gesehen. Seine Aufgabe als oberster Verantwortlicher der mächtigsten Schweizer Bank hat er stets als einen umfassenden, auch gesellschaftlichen Auftrag aufgefasst. Wie nur wenige andere Wirtschaftsleute engagierte er sich für zahlreiche ausserberufliche Belange. Wer mit Geld nur zusätzliches Geld erwirtschafte, sei ein «numismatischer Erbsenzähler», pflegte er zu sagen.

«Wer lediglich ein Geschäft *leitet*, denkt an die nächsten Abschlusszahlen, an den Pressekommentar und an den Börsenkurs. Der Unternehmer dagegen denkt an die langfristige Existenz seines Unternehmens; er macht sich Sorgen um eine Verantwortung, die über positive Statistiken hinausgeht und die eine kontinuierliche Optimierung seines wirtschaftlichen Auftrages zum Gegenstand hat.»[120]

Holzach, der mit zunehmendem Alter in seinen dreiteiligen Anzügen aus zumeist festem Tuch vollends den Bankier alter Schule gab, *repräsentierte* die SBG und verstand sich als jemand, der sich in die Pflicht begab – «jenseits von Angebot und Nachfrage». Oder, wie er es einmal formulierte: «Nur wer als Bankier aus der Welt der blossen Dienstleistung ausbricht, wird seiner unternehmerischen Verantwortung gerecht.»[121]

Damit stellte er klar, dass sich *Executives*, also Vollzugspersonen, wie sie mit dem wachsenden angelsächsischen Einfluss in der Finanzbranche zunehmend auftraten, nicht zum Bankier taugten. Deren

Einstellung widersprach ganz und gar dem Credo Holzachs, das lautete: «Verantwortung ist eine gesteigerte Verpflichtung, sich auch in Haupt- und Nebenwirkungen mit dem Unternehmen zu identifizieren. Verantwortungsgefühl schliesst Unbekümmertheit aus.»[122]

Vielleicht hätte Holzach eine gewisse Unbekümmertheit manchmal gutgetan. Denn der ruhelose Einsatz für die Bank, mit der er bekanntlich verheiratet war, belastete mitunter seinen Gemütszustand, der ihm gleichzeitig laufend höhere Anforderungen diktierte. Symptomatisch hielt er 1972 in seinen persönlichen Notizen fest: «Einmal nicht gedrängt sein und nicht gestossen werden und den Tag beginnen mit dem Gefühl umfassender Freiheit und mit der Perspektive, etwas Sinnvolles abschliessend zu tun.»

Zwischen den Fronten

Natürlich war auch Robert Holzach nicht frei von Widersprüchen. Doch es würde zu kurz greifen, seine Versäumnisse und persönlichen Defizite, die er beileibe nicht verbarg, unreflektiert in die Welt zu setzen. Von einigen wird noch die Rede sein. Manches zu verschweigen, geziemt sich aber aus Respekt vor der Privatsphäre dieses Mannes, der letztlich, wie die Arbeit an diesem Buch gezeigt hat, nichts Ungeklärtes oder Unaufgelöstes hinterlassen hat. Das hätte auch nicht gepasst zu diesem Menschen, der zeit seines Lebens in unzähligen Notizen und Dutzenden von Tagebüchern seine Gedanken und Eindrücke geradezu akribisch und mitleidlos festhielt und so Rechenschaft ablegte über sein Dasein und Handeln.

Zweifelsohne war Holzach getrieben von einem missionarischen Eifer für «seine» Bank und allem, was in irgendeinem Sinn dazugehörte, was durchaus heikel werden konnte. Sein Mandat als Gestalter der SBG ging er nach eingem Dafürhalten auf Lebzeiten ein, was ihn höchst angreifbar machte, da er gelegentlich nicht nur sehr grosszügig, sondern auch eigenmächtig handelte, sei das bei einzelnen eher intuitiv gefällten Kreditscheiden, sei das beim Aufbau des Ausbildungszentrums Wolfsberg oder bei der Sanierung des Augustinerquartiers in Zürich mitsamt der Errichtung des Hotels Widder (siehe Kapitel 8). In allen Fällen ging Holzach ein beachtliches Wagnis ein, das ihm auch einen Strich durch die Rechnung hätte machen können. Doch in seiner ganzen SBG-Karriere unterliefen ihm keine gröberen Missgeschicke. Das muss man ihm hoch anrechnen, selbst wenn manche Kritiker Holzachs Leistung vor allem auf die damals guten wirtschaftlichen Rahmenbedingungen zurückführen sowie auf den Umstand, dass die Bankenchefs einem viel geringeren Transparenzanspruch ausgesetzt waren als heute. Holzach schrieb seinen Erfolg den hohen Prinzipien zu, an die er sich pedantisch hielt – selbst wenn er sich damit nicht immer nur Freunde machte.

Das zeigte sich deutlich im Fall des Schweizer Firmenjägers Werner K. Rey. Rückblickend wird Holzach als derjenige dargestellt, der genialerweise die wahren Machenschaften dieses Raiders durchschaute. Doch damals war er – selbst in seiner hohen Position – bankintern einem enormen Druck ausgesetzt. Holzachs Direktive, keinerlei Geschäfte mit Rey zu machen, war für viele Kaderleute absolut unverständlich. Sie ärgerten sich über «den Alten», weil sie glaubten, der SBG entgingen erkleckliche Erträge. Tatsächlich hofierten Dutzende Banken den Betrüger jahrelang und gewährten ihm alle nur erdenklichen Kredite. Das beeindruckte Holzach indessen wenig. Er sagte: «Ein Betrüger wirkt immer glaubwürdig, sonst könnte er nicht betrügen.»[123] Holzachs Standhaftigkeit – man könnte auch von Sturheit sprechen – trug in diesem Fall Früchte. Reys Kollaps Anfang der 1990er-Jahre verursachte den Kredit gebenden Finanzinstituten wie auch zahlreichen Anlegern Ausfälle in Milliardenhöhe.

Holzachs Unbeirrtheit, die sich in diesem Fall und auch sonst auszahlte, machte den Bankier aber ebenso oft unbelehrbar und uneinsichtig, was höchst unangenehm sein konnte. Holzach konnte autoritär und verletzend sein, und er war extrem nachtragend. Misstraute er jemandem, liess er sich kaum vom Gegenteil überzeugen. Diese Erfahrung machte etwa Ulrich Grete.[124] Er war 1972 zur SBG gestossen und hatte sich in der Folge als Assistent von Nikolaus Senn bewährt. Als eine Kommission, die er präsidierte, klammheimlich abgesetzt wurde, schrieb er Holzach intern: «Ich akzeptiere, dass Sie anderer Meinung sind, aber bitte nicht hintenherum.» Holzach war entsetzt und stauchte den Untergebenen in schärfstem Kasernenhofton zusammen. Manche Portiers und Sekretärinnen sollen Holzachs Tonfall von damals noch heute in den Ohren haben. Jahre später, als Grete zum Generaldirektor befördert werden sollte, stellte sich Holzach aus Prinzip quer und liess ihn im Sommer 1987 wissen, er, Grete, gehöre nicht dorthin – nicht aus jedem Major werde ein Oberst. Es entbehrt nicht einer gewissen Ironie, dass Grete zu jenem Zeitpunkt im Militär bereits seit Anfang 1987 Oberst war. So kam es, dass Grete erst 1988, als Holzach pensioniert war, zum Generaldirektor ernannt wurde. Als es im Verwaltungsrat zu dem Traktandum kam, verliess Holzach wortlos die Sitzung, der er als Ehrenpräsident beiwohnte.

Bei Holzachs Zornesausbrüchen gingen mitunter Telefonhörer in die Brüche, Papierkörbe flogen durch die Luft, Brieföffner blieben nach einem harten Aufschlag in der Pultplatte stecken. Er hat andere seine Macht durchaus spüren lassen. Wenn er aufgebracht war, fiel es ihm schwer, sich wieder zu beruhigen, Nachsicht zu zeigen, Worte der Entschuldigung zu formulieren; selbst dann, wenn ihm – auch das kam vor – persönlich sehr viel daran lag, die Wogen zu glätten. Aber er brachte es kaum fertig, über seinen Schatten zu springen und seine hohen Ansprüche herunterzuschrauben. So setzte er sich aufgewühlt hin, entwarf verklausulierte Briefe an die Betroffenen, verschickte Geschenke, vor allem Bücher, oder suchte seine «Opfer» überraschend auf, um dann doch wieder nur über ganz andere Themen zu sprechen. Selbst wenn Holzach also bemüht war, eine Situation zu klären, scheiterte er oft daran.

So ist es nicht verwunderlich, dass ihm manche seiner früheren Mitarbeiter intellektuelle Grösse attestieren, ihm gleichzeitig aber einen miserablen Umgang mit manchen Menschen vorwerfen. Auch einmal Lob auszusprechen, war nicht wirklich seine Stärke.

Auf Konfrontation

Exemplarisch zeigt sich der Konflikt mit manchen Mitarbeitern im Verhältnis zu Peter Gross. Der 1931 geborene und im thurgauischen Frauenfeld aufgewachsene Jurist war 1972 im Rang eines stellvertretenden Direktors als Stabschef für den Bereich Dienste zur SBG gestossen. Er war Holzach unterstellt, der damals neben dem Kommerz- auch den Dienstebereich verantwortete. Gross brachte keinerlei Bankerfahrung mit, hatte sich aber als Manager in verschiedenen anderen Branchen bewährt, insbesondere in der Elektronikindustrie, wo er für den holländischen Philips-Konzern gearbeitet hatte. Somit besass er ein beträchtliches Know-how auf dem Gebiet der EDV und der Logistik und war zu Beginn der 1970er-Jahre eine wichtige Person, zumal die SBG damals grosse Veränderungen in der IT anstrebte. Die Kooperation mit der amerikanischen Computerfirma Control Data Systems (CDC) für das UBISCO-Projekt steckte zunehmend in einer schwierigen Phase (siehe Kapitel 5). Wie erinnerlich war es mitunter Gross, der 1974 den Antrag stellte, das glücklose Projekt mit den Amerikanern zu stoppen. Darüber hinaus reorganisierte er zahlreiche rückwärtige Bereiche (Rechnungswesen, Immobilienbewirtschaftung, Personalabteilung, Organisationsentwicklung, Informatik und interne Dienste) in der Bank und verhalf der SBG zu einer logistisch wie auch organisatorisch klaren und beispielhaften Struktur. Die internen Dienste liess Gross durch die Firma Hayek Engineering durchleuchten. So lernte er den späteren Swatch-Chef Nicolas G. Hayek kennen. Doch davon später.

Mit seinem Leistungsausweis avancierte Gross bereits 1976 zum Generaldirektor und verantwortete sodann die gesamte Leitung des Bereichs Dienste. Holzach seinerseits übernahm zu dem Zeitpunkt den faktischen Vorsitz der Generaldirektion der SBG.

Holzach und Gross teilten ähnliche Wertvorstellungen wie Genauigkeit, Durchsetzungsvermögen und Integrität; Tugenden, die Gross, immerhin Oberst im Generalstab – was Holzach wegen seiner Mängelrüge in Sachen Koreamission verwehrt geblieben war (siehe Kapitel 2) –, bestens einzulösen verstand. Die auf grossem Respekt fussende berufliche Beziehung zwischen den beiden Männern veränderte sich jedoch, als Gross Mitte April 1983 zum Leiter des Kommerzbereichs aufstieg. Zu dem Zeitpunkt amtete Holzach bereits seit drei Jahren als Präsident des Verwaltungsrats der SBG, blieb aber auch in dieser Funktion in viele operative Belange involviert. Es fiel ihm schwer, loszulassen, insbesondere im Kreditgeschäft seinen Untergebenen, namentlich Gross, zu vertrauen.

Die späten 1970er- und die 1980er-Jahre waren von zahlreichen Firmensanierungen (zum Beispiel Saurer, Von Roll, Alusuisse) in der Schweizer Wirtschaft geprägt. Auch die Uhrenbranche geriet wegen der neuen billigen Quarzkonkurrenz aus Fernost, ungenügender Sortimentspolitik und rückständiger Produktionsanlagen in der Schweiz in Existenznot. Die Situation war dramatisch: Von 1977 bis 1983 schrumpften die Uhrenexporte wertmässig um die Hälfte. Der Weltmarktanteil der Schweizer sank von 43 auf 15 Prozent; die Branche stand mit rund der Hälfte ihres Gesamtumsatzes von etwa 3 Milliarden Franken bei den Banken in der Kreide.

Betroffen davon war vor allem die Genfer Société Suisse pour l'Industrie Horlogère (SSIH – unter anderem mit den Marken Omega, Tissot), an der die SBG ein Aktienpaket von 25 Prozent hielt, nachdem bei einer Kapitalerhöhung der Uhrenfirma die Aktien nur in einem geringen Umfang hatten placiert werden können. Weil sich die Situation weiter verschlechterte, übernahm Peter Gross 1980 als Vertreter der Kredit gebenden Banken das Präsidium des Verwaltungsrats. Drei Jahre später fusionierte er zusammen mit seinem Berufskollegen vom Schweizerischen Bankverein, Walter Frehner, das Unternehmen mit der ebenfalls Not leidenden Neuenburger Uhrenfirma Allgemeine Schweizerische Uhrenindustrie AG (ASUAG). Daraus entstand die Société de Microélectronique et d'Horlogerie, kurz SMH genannt. Insgesamt mussten die beteiligten Finanzhäuser, allen voran die Bankgesellschaft und der Bankverein, mehr als 1,2 Milliarden Franken an neuem Kapital einschiessen und mehr als 200 Millionen Franken abschreiben.

In den Schulterschluss involviert war auch Nicolas G. Hayek, ein Unternehmensberater, der mit seiner Firma Hayek Engineering bei der Reorganisation im Auftrag von Gross mitgewirkt hatte. Gross war es, der 1985 Hayek dazu bewegen konnte, gemeinsam mit einer Investorengruppe, zu der auch der Industrielle Stephan Schmidheiny gehörte, die Aktienmehrheit an der SMH zu übernehmen; so konnten die Banken aus ihrem Engagement weitgehend wieder aussteigen. Diese Sanierung entpuppte sich am Ende als Musterbeispiel. Die Banken hatten eine für die Schweiz extrem wichtige Branche in einem widrigen Marktumfeld gerettet, zumal es auch ein Angebot aus Indien gab, die Marke Omega für 300 Millionen Franken zu kaufen. Die alsbald einsetzende Renaissance mechanischer Uhren sowie die Erfindung der Plasticuhr Swatch verhalfen dem in Swatch Group umbenannten Unternehmen, innert fünf Jahren zum Weltmarktführer zu avancieren.

Es ist nicht auszuschliessen, dass das ursprünglich gute Geschäftsverhältnis zwischen Gross und Holzach sich auch deshalb trübte, weil Gross mit der Swatch Group ein Bravourstück in Sachen Sanierung gelang. Es dürften indessen noch andere Gründe mitgespielt haben, die den Zwist nährten: Holzach wie Gross waren Alphatiere, die im Umgang mit ihren Untergebenen oftmals einen militärischen, wenn nicht gar ruppigen und unnachgiebigen Ton anschlugen. Damit einher ging bei beiden ein gelegentlicher Mangel an diplomatischem Gespür. Und noch etwas spielte eine Rolle: Holzach fiel es als Verwaltungsratspräsident der SBG enorm schwer, den Kommerzbereich gänzlich seinem Schicksal respektive Gross zu überlassen und sich auf sein Aufsichtsmandat zu konzentrieren. Der ewige Skeptiker Holzach vermutete oft genug Fehlentwicklungen, Versäumnisse oder zumindest unerwünschte Nebenwirkungen im Vorgehen von Gross. So kam es zwischen den beiden zunehmend zu Unstimmigkeiten und Auseinandersetzungen, die sich vor allem ab Frühjahr 1985 akzentuierten. Zeitweilig liess Holzach kein gutes Haar mehr an Gross, zerzauste Kreditanträge und kritisierte die neu organisierte Verkaufsschulung mit dem Kommentar, Bankangestellte seien Allrounder, aber keine Verkäufer. Verkäufer würden Staubsauger verkaufen. Während Gross versuchte, im Rahmen von Gesprächen mit Nikolaus Senn, Robert Studer und Robert Holzach die Situation zu entspannen, bevorzugte Holzach die für ihn typischen Einzelabreibungen oder verfasste Briefe. Zu einer Lösung kam es jedoch nie. Im Gegenteil, die Differenzen zwischen Holzach und Gross spielten regelrecht in die Hände von Senn und Studer. Ihr Ziel: Nach dem Abgang Holzachs als Präsident des Verwaltungsrats würde Senn nachrücken und Studer das Amt des Vorsitzenden der Generaldirektion übernehmen. Gleichzeitig würde eine Verjüngung der operativen Führung eingeleitet, bei der man vornehmlich Kaderleute aus dem Finanzbereich favorisieren würde.

Mit anderen Worten: Holzach trug aufgrund des Konflikts mit Gross, dem durchaus auch Ambitionen auf den Vorsitz in der Generaldirektion zugebilligt worden waren, selbst dazu bei, dass der Kommerzbereich innerhalb der SBG an Bedeutung verlor. So kam es auch: Im Mai 1987 gab Holzach, im Hinblick auf eine weitere Amtsperiode von vier Jahren, die er rein altersmässig noch hätte beanspruchen können, seinen Rücktritt auf die Generalversammlung von 1988 bekannt. Senn wurde als sein Nachfolger designiert, während Studer als neuer Leiter der Generaldirektion nachrücken sollte. Eine Zeit lang sah es danach aus, dass Gross, nach dem Abgang Holzachs und der Ernennung Senns, zum Vizepräsident des Verwaltungsrats aufrücken sollte.

Doch im Lauf des Jahres 1987 verfinsterte sich das Verhältnis zwischen Holzach und Gross vollends und lief faktisch auf einen Hinauswurf per Ende 1987 hinaus. Vor diesem Hintergrund besitzt die Personalie Gross einen hohen Anschauungswert für eine der wichtigsten organisatorischen Gewichtsverlagerungen in der Geschichte der SBG. Den Abgang von Peter Gross kommentierte die damalige Schweizer Wochenzeitung *Die Weltwoche* sinnigerweise wie folgt:

«Ein Topmanager einer Grossbank nimmt vorzeitig den Hut – ein Ereignis hierzulande so selten wie die Geburt von streifenlosen Zebras. Denn bisher galt: Wer einmal in die erlauchte Runde von Generaldirektoren aufgenommen war, hielt dem Unternehmen unverbrüchlich die Treue.»[125]

Gross erhielt neue Führungsfunktionen in der Wirtschaft, seine Stelle bei der SGB übernahm der 15 Jahre jüngere Jurist Urs Rinderknecht, der sich nach seiner langjährigen Assistenz bei Holzach vor allem in New York und mit dem Japangeschäft einen Namen gemacht und sich so für die Generaldirektion empfohlen hatte. Sowohl mit Rinderknecht als auch mit Studer rückten Führungsleute nach, die ihre Sporen draussen in der Welt abverdient hatten. Freiburg, London, Beirut und New York, so lauteten Studers Stationen, was ihn zumindest vom Werdegang her legitimierte, mit einer jungen Crew an Mitstreitern die Internationalisierung der SBG weiter voranzutreiben und die Bank in eine neue Liga zu katapultieren. Dass damit auch enorme Risiken und Gefahren verbunden waren, sollte sich allerdings rascher offenbaren, als man es je erwartet hätte.

Die grösste Zäsur

Bis Ende der 1980er-Jahre hatte bei den Grossbanken das Kommerzgeschäft – die Vergabe von Krediten an kleine und mittelgrosse Unternehmen – dominiert. Diese Domäne war die unbestrittene Königsdisziplin, was sich auch in der Organisationsstruktur spiegelte: Von den 20 000 Angestellten der SBG arbeiteten 1986 rund 12 000 in diesem Bereich. Eine Anstellung in der SBG-Kommerzsparte, zu der auch die Schweizer Geschäftsstellen sowie das Hypothekargeschäft zählten, war lange Zeit karrierefördernd gewesen, denn die Kreditleute waren Generalisten, die mit breitestem Know-how die branchenspezifischen Gesuche zu prüfen hatten. Obendrein besassen sie beste Kontakte in die Wirtschaft, wie das auch bei Peter Gross der Fall gewesen war. Die Nähe zur Industrie äusserte sich ausserdem darin, dass die Bankenvertreter in den Verwaltungsräten der grossen Schweizer Unternehmen sassen – und umgekehrt.

Doch in der Partnerschaft mit den Banken sahen manche Industrielle im Lauf der 1980er-Jahre auch zunehmend Konfliktpotenzial. Denn vor einem Engagement verlangten und erhielten die Banken in der Regel wesentliche Insiderinformationen über das betreffende Unternehmen. Die Folge davon war eine Asymmetrie im Partnerschaftsverhältnis: Die Industrie war stets abhängiger von den Banken als

1 Robert Holzach als Verwaltungsratspräsident der SBG von 1980 bis 1988.

Geburtsschein

Auszug aus dem Geburtsregister des Zivilstandskreises Zürich

Am achtundzwanzigsten September tausend neun hundert zweiundzwanzig um zwanzig Uhr fünfundvierzig Minuten ist geboren worden zu Zürich, Mühlebachstrasse 158:

Holzach, Robert,

Sohn ~~Tochter~~ des Holzach, Ernst,
von Aarau und Basel,
wohnhaft in Zürich,
und der Hertha geborenen Schrenk.

Für richtigen Auszug
aus Band III, Seite 498, Nr. 3035 des Jahres 1922.
Zürich, den 8. Juni 1950.

Gebühr: Fr. 1.50

Am 28. September 1922 in Zürich geboren, verbrachte ich meine Jugend zum grossen Teil in Kreuzlingen, wohin meine Eltern 19 umgezogen waren. Nach vier Jahren Primarschule an der Seminarübungsschule durfte ich 1933 in das Humanistische Gymnasium der Nachbarstadt Konstanz eintreten. Im Jahr 1938 drängte sich ein Schulwechsel wegen der sich verändernden weltpolitischen Lage

2 Als Aargauer und Basler in Zürich geboren.
3 Am 28. September 1922 in Zürich geboren …, undatiert.

4 Die Eltern: Ernst Holzach (1879–1955) und Hertha Holzach-Schrenk (1887–1976).

5 Franz Josef Schrenk (1861–1937), der Grossvater mütterlicherseits, war ein grosses Vorbild für Robert Holzach. Er betrieb ein florierendes Engros-Handelsgeschäft für Uhren- und Schmuckwaren in Kreuzlingen.

6   Der Grossvater Franz Josef Schrenk war oft zu Spässen aufgelegt.
7   Die drei Geschwister: Robert (links), Doris Helen (Mitte) und Franz Manfred (rechts).

8   Robert Holzach (links) zusammen mit seinem zwei Jahre älteren Bruder Franz Manfred (1920–2002).

9   Robert Holzach (links) zusammen mit seinem ältesten Freund Jean-Claude Wenger in Kreuzlingen, etwa 1936.

10 Das Wohnhaus der Familie Holzach an der Hauptstrasse in Kreuzlingen.

Mein Verhältnis zum Kanton Thurgau ist ein doppeltes. Es bestehen keine Bezüge zu thurgauischen Vorfahren. Ganz im Gegenteil bin ich ein Zugewanderter gewesen; umso mehr waren es meine Eltern und meine Grosseltern mütterlicherseits. Also bin ich ein Thurgauer, weil ich hier meine Jugend — Schule, Verbundenheit mit Gleichaltrigen in Vereinen (Pfadfinder, Segeln) — gelebt und in der Erinnerung an Ortsteile, Sportplätze, Seeufer alladiert habe. Aber ich bin überdies ein Thurgauer, weil ich meinen Militärdienst als solches geleistet habe, sozusagen im Wettbewerb mit anderen Ostschweizer und in der Ambition mindestens gleich gut, oder besser zu sein. Ich war 22 Jahre im Füs Bat 75 und weitere im Inf. /selbst. Rgt 31. Von 1966 bis 1969 habe ich diesen traditionsreichen verlässlichen Truppenverband kommandieren dürfen.

Ich glaube, der Thurgau sei der schönste Kanton. Ich habe versucht, ihm das in der einen oder

11 Mein Verhältnis zum Kanton Thurgau…, undatiert.

Polizeidepartement des Kantons Thurgau

Le chef du département de police du canton de Thurgovie

No 2213

Kinderausweis
Laisser-passer

gültig bis — valable jusqu'au 31. September 1936.

für — en faveur de Robert Holzach,

von / de Aarau & Basel, Kanton / Canton de Aargau & Basel-Stadt

geboren am / né(e) le 28. September 1922, wohnhaft / domicilié(e)

in / à Kreuzlingen, zur Reise in allen europäischen Staaten. / pour tous les pays de l'Europe.

Frauenfeld, den / le 31. Sept. 1932.

Polizeidepartement des Kantons Thurgau: *Le chef du département de police du canton de Thurgovie :*

Taxe Fr./fr. 1.—

Verlängert bis / Prolongé jusqu'au

Frauenfeld, den / le

Polizeidepartement des Kantons Thurgau: *Le chef du département de police du canton de Thurgovie :*

Taxe Fr./fr. 1.—

Verlängert bis / Prolongé jusqu'au

Frauenfeld, den / le

Polizeidepartement des Kantons Thurgau: *Le chef du département de police du canton de Thurgovie :*

Taxe Fr./fr. 1.—

355. 500. VII. 30.

12 Robert Holzach besuchte von 1929 bis 1933 die Primarschule in Kreuzlingen und trat nach der 4. Primarklasse in das Humanistische Gymnasium in Konstanz ein, das er bis im Herbst 1938 besuchte. Für den Grenzübertritt nach Deutschland benötigte der in Kreuzlingen wohnhafte Schüler einen Kinderausweis. Das Bild im Ausweis stammt von 1932.

13   Von 1938 bis 1941 besuchte Robert Holzach die Kantonsschule Trogen in Appenzell Ausserrhoden. Die Aufnahme stammt vom September 1939.

13b In seiner Zeit an der Kantonsschule in Trogen entwickelte sich Robert Holzach auch zu einem begabten Zeichner. Hier ein Bild vom Februar 1940.

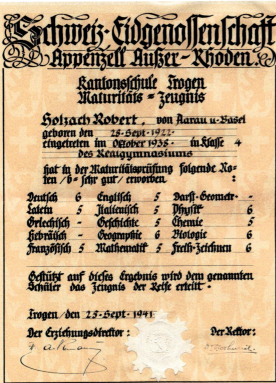

14 Als Kantonsschüler in Trogen wohnte Robert Holzach im Haus seines Lehrers Fritz Hunziker am Landsgemeindeplatz.

14b Nachdem Robert Holzach nur knapp die Aufnahmeprüfung an der Kantonsschule Trogen geschafft hatte, erwies er sich im Verlauf seiner Zeit am Gymnasium als ein höchst erfolgreicher Schüler, der mit sehr guten Noten abschloss. Er bestand die Maturität Typus B (Realgymnasium) mit einem Durchschnitt von 5,5.

15 Im Sommer 1942 absolvierte Robert Holzach die Rekrutenschule in Herisau, gefolgt von der Ausbildung zum Leutnant. Während dieser Zeit verletzte er sich mit einem Bajonett am Bein und musste hospitalisiert werden.

16　Postkarte aus der Unteroffiziersschule 1942. Robert Holzach (ganz links stehend im Bild) gibt seiner Mutter klare Anweisungen: «In Eile erbitte ich sofortige Absendung des Wäschesacks mit der Seife, die ich im Badezimmer liegen liess. Herzl. Gruss Robert / Bitte Foto aufbewahren.»

17　Robert Holzach als Leutnant 1943, nachdem er sich von seinem schweren Militärunfall erholt hatte.

18   Robert Holzach leistete in den Jahren 1944 und 1945 Aktivdienst.

19   Robert Holzach immatrikulierte sich für das Wintersemester 1941 an der juristischen Fakultät der Universität Zürich. Ein Semester studierte er in Genf. Mehrere Semester fielen wegen des Militärdiensts ganz oder teilweise aus.

20 Der Student Robert Holzach bei einem Ausflug, undatiert.

21   Robert Holzach war im August 1953 Mitglied der ersten Delegation der Neutralen Überwachungskommission in Korea. Der Einsatz dauerte sechs Monate. Im Bild: Die schwedischen und schweizerischen Offiziere des mobilen Inspektionsteams auf der koreanischen Gefangeneninsel Koje-do; Robert Holzach ganz links.
21b   Der Einsatz in Korea hatte zur Folge, dass Robert Holzach auch Weihnachten 1953 in Asien verbrachte. Dabei liessen es sich die Militärangehörigen nicht nehmen, selbst an diesem Ort der Welt etwas Feststimmung aufkommen zu lassen. Holzachs Passion galt allerdings dem Schreiben, dem er sich in diesen sechs Monaten in Korea ausgiebig widmete

22 Robert Holzach als Mitglied der Neutralen Überwachungskommission in Korea.

23　Bankier aus Zufall: Robert Holzach in seinem Büro bei der SBG, undatiert.

24 Fritz Richner (1894–1974) trat 1918 in die SBG ein und durchlief alle Stufen eines Bankangestellten. Von 1953 bis 1964 war er Verwaltungsratspräsident der SBG und ein Förderer von Robert Holzach.

25 Alfred Schaefer (1905–1986) war die prägende Gestalt der SBG. Er trat 1931 in die Bank ein und stieg bereits zehn Jahre später, 36-jährig, in die Generaldirektion auf. Ab 1953 präsidierte er die oberste Führungsebene, bevor er 1964 zum Verwaltungsratspräsidenten ernannt wurde.

25b Bruno M. Saager (1908–1991) stiess 1930 zur SBG, wo er es über die Jahre bis zum Generaldirektor brachte. Er war die treibende Kraft, dass die Bank nach dem Zweiten Weltkrieg in Deutschland und in Südafrika grosse geschäftliche Erfolge verbuchen konnte. Zugleich spielte Saager eine ganz wichtige Rolle im Interhandel-Geschäft, das der SBG in der zweiten Hälfte der 1960er-Jahre dazu verhalf, zur mit Abstand grössten Bank der Schweiz zu avancieren.

26   Marlies Engriser leitete neben ihrer Tätigkeit als Sekretärin in der Generaldirektion der SBG auch das Team der Hostessen, die bei Filialeröffnungen oder anderen wichtigen Anlässen der Bank zum Einsatz kamen. Hier in den 1960er-Jahren im Gespräch mit ihrem späteren Gatten, Robert Holzach.
27   Ein Umtrunk auf der Chefetage der Schweizerischen Bankgesellschaft (v. l. n. r.): Max Güttinger, Marlies Engriser, Albert Bosshard, Robert Holzach, Hans Heckmann.

28   Mit dem Unternehmer Dieter Bührle war Robert Holzach freundschaftlich verbunden, hier beim Aufrichtefest für das «Werdgut» am 2. November 1973. Zwischen 1971 und 1976 leitete Robert Holzach neben dem Kommerzgeschäft ebenfalls den Bereich «Dienste», zu dem auch die Immobilienbewirtschaftung der Bank gehörte.
29   Anlässlich der Preisverleihung des Grossen Fotopreises am 25. September 1974 – SBG-Verwaltungsratspräsident Alfred Schaefer, alt Bundesrat Hans-Peter Tschudi und Lukas Strebel, der erste Preisträger in der Kategorie Berufsfotografie.

30   Auf dem Wolfsberg ob Ermatingen am Bodensee initiierte Robert Holzach in den 1970er-Jahren ein Ausbildungszentrum für Beschäftigte der SBG, das 1975 eröffnet und seither mehrmals um- und ausgebaut wurde. Im Bild: Das alte Schlossgebäude im Sommer 2014 anlässlich einer Kunstinstallation des Zürcher Künstlers und Fotografen Hannes Schmid, der 1280 knallrote Plasticstühle auf dem Gelände aufstellte.

31   Im Jahr 1991 weilte der deutsche Historiker und Publizist Golo Mann (1909–1994) im Wolfsberg. Im Bild von links nach rechts: Robert Holzach, Golo Mann sowie Hanspeter Fischer (1930–2009), damals Regierungsrat des Kantons Thurgau.
32   Hoher Besuch auf dem Wolfsberg: Alexander Dubček (1921–1992), die Leitfigur des Prager Frühlings von 1968, am 16. Juni 1992, rund fünf Monate bevor er am 7. November an den Folgen eines Autounfalls starb.

33 Mit dem deutschen Unternehmer Hans L. Merkle (1913–2000) verband Robert Holzach eine grosse Freundschaft. Im Bild: Ein Treffen am 30. Juni 1988 im Wald- und Schlosshotel Friedrichsruhe zwischen Heilbronn und Nürnberg.
Nach einer kaufmännischen Lehre stiess Merkle 1958 zur Robert Bosch GmbH, wo er eine steile Karriere bis an die Spitze machte und zuletzt Ehrenvorsitzender der Bosch-Gruppe war. Holzach nahm als Vertreter der SBG in verschiedenen Gremien des Unternehmens Einsitz. In Merkle fand Holzach einen Sinnesverwandten, mit dem er sich über Wirtschaft, Politik und Kultur austauschte.

34 Im Jahr 1982 organisierte Robert Holzach für einige Vertreter der Robert-Bosch-Gruppe einen Besuch der Landsgemeinde in Trogen, Appenzell Ausserrhoden. Mit von der Partie war der deutsche Unternehmer und langjährige Firmenchef sowie spätere Ehrenvorsitzende Hans L. Merkle.

35 Robert Holzach 1982 an der Landsgemeinde in Trogen.

36   Bei dem von Robert Holzach organisierten Besuch der Landsgemeinde in Trogen war 1982 auch der ehemalige amerikanische Aussenminister Henry Kissinger (Mitte) zugegen. Holzach und Kissinger kannten sich aus dem Internationalen Beraterkreis der Robert-Bosch-Gruppe. Im Bild von links nach rechts: Hans Ulrich Baumberger, damals Ständerat des Kantons Appenzell Ausserrhoden, Urs Rinderknecht, SBG, und ganz rechts Hans-Rudolf Merz, von 1974 bis 1977 Vizedirektor bei der SBG und viele Jahre später, von 2003 bis 2010, Bundesrat.

37   Vor seinem 60. Geburtstag erhielt Robert Holzach von seinen Freunden eine Büste von sich. Veranlasst hatte dieses Kunstwerk der Unternehmer Karl Steiner.

Zwei Sequenzen aus dem Jahre 1983
in Zuneigung und vor dem Schritt
ins neue Jahr in Dankbarkeit gewidmet.
31. XII. 83

I

Vergeblich frag' ich, was mich kalt gemacht.
Vergeblich such' ich, was mich alt gemacht.
Denn taumelnd um' durchquer' ich Zeit und Raum.
Not bringt der Tag; Verzweiflung herrscht im Traum
Und lichtet neue Zweifel in den Morgen,
Lässt Sein und Denken leer und ungeborgen.   (ca Juni)

———

II

Das Jahr geht, wie man sagt, zu Neige.
Doch will die Ordnung einen Kreis als Bild,
Dass, was gefallen, wieder steige
Und dass im Aufstieg sich der Tod erfüllt.

So will auch ich getrost herniedersteigen,
Wie schmerzlich Abschied und Verzicht.
Wenn noch die Himmel trotzend schweigen,
Ist dem, der hofft, des Morgens Schein in Sicht.

Denn immer heller wird der neue Morgen,
Und immer weiter weitet sich der Blick.
Vergessen sind aus Niedergang und Nacht die Sorgen.
Wer offnen Sinnes, findet neues Glück.   (Dz.)

———

39 Robert Holzach bei seinem 60. Geburtstag mit seinen Freunden Karl Steiner (Mitte) und Jean-Claude Wenger (rechts).
40 Der Westschweizer Hochseesegler Pierre Fehlmann (links) feierte in den 1980er-Jahren grosse Erfolge mit seinem Boot, das von der SBG gesponsert war, und gewann 1985/86 die Whitbread-Weltumseglung.

41   Der «Baunarr» Robert Holzach (stehend links) bei einer Medienorientierung zum Stand der Arbeiten für das Hotel Widder in Zürich. Rechts neben ihm sitzend die Architektin Tilla Theus, daneben der Generalunternehmer Peter Steiner von der Firma Karl Steiner.
42   Robert Holzach am Zürcher Sechseläuten am 19. April 1982 als Gast der Widder-Zunft, welche die Metzgermeister repräsentiert. Ihr Zunfthaus ist das Hotel Widder. Später wurde Holzach zum Ehrengast der Widder-Zunft ernannt.

43 Im Zenit der Macht: Robert Holzach 1986 als Verwaltungsratspräsident der SBG.

44 Der damalige Nationalrat des Kantons Luzern und spätere Bundesrat, Kaspar Villiger, 1987 im Gespräch mit SBG-Verwaltungsratspräsident Robert Holzach und dem Präsidenten der Generaldirektion Nikolaus Senn.
45 An der Direktionskonferenz der SBG im Februar 1988 in Interlaken: Nikolaus Senn (links), Robert Holzach (Mitte) und Robert Studer (rechts). Im selben Jahr trat Holzach als Verwaltungsratspräsident ab, sein Nachfolger war Senn, während Studer Präsident der Generaldirektion wurde.

46 Robert Holzach als Referent am International Banking Symposium im Oktober 1990 in Lugano.
47 Robert Holzach im Gespräch mit Armin Baltensweiler (1921–2009), dem langjährigen Chef der Schweizer Fluggesellschaft Swissair; beide waren mehrere Jahre auch im Verwaltungsrat des Winterthurer Technologieunternehmens Sulzer.

48 Robert Holzach 1997 an seinem Geburtstag im Wolfsberg.

DR. ROBERT HOLZACH
EHRENPRÄSIDENT
DER SCHWEIZERISCHEN BANKGESELLSCHAFT
ZÜRICH

Zürich, 8. Dezember 1997

Herrn
Robert Studer
Präsident des Verwaltungsrates
Schweizerische Bankgesellschaft
im Hause

A.o. Verwaltungsratsitzung UBS vom 5. Dezember 1997

Lieber Herr Studer

Nachdem ich in der letzten VR-Sitzung vom vergangenen Freitag nicht bis zum Ende bleiben konnte und das Informationsgespräch vom Vortag lediglich eine Spontanreaktion auslöste, möchte ich Ihnen eine Kurzfassung meiner Reaktionen zukommen lassen, ehe Medien und Öffentlichkeit sich des Themas dieser Grossfusion annehmen. Um auch hierzu noch einmal klar zu sagen : Ich bin nach der SBG-Generalversammlung 1988 an den VR-Sitzungen ein Gast gewesen, hatte ohne Stimmrecht auch nie Anträge zu stellen.

Vor 35 Jahren habe ich das 50-jährige SBG-Jubiläum von 1962 in entscheidender Funktion mitgestaltet. Etwa ab gleichem Datum habe ich in der Bank auch in Führungsfragen mitgewirkt, Impulse ausgelöst und zum SBG-Image beigetragen. Von 1980 bis 1988 konnte ich als VR-Präsident tätig sein.

Im Frühjahr 1987 - 15 Monate vor der entscheidenden Generalversammlung - habe ich Herrn Dr. N. Senn und Ihnen selbst grünes Licht gegeben, die nächsten Amtsperioden vorzubereiten und die hierfür verantwortlich vorgesehenen Führungsmannschaften zu bilden.

In der VR-Sitzung vom 5. Dezember 1997 wurde nach 85-jähriger Existenz der SBG über das Ende dieser Bank gesprochen und entschieden. Mit diesem Entscheid kann ich mich nicht befreunden. Eine derzeitige Schwäche endet mit der Selbstaufgabe. Ein Heer, das sich lange Zeit zu den stärksten zählen durfte, entscheidet sich für die Kapitulation. Alle Erklärungen und Begründungen führen nicht daran vorbei, dass die heutige Führungsgeneration eineinhalb Jahre nach Ihrem Amtsantritt, den Glauben an die eigene Kraft verloren hat. Als Stichworte melden sich überdies Fragen zu Firmengeschichte, Arbeitsplätzen, Markenwert, Wolfsberg, Solidarität und Branchenglaubwürdigkeit. Das sind u.a. Verpflichtungen, die nach endgültigen Antworten rufen.

Der vorgeschlagene und nun vorgesehene Weg erweckt den Eindruck einer megalomanen Fluchtlösung. Diesem Entscheid kann man nur wünschen, dass ihm die geschichtliche Wertung dereinst gnädig sei.

Mit der Bitte um Verständnis und

mit freundlichen Grüssen

49 Brief an Robert Studer zur a. o. Verwaltungsratssitzung der UBS vom 5. Dezember 1997. Robert Holzach blieb stets skeptisch bezüglich der UBS-Fusion und behielt recht.

50　Robert Holzach mit seiner Gattin Marlies Holzach-Engriser.

51 Ein Bankier alter Schule.

52 In den 1980er-Jahren: Mit zunehmendem Alter bevorzugte er dreiteilige Anzüge.

Zu den autobiographischen Notizen

Ich habe spät begonnen mich mit der Welt auseinanderzusetzen. Die ersten Anstösse sind in der Kantonsschulzeit erfolgt, als erschreckt festzustellen war, wieviel weiter Gleichaltrige waren, gemessen am Kreis ihrer Interessen. Die ersten Schritte waren ebenso behutsam wie zaghaft, ebenso unbestimmt wie zufällig. Ein Hinweis führte zu einer an sich ungewollten Schnüre. Ein Quervergleich ergab einen ähnlichen, aber an sich unmotivierten Anspruch.

Die Respekt scheint auch später eine grosse Rolle zu spielen. Es hat meine Annäherung an Ideen und Menschen stark geprägt. Es hat mich auch nie verlassen, wenn eigene Überlegungen die Probe des

53 Robert Holzach hat in unzähligen Notizen und Tagebüchern über sein Leben und seinen Alltag reflektiert. Diese Texte waren nicht für die Öffentlichkeit bestimmt. Er hat auch nie in Erwägung gezogen, selbst eine Biografie zu schreiben.

54 Das Grab von Robert Holzach (1922–2009) auf dem Friedhof Hinderriet in Küsnacht bei Zürich mit einer Skulptur des Schweizer Künstlers Raffael Benazzi.

umgekehrt – und dies in zunehmendem Mass, wenn Kapital zur Mangelware wurde. Aus diesen Gründen ergaben sich in der Industrie zwei gegenläufige Tendenzen: Da die Bank die internen Verhältnisse des Unternehmens genau kannte, schien es für sie wünschenswert, das Partnerschaftsverhältnis so eng wie möglich zu gestalten. Demgegenüber stand bei vielen Unternehmen das Bestreben, nicht in die ausschliessliche Abhängigkeit einer Bank zu geraten.

Diese Überlegungen führten dazu, dass sich die Industriefirmen anderen Möglichkeiten der Kapitalbeschaffung zuwandten. Doch viele Banken wollten das zunächst nicht wahrhaben. Dafür gab es auch gute Gründe: Da die Kredite an die Unternehmen von den Banken finanziert wurden, war deren Geschäftsvolumen bis in die 1980er-Jahre das Mass aller Dinge. Die Bilanzsumme, und nicht wie heute der Gewinn oder die Eigenkapitalrendite, bestimmte die Relevanz eines Finanzinstituts.

Doch je näher die 1990er-Jahre heranrückten, desto häufiger begannen die grossen Firmen, einfacher und teilweise auch günstiger Geld am Kapitalmarkt zu beschaffen, wie dies in den USA schon lange (mit Obligationen) üblich war. Der Markt für Fremdkapital war transparenter und effizienter geworden, seit – vermeintlich – unabhängige Agenturen wie Standard & Poor's oder Moody's die Kreditwürdigkeit und -fähigkeit grösserer Firmen öffentlich mittels sogenannter Ratings bewerteten; erst im 21. Jahrhundert sollte diese Analysepraxis mit dem Ausbruch der globalen Finanzkrise ab 2007 ihren Ruf der Unfehlbarkeit einbüssen, als die Öffentlichkeit erst realisierte, dass die Ratingagenturen für die Vergabe ihrer Bewertungen von den jeweiligen Kunden fürstlich bezahlt wurden. Daran hatte sich vorher niemand gestört.

Noch zu Zeiten Holzachs verlor also die traditionelle Kreditvergabe sukzessive an Bedeutung, während das Investmentbanking zu seinem Siegeszug ansetzte. Noch eine Zeit lang sahen sich die grossen Banken aufgrund ihrer Nähe zur Industrie verpflichtet, Strukturpolitik zu betreiben, und stützten Traditionsfirmen. Damit retteten sie zwar Arbeitsstellen – zumindest auf Zeit –, doch sie entzogen diese Unternehmen den wahren Marktkräften. Ausserdem bekundeten nicht wenige Industriefirmen Schwierigkeiten, sich im internationalen wettbewerbsorientierten Umfeld zu behaupten, weil sie es verpasst hatten, mit der ausländischen Konkurrenz Schritt zu halten und sich aus der Abhängigkeit von Aufträgen der öffentlichen Hand zu lösen, wie dies bei der Firma Saurer der Fall gewesen war (siehe Kapitel 5).

Die Entmenschlichung des Bankgeschäfts

Ungeachtet der epochalen Veränderungen erhob Holzach sein geschäftliches Agieren zur Wissenschaft, wenn nicht zur Kunst, wenn er etwa feststellte:

«Wo ist der königliche Kaufmann, wo der unternehmerische Bankier geblieben, wenn unsere Tätigkeit nur noch darin besteht, Diskont- und Kreditbedingungen aus Tabellen abzulesen? Ist das Abenteuer ‹Bankier› für alle Zeiten vorbei? Sind wir verdammt, im Kreditgeschäft mit den Verlierern zu verlieren, mit den Gewinnern zu gewinnen? Der Abstand zum industriellen Fliessbandarbeiter, der nicht weiss, in welche Maschine sein Werkstück schlussendlich eingebaut wird, wird immer kleiner!»[126]

Damit warnte Holzach nicht nur vor der Entmenschlichung des Bankwesens, sondern auch vor der Gefahr des Herdentriebs in der Finanzwelt. Eigentlich war der Bankier Holzach – selbst wenn dies aufgrund anderer Vorkommnisse etwas widersprüchlich erscheint – ein Menschenfreund. Die Herausforderungen etwa, mit denen er seine Gesprächspartner mit unvermuteten Fragen und Gedanken in einer oftmals unerwarteten Direktheit konfrontierte, waren immer auch ein Vertrauensbeweis; besonders wenn er dazu noch verlangte, eine von ihm geäusserte These zu widerlegen. Das war seine Passion. Von seinen Vertrauensleuten wollte er nicht bloss Zustimmung hören; ihn interessierten die Gegenargumente, durchdekliniert bis zur Bewusstlosigkeit. Erst so, fand Holzach, liess sich ein endgültiges Urteil fällen. Allerdings erforderte es einiges Standvermögen, Holzach Paroli zu bieten. Da waren einiges Wissen, Argumentationsgeschick und auch viel Mut erforderlich. Als Vorgesetzter verlangte Holzach nie einfach die Lösung. Erst aus der erfolgreichen Widerlegung der Alternativen ergab sich für ihn die (end)gültige Antwort. Die abgrundtiefe Skepsis, die Holzach beseelte, perfektionierte die «Kunst des Informiertseins».

Diese Arbeitstechnik bekamen vor allem Holzachs Assistenten zu spüren, die, sofern sie sich bewährten, in einem Turnus von einigen Jahren an seiner Seite dienten. Die Erfahrungen mit dem Bankier alter Schule gingen «in Fleisch und Blut über», wie sich einer der «Auserwählten», Konrad Hummler, erinnert. Der Ostschweizer übernahm später – zusammen mit einem weiteren Holzach-SBG-Assistenten, Otto Bruderer – die St. Galler Privatbank Wegelin. Er war fünf Jahre lang Assistent von Robert Holzach und sagt: «Dr. Holzach hatte eine Nase für Unstimmigkeiten, im Prinzip wie ein Oberst, der im Rekrutenschlag nur eine Matratze zu heben braucht und weiss, dass darunter schmutzige Socken liegen.»[127]

Holzach besass ein phänomenales Gedächtnis, was die einzelnen Kreditkunden anging, er arbeitete mit Langzeitvergleichen und erkannte zumeist auf Anhieb die Schwachstellen in einem Rapport, die er dann in seinen berühmt-berüchtigten Randnotizen – für seine spitzen Bleifstiftanmerkungen war er ja in seiner Schulzeit schon bestraft worden – kommentierte: «Die Botschaft hör' ich wohl, allein mir fehlt der Glaube ...» (...) «O zarte Sehnsucht, süsses Hoffen ...!» (...) «Da muss man sich schon *sehr* zusammennehmen, dass einem der Kragen nicht platzt! Ich habe schon vor rund 4 Monaten mit aller Deutlichkeit vor dieser unvermeidlichen Pleite gewarnt.» (...) «Ich teile die Auffassung von xy* in allen Teilen und bleibe bei dieser Stellungnahme auch auf das Risiko hin, als Banause in die Geschichte einzugehen. Frau W. ist (in jeder Beziehung) unersättlich.»

Im Fall Rey begnügte sich Holzach nicht nur mit der Direktive, diesem kein Geld zu geben: Um sich seiner Sache absolut sicher zu sein, liess er ganze Dossiers anlegen, in denen praktisch jeder Schritt des dubiosen Investors protokolliert werden musste. Holzach engagierte sogar einen Privatdetektiv in London, der die Familienverhältnisse

* Name weggelassen.

der Gattin Reys ausspionieren sollte. Dabei stellte sich heraus, dass die Familie gar nicht so begütert war. Rey liess gerne kolportieren, seine Frau sei Erbin eines schottischen Lebensmittelkonzerns; ihr Vater besass aber gerade mal ein «kleines Lädeli» in London. Holzachs Assistenten mussten nicht nur zahllose Analysen und Berichte verfassen, sondern er forderte sie unentwegt auf, Gegenthesen zu seinen Vermutungen zu formulieren – doch kamen sie auch nur in die Nähe dieses Ziels, war das auch nicht recht, weil sich Holzach noch mehr echauffierte. Die ganze Sache nahm ihn sichtlich her. Dass seiner Emotionalität auch viel Theatralik innewohnte, war ihm und seinen Untergebenen bewusst – es unterstrich aber nur zusätzlich sein Einstehen für oder gegen eine Sache. Im Fall Rey behielt er recht. Das verschachtelte Firmenkonstrukt erwies sich im Lauf der Jahre als Luftschloss, der «Lügner» wurde als Krimineller überführt.

Anschwellende Autoritätskrise

Holzach war selbstkritisch genug zu wissen, dass jede Medaille zwei Seiten hat. Dieses Bewusstsein zog sich wie ein roter Faden durch seinen Wertekosmos und widerspiegelte sich nicht zuletzt in der Idee des Wolfsberg. Der Zeitpunkt der Lancierung war insofern bemerkenswert, als sich zu Beginn der 1970er-Jahre so etwas wie eine Autoritätskrise in der Gesellschaft bemerkbar gemacht hatte, ausgelöst durch den Einfluss der 68er-Bewegung, aber auch durch die Frauenbewegung, die 1971 mit der Einführung des Frauenstimmrechts auf nationaler Ebene einen historischen Erfolg feiern konnte. Die Werteumschichtung, die sich in der Öffentlichkeit damals vollzog, war ein Zeichen dafür, dass die Welt, wie sie den Vorstellungen der Aktivdienst-Generation entsprach, definitiv zu Neige ging. Das diagnostizierte auch Alfred Schaefer, der 1976 an seiner letzten Generalversammlung als SBG-Präsident festgestellt hatte:

«Die bestehende wirtschaftliche Unordnung ist nicht nur ein ökonomisches, sondern noch ausgeprägter als in den dreissiger Jahren ein geistiges und moralisches Problem. Heute wendet sich ein erheblicher Teil der Bevölkerung gegen unser Gesellschafts- und Wirtschaftssystem als solches und gegen das für den wirtschaftlichen und sozialen Fortschritt unentbehrliche Arbeitsethos. Für viele ist nur gut, was der autoritäre Staat an Gleichschaltung unternimmt, alles andere hat den Hautgout des Profits. Die Verunglimpfung der privaten Leistung geht über die Diffamierung bis zum Rufmord. Die Anspruchsgesellschaft hat wohl Wünsche, verneint aber die Pflichten.»[128]

Auch Holzach setzte hinter die Forderung nach einer totalen Demokratisierung der Wirtschaft grosse Fragezeichen, wie er in Gesprächen damals zum Ausdruck brachte:

«Die Demokratisierungswelle hat auch vor der Wirtschaft nicht haltgemacht. Ausgehend von der unbewiesenen These, dass die Wirtschaftsstrukturen ‹undemokratisch› seien und dass die in der Wirtschaft mögliche Macht verstärkter Kontrolle bedürfe, wird für ‹mehr Demokratie in der Wirtschaft› plädiert. Die Übertragung von öffentlich-rechtlichen Spielregeln für Struktur und Führung auf die Privatwirtschaft kann dabei wohl nichts anderes heissen, als eine private Aufgabe ebenso anzugehen wie staatliche Aufgaben. Zu diesen kann nach liberaler Auffassung die Wirtschaft eben gerade nicht gehören!»[129]

Für Holzach wie für Schaefer blieb das Gewicht des Autoritären in (fast) allem zentral. Deswegen galt der Wolfsberg auch als Gegenentwurf, ja vielleicht sogar als Bollwerk in einer Welt, die in der Wahrnehmung von Holzach und Schaefer zunehmend von Schatten umstellt wurde. Das prachtvolle Anwesen ob Ermatingen war Holzachs Beitrag an den Erhalt einer geordneten Welt, in der die Elite ihren festen Platz hat; und einer Welt, in der der Bankangestellte ein gestaltender Teil der Gesellschaft ist.

Ein Meteor ist erloschen

Während Holzachs Stern weiter aufging, rückte Schaefer zusehends in den Hintergrund. Als er 1976 sein Amt als Verwaltungsratspräsident der SBG abgab, zeigte er sich selbstkritisch wie nie zuvor. «Sie entschuldigen, dass ich mit ganz wenigen Ausnahmen – es lebt keiner mehr – in unserer Bank keine Duzfreunde gehabt habe. Ich hatte das vielleicht unrichtige Gefühl, dass allzu viele Duzfreundschaften in einem Unternehmen nicht immer von Gutem sind. Es hat dies vielleicht zu einer gewissen Vereinsamung geführt», sagte Schaefer vor dem Kader an seiner letzten Direktionskonferenz 1976.

Fast hatte man den Eindruck, als trete hier ein Verlierer ab, dabei galt er als der grosse Architekt und Vater der modernen SBG. Holzach hielt später fest: «Alfred Schaefer blieb zeitlebens ein Soldat im besten Sinne des Wortes: tapfer, stoisch, frugal lebend, nach dem Motto: Ich diene.»[130]

Wie damals üblich, erhielt Schaefer die Weihen eines Ehrenpräsidenten der SBG – auf Lebzeiten! Das erlaubte ihm die weitere Teilnahme an den Sitzungen des Verwaltungsrats, allerdings bloss noch als Zuhörer, solange er nicht persönlich um seine Meinung gefragt wurde. Darüber hinaus kam er in den Genuss einer finanziellen Vergütung, intern «Ehrensold» genannt, und durfte sein Büro samt Sekretärin und Chauffeur behalten. Auch das Direktionsrestaurant stand ihm weiterhin offen. Damals waren solche Leistungen die Regel; sie gehörten wie selbstverständlich zum «Nachleben» eines einstigen Chefs der SBG. Niemand hätte dies infrage gestellt.

Schaefer bekundete allerdings zunehmend Mühe mit der sich um ihn herum verändernden Welt; gesundheitlich und psychisch angeschlagen, sass er immer häufiger nur noch teilnahmslos im Wohnzimmer seines wunderschön direkt am Ufer des Zürichsees in Zollikon gelegenen Hauses und schwieg vereinsamt vor sich hin. «Es war, als seien Tagesvorhänge um ihn herum zugezogen worden», sagten die wenigen noch regelmässigen Besucher, zu denen vor allem Holzach zählte. Wenn ihn dann sein Chauffeur nach Hause fuhr, schwor sich Holzach, nie so zu enden wie Schaefer, der dem Geschehen so hilflos ausgeliefert war. In seinem Tagebuch hielt Holzach fest: «Nicht was ich bin, zählt, sondern was bleibt, wenn ich nicht mehr sein werde.»

Alfred Schaefer war 54 Jahre mit Dorrit Hunziker verheiratet gewesen, die an Ostern 1986 verstarb. Selbst wenn ihre lange Ehe von allerhand Höhen und Tiefen geprägt war, so kam Schaefer über diesen Verlust nie hinweg. Rund ein halbes Jahr später war auch er tot. «Nicht mit einem grandiosen Finale, das seinem über Jahrzehnte wirksamen Leuchten entsprochen hätte, sondern in zunehmender Abkehr vom aktuellen Geschehen. Mit Alfred Schaefer ist ein Meteor erloschen», hielt Holzach in seinem Nachruf fest:

«Mitunter mag ihn die Ambition getrieben haben, der Stärkste zu sein. Es gab nichts, das er sich nicht zumuten konnte. Es gab aber auch nichts, das er sich nicht zugemutet hätte und das er sich nicht hätte zumuten dürfen. Die Einsicht, nicht mehr stärker zu werden, und erst recht die Gedanken, dass er schwächer werden und dass es etwas Stärkeres geben könnte, wies er von sich. Er ist buchstäblich daran zerbrochen, sich dem zu unterziehen, was wir vieldeutig ‹Schicksal› nennen.»[131]

Todesnähe im übertragenen Sinn empfand Holzach noch in einem anderen Zusammenhang: 1977 bei der Ermordung von Jürgen Ponto, dem damaligen Chef der Dresdner Bank. Holzach kannte den hochkultivierten Deutschen persönlich, denn zwischen dem deutschen Kreditinstitut und der SBG bestanden seit Langem engste Beziehungen (siehe Kapitel 3). Ponto wurde von Mitgliedern der deutschen Terroristengruppe Rote Armee Fraktion (RAF) hingerichtet. Dabei spielte Susanne Albrecht eine massgebliche Rolle. Sie war die Schwester des Patenkindes von Jürgen Ponto. Um für die Ermordung ins Haus des Bankiers zu gelangen, missbrauchte sie das Vertrauen der Familie Ponto, welche die Frau und ihre beiden Komplizen ahnungslos hereinliessen.

Die beiden deutschen Jürgen-Ponto-Biografen Ralf Ahrens und Johannes Bähr schildern die Tat dann wie folgt: «Sicher ist, dass (Christian) Klar sofort eine Pistole auf Ponto richtete, nachdem dieser zu den Besuchern ins Esszimmer gegangen war. Er schrie dabei so etwas wie ‹Mitkommen, das ist eine Entführung›. Ponto antwortete: ‹Sie sind wohl wahnsinnig geworden›, und versuchte, Klars Arm wegzudrücken. In diesem Moment schoss Klar. (Brigitte) Mohnhaupt gab fünf weitere Schüsse auf den schutzlosen Bankier ab. Von mehreren Kugeln im Kopf und im Körper getroffen, sank Ponto auf den Boden. Die Attentäter flüchteten dann über die Terrasse und entkamen mit einem VW-Bus.»[132] Die später gefassten Mörder Pontos sowie Susanne Albrecht haben nie ein Zeichen der Reue gezeigt. Bereits 1996 wurde Albrecht auf Bewährung freigelassen; die beiden anderen, Mohnhaupt und Klar, kamen 2007 respektive 2008 frei.

Holzach zeigte sich nicht nur persönlich von diesem Anschlag betroffen. Es schien auch, als sei es für die Spitzen der Wirtschaft in einigen Ländern geradezu fahrlässig geworden, ohne Personenschutz und Panzerglas zu leben. Darüber hinaus war dieser Mord für ihn auch ein Signal oder gar Beweis dafür, dass manche Kreise der Gesellschaft in der Figur des Bankiers ein Feindbild erkannten, das es neuerdings zu vernichten galt. Gespräche darüber führte Holzach unter anderem auch in einem Zirkel, der ihm über die Jahre besonders wichtig geworden war, und aus dem er wesentliche Impulse und Anregungen für sein eigenes Schaffen bezog. Es handelte sich um die verschiedenen Gremien des deutschen Robert-Bosch-Konzerns.

Die grosse Zeit der Magnetzünder

Zwischen der SBG, die traditionell mit deutschen Wirtschaftskreisen verbunden war, und der Robert Bosch GmbH bestanden seit Jahrzehnten engste Beziehungen. Robert Bosch selbst hatte noch dafür gesorgt, dass erhebliche Teile des Firmenvermögens sowie die ausländischen Beteiligungen und Tochtergesellschaften sowohl aus Sicherheitsüberlegungen als auch aus steuerlichen Gründen ausserhalb Deutschlands gehalten wurden, wobei die Schweiz ein wichtiger Standort war (wenn auch nicht der einzige). Zunächst hatte das deutsche Unternehmen 1904 eine Vertretung eröffnet, bevor 1920 die Gründung der Robert Bosch AG mit Sitz in Zürich erfolgte.

Eine entscheidende Rolle in der weiteren Entwicklung der Robert-Bosch-Gruppe in der Schweiz spielte die 1917 im Kanton Solothurn gegründete Firma Scintilla (*scintilla*, italienisch: der Funke). Dabei handelte es sich um eine Tochtergesellschaft des Schweizer Industriekonzerns Brown, Boveri & Cie. (BBC), die Magnetzünder und anderes Automobilzubehör sowie später auch Stichsägen und Sägeblätter herstellte – Erzeugnisse, die den Firmennamen erklären. Damit war Scintilla in ähnlichen und zum Teil identischen Geschäftsfeldern tätig wie Robert Bosch. Erwähnenswert ist in diesem Kontext, dass die «Spirit of St. Louis», mit der der Flugpionier Charles Lindbergh 1927 den Atlantik von New York nach Paris überquerte, mit Scintilla-Magnetzündern ausgerüstet war.

Die Wirtschaftskrise der 1920er-Jahre veranlasste die BBC, Scintilla einem internationalen Konsortium abzutreten. Nach dem Zweiten Weltkrieg weitete das Unternehmen sein Betätigungsfeld aus und produzierte Benzin-Einspritzpumpen, Elektrowerkzeuge und eben Stichsägen. 1954 übernahm der Robert-Bosch-Konzern Scintilla zu 85 Prozent, und zehn Jahre später wurde das Unternehmen in den Bosch-Geschäftsbereich Elektrowerkzeuge integriert. Aufgrund der engen Geschäftsbeziehungen zwischen Bosch und der SBG waren oberste Kaderleute der Bank stets in den diversen Leitungs- und Beratungsgremien des deutschen Konzerns vertreten.

Nachdem der Firmengründer Robert Bosch 1942 gestorben war, ging es darum, sein Vermächtnis in einer juristischen Form weiter bestehen zu lassen, die einerseits die Interessen der Bosch-Familie und andererseits die operativen Anliegen berücksichtigte. So entstand in den 1960er-Jahren aus dem Familienunternehmen ein Stiftungsunternehmen, das sowohl den Familieninteressen als auch den wirtschaftlichen Zielen der Firma Rechnung trug.

Konkret beschloss die Familie Bosch, ihre Kapitalbeteiligung in eine gemeinnützige Stiftung überzuführen, die 1969 den Namen Robert Bosch Stiftung erhielt, und gleichzeitig auf ihre Stimmrechte zu verzichten. Im Gegenzug entstand getrennt die Robert Bosch Industrietreuhand, die ihrerseits praktisch kein Kapital hielt, dafür aber fast alle Stimmrechte. Schliesslich verblieb ein kleiner Teil des Kapitals und der Stimmen bei der Familie. Diese drei Aktionärsgruppen besitzen seither die Robert Bosch GmbH – ein Firmenkonstrukt, das insofern einzigartig ist, als es unabhängig sowohl den wirtschaftlichen als auch den wohltätigen Anliegen verpflichtet sein kann.

Massgeblich beteiligt an dieser Strukturierung war der Deutsche Hans L. Merkle, der im Oktober 1958 zum Unternehmen gestossen war und 1963 die Leitung übernommen hatte. Später stieg er in den Aufsichtsrat auf und wurde danach Gesellschafter bei Robert Bosch.

Zwei Büchernarren auf Augenhöhe

In Merkle fand Robert Holzach – neben Alfred Schaefer – zweifelsohne seinen wichtigsten Geistesverwandten, nachdem er ab 1966 sukzessiv in verschiedenen Gremien des Konzerns Einsitz nehmen konnte und sich mit der für ihn typischen Hingabe einbrachte. Zwischen 1975 und 1983 sass er als Gesellschafter auch im Aufsichtsrat (in der Schweiz: Verwaltungsrat) der Robert Bosch GmbH und damit in einem der prestigeträchtigsten Organe der deutschen Wirtschaft. Für Holzach war das eine einzigartige und überaus wertvolle Erfahrung, zumal verschiedene Aspekte, die ihm wichtig waren, zusammenkamen: ein Weltkonzern, den es zu führen und strategisch weiterzuentwickeln galt, modernste Technologien sowie ein Werteverständnis, wie es in grossen Unternehmen nur selten so konsequent gelebt wird. Und über allem thronte die Unternehmerpersönlichkeit Merkles, der es aus einfachsten Verhältnissen und unter widrigsten Umständen vor, während und nach dem Zweiten Weltkrieg geschafft hatte, zu einer der bedeutendsten Wirtschaftspersönlichkeiten in Deutschland zu werden. 1913 in Pforzheim geboren, galt er stets als sehr öffentlichkeitsscheu, agierte im Hintergrund aber umso engagierter, was völlig dem beruflichen Credo Holzachs entsprach. Merkle hatte eine uneingeschränkte Machtposition und verstand sich als industrie- und wirtschaftspolitischer Stichwortgeber und Kommentator.[133] Er sass in einer ganzen Reihe von Aufsichtsräten führender deutscher und internationaler Konzerne und beriet sogar die Bundesregierung. Führen war für ihn immer eine moralische Kategorie. Er besass ein eigenes Verständnis von Unternehmensführung und ein spezifisches Selbstverständnis als Unternehmer.

Die zwei Männer – Holzach war altersmässig stets der «Juniorpartner» – verband über das Geschäftliche hinaus eine ganze Menge. Beiden war die Leidenschaft eigen, sich mit den grossen gesellschaftlichen Fragen auseinanderzusetzen und dabei im Einklang mit Werten wie Verantwortung, Integrität und Prinzipientreue Überdurchschnittliches zu schaffen, um so einen kleinen Beitrag für eine bessere Welt zu leisten. Merkle hatte 1931 nach dem Schulabschluss nicht studieren können, weil die Inflation das Familienvermögen vernichtet hatte und ein Stipendium nicht aufzutreiben war. Er nahm zwar später an gewissen Vorlesungen teil, doch ein Abschluss blieb ihm verwehrt, was ihn laut eigenem Bekunden lange betrübte.[134] Nichtsdestotrotz entwickelte Merkle eine einzigartige intellektuelle Kapazität, was sich später, nach seinem Tod, auch daran zeigte, dass er als Büchernarr eine Bibliothek mit mehr als 17 000 Werken aufgebaut hatte, unter denen auch bibliophile Einzelstücke waren. So erklärt sich weiter, weshalb Holzach, der selbst ein grosser Bücherfreund war, in Merkle einen Geistesverwandten erster Güte fand, der auch von seinem Auftreten her ganz den Vorstellungen des Schweizer Bankiers entsprach. Merkle war ein klassischer Patron, der hart und unnachgiebig führte, grössten Wert auf Details legte, aber stets von einer Verantwortung für das Ganze geleitet war. Obschon der Deutsche die Öffentlichkeit grundsätzlich mied, hinderte ihn dies nicht daran, brillante Referate in ausgewählten Kreisen zu halten und schreibend seine Einsichten und Vorstellungen zu reflektieren. Merkles Duktus schöpfte aus finanztheoretischen Reflexionen, gesellschaftlicher Analyse sowie wirtschaftlichen Sachverhalten und Prognosen. Das alles vermischte er mit philosophischen Gedanken und Bonmots und schuf so einzigartige Zeugnisse seiner Denkwelt.[135] Dienen und Führen, der Beruf als Erfahrung, die Tugend des Vertrauens, die Förderung der Elite – in diesem Gravitationsfeld bewegte sich Merkle intellektuell; es sind genau diejenigen Themen, die auch in Holzachs Werk zentral sind.

Merkle hatte allein schon aus firmenhistorischen Gründen eine grosse Affinität zur Schweiz. Die direktdemokratischen Strukturen, die Neutralität des Landes sowie der Fleiss und die Leistungsbereitschaft der arbeitstätigen Bevölkerung, aber auch das grosse Selbstverständnis für Eigenverantwortung beeindruckten und prägten den deutschen Unternehmer stark. Privat schätzte er es, in Arosa seinen Urlaub zu verbringen, wo Holzach viele Jahre ein Chalet namens «Sayonara» besass. Die Schweiz galt den Führungsverantwortlichen des Robert-Bosch-Konzerns in mancher Hinsicht als Hort der Sicherheit; betriebswirtschaftlich nicht zuletzt zum Schutz vor allfälligen Enteignungen, wie sie das Unternehmen in der Vergangenheit mehrmals erlebt hatte, und aufgrund der hohen Dienstleistungsqualität des Finanzplatzes. Auch persönlich sollen die deutschen Topmanager des Bosch-Konzerns vor allem in den 1970er-Jahren regelmässig aufgeatmet haben, wenn sie Schweizer Boden betraten; so gross war offenbar ihre Angst, wie andere Wirtschaftsgrössen einem terroristischen Anschlag zum Opfer zu fallen. Doch auch später, im Prinzip bis zum Ende des Kalten Kriegs, galt die Schweiz als strategisch enorm wichtiger Dreh- und Angelpunkt für die Robert-Bosch-Firmengruppe.

Demokratie pur

1981 errichtete das Unternehmen einen internationalen Beirat, das Robert Bosch International Advisory Committee. Die Mitglieder dieses Gremiums diskutierten wirtschaftliche und politische Tendenzen und leiteten daraus wichtige Einschätzungen für die Entwicklung des Unternehmens ab. Diesem Ausschuss gehörte nicht nur Robert Holzach an, sondern auch der frühere amerikanische US-Aussenminister und Friedensnobelpreisträger Henry Kissinger. Primär für ihn und für Merkle sowie für verschiedene andere Schweizer Politiker und Vertreter der SBG organisierte Holzach 1982 einen Besuch der Landsgemeinde im appenzellischen Trogen – in jener Gemeinde also, wo er seine Gymnasialjahre (siehe Kapitel 2) verbracht hatte. Als einer der

Vertreter des SBG-Ausbildungszentrums Wolfsberg nahm damals auch SBG-Mitarbeiter Hans-Rudolf Merz teil, der spätere Bundesrat. Die unmittelbare Begegnung mit der wohl direktesten Form der Demokratie hinterliess bei den Gästen aus dem Ausland einen bleibenden Eindruck; für Holzach war dieser Tag ein persönlicher Höhepunkt, der seinen Stolz auf sein Land und dessen Strukturen unterstrich.

Hans L. Merkle verstarb am 22. September 2000 in Stuttgart. In einer Rückschau auf sein Leben, die der Unternehmer noch selbst verfasst hatte und die am Trauergottesdienst vom 27. September 2000 in Pforzheim vorgelesen wurde, bat er um Verzeihung für die «Zurückhaltung und Kühle gegenüber seinen Nächsten». Seine Mitarbeiter und Kollegen bat er um «Nachsicht für scheinbare Härte, die er aber nur der Sache wegen zeigte». Merkle gehörte zu einer Generation von Unternehmensführern, die über mehrere Jahrzehnte hinweg das Wirtschaftsleben nicht nur prägten, sondern durchaus auch modernisierten – in der vorwiegend patriarchalischen Art und Weise, wie sie für diese Epoche typisch war. Kennzeichnend für diese Patrons war vor allem auch, dass sie ihre Aufgabe stets in einem gesellschaftlichen Kontext verstanden, was sie dazu anhielt, Verantwortung zu übernehmen. Dieser Haltung fühlte sich auch Robert Holzach verpflichtet. Es war dann eine neue Generation von vorwiegend angelsächsischen Managern, die andere Führungsprinzipien auf der Chefetage zum Massstab erhob.

Die Zeitenwende kommt von anderswo

Die gesellschaftliche Erneuerung in Westeuropa und damit auch in der Schweiz kam Ende der 1970er-Jahre aber doch nicht, wie in bürgerlichen Kreisen befürchtet, aus dem linkspolitischen Lager, sondern von rechts. Denn obwohl sich Holzach zu den Prinzipien der freien Marktwirtschaft bekannte und mit Friedrich August von Hayek den zweifellos prominentesten Vertreter des klassischen Liberalismus respektive der Österreichischen Schule oft zitierte, stammte er noch aus einer Welt der Absprachen und Konventionen. Besonders kennzeichnend dafür ist beispielsweise, dass sich die obersten Vertreter der Schweizer Grossbanken alle Jahre mehrmals zu einem Gedankenaustausch trafen und sie sogar bis Ende der 1980er-Jahre ihre Ertragszahlen, Gewinne und Gebühren vor der jeweiligen Publikation untereinander abstimmten. Dabei herrschte zu jener Zeit in grossen Teilen der westlichen Wirtschaft schon längst ein intensiver Wettbewerb, nachdem zuerst die britische Premierministerin Margaret Thatcher und später der amerikanische Präsident Ronald Reagan eine Welle der Liberalisierung ausgelöst hatten: Sie beschleunigte den Zusammenbruch der Sowjetunion und ihrer Satellitenstaaten und läutete gleichzeitig das Ende des Bankwesens schweizerischer Ausprägung ein. Oder anders formuliert: Damals wurde dem Schweizer Bankwesen der angelsächsische Stempel aufgedrückt.

Holzach registrierte diese Entwicklung sehr früh. Hier liegt unzweifelhaft eine seiner grössten intellektuellen Leistungen – nämlich die Risiken und Gefahrenpotenziale in der neu entstehenden Finanzarchitektur erkannt und davor auch gewarnt zu haben:

«Die Modewelle der Finanzinnovationen droht den langfristig denkenden Bankier zu verdrängen und durch den auf kurzfristigen Erfolg erpichten Verkäufer zu ersetzen. [...] Die unternehmerische Aufgabe der Banken ist trotz Wandlungen in ihrer konkreten Ausgestaltung im Wesentlichen unverändert. Der Wirtschaft sind auch in Zukunft jederzeit die bestmöglichen Finanzierungsinstrumente zur möglichst vollständigen Deckung der wechselnden Bedürfnisse anzubieten. [...] Dass ertragserpichte Händlernaturen die steigende Attraktivität des bilanzunwirksamen und damit vermeintlich risikoneutralen Geschäftes aufgespürt haben und zu bevorzugen trachten, ist nicht erstaunlich. Ebenso wenig verwundert die Tendenz der nämlichen Kreise, in voreiliger Generalisierung die Zukunftsträchtigkeit reiner Vermittlertätigkeit und den Niedergang des klassischen Kreditgeschäfts zu prognostizieren oder gar als Ziel anzuvisieren. [...] Bemerkenswert an dieser Entwicklung bleibt allenfalls die geringe Standhaftigkeit einiger Bankiers in der Verteidigung bewährter Berufsregeln, die aus ihrer Erfahrung, kraft Ausbildung und eigenständiger Analyse mindestens Skepsis anmelden müssten. Übermächtig ist offenbar die Angst, als Vorgestriger abgestempelt zu werden.»[136]

Obschon Holzach diese tief greifenden Umwälzungen vorwegnahm, blieben seine Warnungen wirkungslos. Das Zepter hatten längst andere übernommen, auch bei der SBG, wo der Finanzbereich zunächst von der Entfesselung der Börsen und Märkte profitierte. Immer mehr Kundengelder, die zuvor auf Sparkonten gelegen hatten, flossen nun in Anlagefonds und andere Investitionsprodukte, die der Finanzbereich der SBG verwaltete. Robert Studer und später Mathis Cabiallavetta hiessen die aufstrebenden Persönlichkeiten, denen man zutraute, die Bank in die Neuzeit zu führen. Den Innovationen, um ein Modewort aus den 1980er-Jahren zu verwenden, schienen in der Geldindustrie nun keine Grenzen mehr gesetzt zu sein – den Unwägbarkeiten und Unfällen ebenso wenig, wie Holzach diagnostizierte:

«Für viele der neuen Finanzinstrumente fehlen Erfahrungen über einen ausreichenden Zeitraum. Weite Streuung der Risiken wird zwar angestrebt, ist aber nicht durchwegs möglich. Die Möglichkeit, Finanzkontrakte in einzelne Elemente zu zerlegen und diese voneinander losgelöst zu behandeln, erschwert beispielsweise die Übersicht über die beteiligten Risikoträger.»[137]

Mit dieser Feststellung nahm Holzach 20 Jahre vor dem Ausbruch der globalen Finanzkrise 2007 die Problematik der «Verselbstständigung» der Finanzinstrumente vorweg. Dass es sich dabei nicht um eine vage Ahnung handelte, sondern dass er völlig richtiglag, dokumentieren weitere Passagen in seinem Referat:

«Der Praktiker bleibt gegenüber diesem mathematischen Kalkül skeptisch. Seine Vorsicht basiert auf früher durchexerzierten Verlustfällen und auf den dabei immer wieder festgestellten Unberechenbarkeiten für Schuldnerqualität, Marktentwicklungen und mittelbare Risiken. Noch liegen bei den neuen Instrumenten keine Erfahrungswerte für durchgetestete Verlustfälle sowie deren Folgewirkungen vor. Die Reaktionen der neuen Märkte auf aussergewöhnliche Belastungen sind noch unbekannt. Es sind deshalb brutale Ernüchterungen für allzu eifrige Finanzalchimisten zu erwarten. [...] Überdies ist nicht auszuschliessen, dass die Aufsichtsbehörden auf deutlich verschlechterte Risiken und deren Aktualisierung mit unerbittlichen Interventionen reagieren werden. Dann wäre nach der Innovation der achtziger Jahre die Intervention das neue Modewort der neunziger Jahre.»

Tatsächlich schlug im Nachgang zur Finanzkrise 2007/08 das Pendel wieder zurück, was weltweit zu einer Flut an neuen Regulierungen führte, die die entfesselte Finanzwelt seither bändigen sollen. So gesehen hat Holzach jene Geschehnisse vorweggenommen, die sich Jahre später als Realität entpuppten – zu einer Zeit, als die meisten Menschen noch kaum ahnten, welchen Kollateralschaden die Finanzbranche weltweit anrichten kann.

Kapitel 7
Im Zenit der Macht

War es gestern, oder ist es schon eine Ewigkeit her? Es lebt sich leicht im Olymp. Zum 60. Geburtstag leistet sich Präsident Robert Holzach eine feudale Feier. Doch anstatt sich den zeitlosen Wahrheiten des Lebens zu nähern, muss er feststellen, dass er zunehmend im Streit mit der ihm noch verbleibenden Zeit liegt. Er warnt vor brutalen Ernüchterungen und leistet Soforthilfe in der Chefetage. In London gibt es einen grossen Knall. Die Bank feiert sich zum 125. Jahr ihres Bestehens und prosperiert in einer Welt, die sich mehr und mehr der Allmacht der Maschinen aussetzt. Holzach stellt fest: Die Endlichkeit ist unabwendbar.

Als Verwaltungsratspräsident der grössten Bank des Landes besetzte Robert Holzach von 1980 bis 1988 eine Schlüsselstelle in der Schweizer Wirtschaft. Seine Ernennung entsprach noch immer der Nachfolgeplanung Schaefers, der nach dem Interregnum de Wecks seine beiden letzten «Ziehsöhne» nachrücken liess: den 1922 geborenen Holzach als Präsidenten des Verwaltungsrats und den vier Jahre jüngeren Nikolaus Senn als Vorsitzenden der Geschäftsleitung. Dies war auch unzweifelhaft die erfolgreichste Zeit der SBG.

Anfang der 1980er-Jahre beschäftigte die SBG rund 13 000 Mitarbeiter und verfügte über 218 Geschäftsstellen in der Schweiz sowie 27 Niederlassungen im Ausland. Im Zentrum fast aller Bestrebungen stand ständig die Frage, wie sich dieser Fortschritt im rasant wachsenden Bankwesen am besten nutzen liesse. Dank der Technologie liessen sich neue Finanzprodukte, die bald als Synonym für Innovation in der Bankbranche galten, überhaupt erst in Massen unter die Leute bringen. Der Einsatz von Computern – man sprach damals noch von EDV, also von elektronischer Datenverarbeitung – war allerdings noch bei Weitem keine Selbstverständlichkeit im Arbeitsalltag. So rühmte sich Nikolaus Senn 1982 damit, dass es bald je ein Terminal auf vier Mitarbeiter der Bank geben werde.[138] Im selben Jahr überschritt auch die Bilanzsumme der SBG erstmals die Marke von 100 Milliarden Franken, wie nachstehende Zahlen illustrieren.

Entwicklung der SBG über zwei Jahrzehnte

Jahr	Bilanzsumme (in Millionen Franken)	Gewinn	Eigenmittel
1962	6 961	40	453
1972	40 695	170	2 007
1982	106 353	438	5 475

Senn wies damals aber auch explizit darauf hin, dass die Bilanzsumme als Massstab für die Bedeutung einer Grossbank zusehends an Relevanz einbüsse, während Ertragskraft (Gewinn) sowie Solidität (Eigenmittel) immer wichtiger würden.[139] Die Kräfteverhältnisse innerhalb der Bankbranche verlagerten sich – weg vom zinsgetriebenen und kapitalintensiven Kreditwesen, hin zum indifferenten Geschäft, also zur Anlageberatung und Vermögensverwaltung; Bereiche, in denen viel weniger Eigenmittel der Bank erforderlich sind als im Kreditgeschäft. Kam hinzu, dass sich immer mehr Firmen ausserbilanziell, also an den Kapitalmärkten, ihre Mittel verschafften, was die neuartigen Finanzvehikel aus den USA sukzessive ermöglichten. Plötzlich riss man sich um Ingenieure, Mathematiker und Physiker, die in der Lage waren, die rechnerischen Grundlagen zu liefern, um in neue Sphären der Spekulation vorzustossen. «Die Innovation war der prägendste Faktor für die Rolle der internationalen Finanzzentren in der neueren Zeit», sagt der britisch-schweizerische Wirtschaftshistoriker Youssef Cassis.[140]

Diese Entwicklung ist kennzeichnend für die Bankenwelt der späten 1980er-Jahre. Im Verlauf einer Dekade sollte sie sich noch akzentuieren und folglich immer weniger mit Robert Holzachs Verständnis des Bankgeschäfts gemein haben, der sich nicht überraschend in einem Essay sehr ambivalent gegenüber der Innovations-Euphorie äusserte:

«Meine Skepsis gegenüber dem Typus des smarten Bankmanagers mit elektronisch vorfabrizierter ‹Wissenschaftlichkeit› könnte nicht grösser sein. [...] Es ist offenkundig, dass im Bankgeschäft Innovation allein und à tout prix nicht der Weisheit letzter Schluss sein kann. Die Kraft der Bewahrung und die Gültigkeit von Traditionen werden ihren Platz behaupten. Ein Wirtschaftszweig, der, wie die Banken, seit je aus moralischen Werten nicht nur Ansehen, sondern auch langfristigen Erfolg abgeleitet hat, muss besonders sorgfältig prüfen, wieviel Besseres auf dem Wege der Innovation das bestehende Gute tatsächlich zu verdrängen vermag.»[141]

Die «Villa Durchzug»

In den 1980er-Jahren stand Holzach im Zenit seiner Karriere. Dabei reichte sein Aktionsradius wie immer weit über die Tagesaktualität und das reine Bankgeschäft hinaus. Er nutzte seine Funktion vielmehr dazu, zusätzliche Akzente zu setzen. Einer davon ist Max Bills Pavillon-Skulptur an der Zürcher Bahnhofstrasse. Allerdings musste sich Holzach auch da gegen einigen Widerstand durchsetzen. Um den 70. Geburtstag des Zürcher Künstlers im Jahr 1978 zu ehren, hatte die SBG auf Anregung Holzachs 300 000 Franken für die Errichtung eines Kunstwerks gesprochen. Die Stadt Zürich stellte, unmittelbar neben dem Hauptgebäude der Bank, den Boden zur Verfügung. Das Werk, das Bill vorschwebte, war eine Kombination von Architektur und Plastik, bestehend aus 63 gleichförmigen Granitquadern mit 2,1 Metern Länge und 42 Zentimetern Breite. Das Material sollte ein dunkler Granit aus dem Schwarzwald sein, dem der Künstler durch das Schleifen einen neuen Glanz verleihen wollte. Ziel war, dass die Menschen bei diesem begehbaren Kunstwerk verweilten, sich hinsetzten oder durch die einzelnen Torrahmen hindurchspazierten, sodass es ein Eigenleben erhielt. Das Projekt war insofern visionär, als man zunächst ein Styropormodell aufstellte, um die öffentliche Reaktion zu testen. Und zuerst, Anfang der 1980er-Jahre, sah es gar nicht gut aus für Bills Skulptur, denn die Empörung in Teilen der Bevölkerung war enorm. Man sprach von der «Villa Durchzug», von einer Scheusslichkeit und Geschmacksverwirrung. Doch weder die Stadt noch Holzach liessen sich beirren und schalteten eine Kunstkommission mit internationalen Sachverständigen ein, die zum Schluss kamen, dass das Werk Bills seine Berechtigung habe. Im Oktober 1981 schliesslich nahm die Stadt das Geschenk der SBG offiziell an. So konnte die Skulptur in ihrer ursprünglich angedachten Form 1983 endlich errichtet werden.

Ein «Kalter Krieger» namens Bachmann

Mitte der 1980er-Jahre sorgte der Bankier Holzach in Zürich noch für eine weitere kulturelle Initiative, die sich am Ende auf vielfältige Weise manifestierte. Dazu lohnt sich ebenfalls ein kurzer historischer Exkurs: In den frühen 1970er-Jahren sollte in der irischen Hauptstadt Dublin das geschichtsträchtige Jury's Hotel an der Dame Street abgerissen werden. Zuvor kam es aber zu einer Versteigerung der aus dem 19. Jahrhundert stammenden, im viktorianischen Stil gehaltenen Antique Bar. Anstatt dass diese wie erwartet von einem Heimweh-Iren aus den USA erworben wurde, erhielt ein Schweizer den Zuschlag: Albert «Bert» Bachmann – eine schillernde Figur.

In seiner Jugend hatte der 1929 geborene Zürcher mit dem Kommunismus sympathisiert, bevor er eine ideologische Spitzkehre vollzog und zum fanatischen «Kalten Krieger» mutierte, der die Schweiz alsbald von der Sowjetunion bedroht sah. Eine gewisse Bekanntheit erlangte der Berufsoffizier 1969 als wichtigster Autor des sogenannten *Zivilverteidigungsbuchs*, das an alle Schweizer Haushalte verteilt wurde und ein Ratgeber für alle nur erdenklichen Kriegs- und Umweltbedrohungen der Schweiz respektive ihrer Bevölkerung war. In der zweiten Hälfte der 1970er-Jahre war Bachmann als Oberst in der Schweizer Armee Teil einer geheimen Organisation, der rund 2000 Männer und Frauen angehörten und die im Fall einer Besetzung der Schweiz Widerstand hätte leisten sollen. Ein irischer Landsitz sollte dem Bundesrat dabei als Unterschlupf dienen. Über Tarnfirmen erwarb Bachmann auch das Hotel Liss Ard Estate, dessen Kauf über die SBG ablief, was als Indiz für eine gewisse geschäftliche Nähe zur grössten Schweizer Bank gelten darf. Von Irland aus hätte die Landesregierung im Kriegsfall die Geschicke der Schweiz steuern sollen. Bachmann sah sogar vor, dass im Notfall die Goldreserven der Schweizerischen Nationalbank durch die Swissair evakuiert würden. Als all dies 1979 rauskam, reagierte der Bundesrat und sorgte dafür, dass Oberst Bachmann vorzeitig pensioniert wurde. Jahre später zog sich der «Kalte Krieger» tatsächlich auf einen Landsitz in Irland zurück, wo er 2011 im Alter von 81 Jahren verstarb.

Doch zurück in die 1970er-Jahre. Die Iren nahmen es damals als Wohltat auf, dass ein Schweizer ein Stück Dublin nach Zürich verfrachtete. Ausserdem hiess es, dass in der Antique Bar gelegentlich auch der grosse irische Schriftsteller James Joyce verkehrt hatte, der wiederum sehr wohl mit der Limmatstadt vertraut war, hatte er doch mehrere Phasen seines Lebens dort verbracht und danach ein Ehrengrab auf dem Friedhof Fluntern erhalten. Im Jahr 1973 erhielt ein gewisser Bernhard Sauter von einem Malermeister namens Fritz Bachmann den Auftrag, nach Dublin zu fliegen, um dort die Bar fotografisch zu dokumentieren, abzubauen und nach Zürich verschiffen zu lassen. Fritz Bachmann war nicht nur der Bruder von Oberst Albert Bachmann, sondern auch ein guter Bekannter von Robert Holach, der ihm wiederum verschiedentlich Maleraufträge privat als auch für die SBG vergeben hatte. Bernhard Sauter spannte für den Auftrag in Dublin mit dem Fotografen Nicolas Monkewitz zusammen. Dieser fertigte zahlreiche Bilder der Bar und von deren Installationen an, während Sauter einen Plan erstellte, sodass die einzelnen Bestandteile des Interieurs später relativ einfach wieder zusammengesetzt werden konnten. Mithilfe irischer Baufachleute wurden die Teile sorgsam ausgebaut, nummeriert, verpackt und nach Zürich transportiert, wo man sie zunächst einlagerte. Im Verlauf der 1970er-Jahre hofften die Gebrüder Bachmann, das Interieur einer Brauerei oder einer Gastronomiegruppe in Zürich zu verkaufen, um daraus wieder eine Bar entstehen zu lassen. Doch offenbar klappte dies nicht. So kam es zu neuerlichen Kontakten zwischen Fritz Bachmann und der SBG respektive Holzach, die darin mündeten, dass die Bank das Innere der Antique Bar erstand und damit in einer eigenen Liegenschaft an der Pelikanstrasse mitten im Zürcher Bankenviertel ein Pub mit dem Namen James Joyce einrichtete – damals ein gastronomisches Highlight in der Limmatstadt. Holzach entpuppte sich, ohne dass er eine besondere Affinität zu dem irischen Schriftsteller gehabt hätte, als die treibende Kraft hinter dem Vorhaben, wobei er bankintern einmal mehr gegen einigen Widerstand ankämpfen musste. Für Holzach ebenso typisch: Um bei diesem Vorhaben für grösstmögliche Authentizität zu sorgen, kontaktierte die SBG den renommierten James-Joyce-Experten Fritz Senn. Es war

Holzachs Assistent und späterer SBG-Generaldirektor Urs Rinderknecht, der den Fachmann im Herbst 1976 an einem Anlass im Zürcher Stadthaus zu Ehren einer neuen Übersetzung des *Ulysses* ansprach und ihn fragte, ob er sein Wissen bei diesem Projekt der SBG beratend einbringen wolle. Senn erinnert sich: «Nicht dass ich viel beisteuern konnte; ich hatte noch vage Erinnerungen an einen Besuch in der Bar in Dublin, und ich entsann mich nur noch, dass Stil nicht dessen herausragendes Merkmal gewesen war. Gleichwohl kam in Zürich ein ansprechend ausgestattetes Pub zustande, das 1978 feierlich eingeweiht wurde.»[142]

Vom Pub zur Stiftung

Als Senn 1982 seine Lektorenstelle beim Diogenes Verlag aus Spargründen verlor, setzten sich verschiedene Leute dafür ein, dass er irgendwo wieder unterkam. Jemand – Senn fand nie heraus, wer es gewesen war – sprach bei Robert Holzach vor. Daraus entsprang die Idee, neben der bereits existierenden Jubiläumsstiftung (später: Kulturstiftung) die weltweit einzigartige James-Joyce-Bibliothek Senns in eine weitere Stiftung einzubringen. Dies wurde auch ganz im Sinn des klassischen Mäzenatentums realisiert, was gemäss Senn für eine Bank alles andere als selbstverständlich war. So kam es, dass am 9. Mai 1985 mit tatkräftiger und finanzieller Unterstützung der SBG sinnigerweise in einer Wohnung an der Augustinergasse 28 im gleichnamigen Zürcher Augustinerquartier, das die Bank wiederum unter der Ägide Holzachs restaurierte, die Zürcher James-Joyce-Stiftung gegründet werden konnte. Im März 1989 siedelte die Stiftung in den 2. Stock des städtischen Strauhofs an der Augustinergasse 9 um.

Als Stiftungspräsident amtete zunächst Holzach, der streng darauf achtete, dass die Unabhängigkeit gegenüber der SBG gewahrt blieb. Gleichzeitig nutzte er sein weitverzweigtes Beziehungsnetz, um weitere Gönner zu finden, sodass die Stiftung, zumindest bis nach dem Ausbruch der Finanzkrise 2008, finanziell gesichert blieb. Nach zehn

Jahren als Stiftungspräsident überliess er dieses Amt Urs Rinderknecht, der seinerzeit den Kontakt zu Senn gesucht hatte. Wie es nicht anders hätte sein können, blieb Holzach der Stiftung aber weiter eng verbunden. Senn beschreibt das Verhältnis zum grossen Bankier so: «Dr. Robert Holzach schien einem Beobachter der grossen Institution wie mir reichlich entrückt und abgehoben, beinahe unnahbar, bis sich seine verständnisvollen, gutmütigen Züge mehr und mehr herausschälten und es zu einem lockeren, doch immer respektvollen Umgang kam.»[143] Selbst nach seinem Abgang bei der SBG blieb Holzach der James-Joyce-Stiftung verbunden; er suchte die Kuratoren regelmässig auf und nahm an den Jahresessen teil. Senn erinnert sich auch, wie der Bankier das Werk von Joyce intensiv zu lesen begann. Ganz besonders sollen es ihm ein paar poetische Stellen aus den Kurzgeschichten *Dubliners* angetan haben, die er gern zitierte.[144]

Heute kann die James-Joyce-Stiftung für sich beanspruchen, die umfangreichste Sammlung von Joyceana in Europa, wenn nicht auf der ganzen Welt zu sein. Sie ist die Stätte für Forschung und einen kulturellen Gedankenaustausch. Eine nach wie vor wachsende Zahl an Fachleuten, Studenten, Neugierigen und Touristen besucht die Institution im Herzen Zürichs, die regelmässig auch Anlässe mit internationaler Beteiligung veranstaltet – Lesungen, Seminare und Workshops. Weil Holzach mit Begeisterung dafür gesorgt hatte, dass diese kulturelle Einrichtung sich auf eine sichere materielle Grundlage abstützen konnte, ernannte ihn die Stiftung 1995 in Anerkennung seiner Verdienste zum Ehrenmitglied und -gast. Bei dem bis heute bestehenden Verhältnis zwischen der Stiftung und der UBS stellt die Bank – was in der heutigen Zeit doch eher selten ist – nicht bloss rein wirtschaftliche Kriterien in den Vordergrund, sondern ideelle, was stets auch Holzachs Maximen entsprach.

Sozusagen die Antrittsrede

An der Direktionskonferenz der SBG 1980 skizzierte Holzach «aus der Position der Stärke den Weg in die Zukunft». Der Anlass mit 400 Direktoren ist insofern von Bedeutung, als er sehr gut illustriert, mit welchen Vorstellungen und Ansprüchen Holzach als neuer Verwaltungsratspräsident antrat. Seine Rede ist ein leidenschaftliches Plädoyer für eine unabdingbare Integrität im Bankwesen und für das damit einhergehende Verantwortungsbewusstsein. Holzach unterstrich einmal mehr exakt jene Werte und Tugenden, die später seinem ganzen Berufsstand abhanden kommen sollten.

Einleitend zitierte er den österreichischen Ökonomen und späteren Nobelpreisträger Friedrich August von Hayek mit einer Aussage, wonach sich die mangelnde Voraussehbarkeit und deshalb auch die fehlende Planbarkeit der Zukunft komplementär zur Freiheit des Handelns verhalten. «Voraussehbarkeit und Freiheit schliessen sich gewissermassen aus; sie sind mindestens widersprüchlich», sagte er. Systematik und Planmässigkeit allein böten keine Erfolgsgarantien, so Holzach und meinte mit dem Schweizer Dramatiker Friedrich Dürrenmatt: «Je planmässiger die Menschen vorgehen, desto wirksamer vermag der Zufall sie zu treffen.» Dementsprechend warnte Holzach vor einer Vereinnahmung durch die Administration, während das «gegengewichtige Element Kreativität» zu kurz komme:

«Die These, dass just in unserem Geschäft Kreativität und Phantasie gar nicht mehr gefragt seien, muss ich energisch zurückweisen. Wer das Kreditgeschäft kennt und praktiziert, weiss aus eigener Erfahrung, dass die Vorstellung von dem, was jetzt und in Zukunft geschehen könnte, für die kompetente Beurteilung der Kreditwürdigkeit ebenso wichtig ist wie die Kennziffern der Liquidität und der Eigenfinanzierung. Die grossen Erfolge und Misserfolge im Kreditgeschäft waren und sind letztlich auf das Vorliegen oder eben den Mangel an Vorstellungsvermögen zurückzuführen. [...] Und das Schlimmste, was uns in den Beziehungen zu unseren Kunden passieren kann, ist der Übergriff der Mechanisierung vom Formalen auf den Inhalt. Unser Beruf kann nicht über Maschinen, er kann noch nicht einmal nur vom

Schreibtisch her ausgeübt werden. [...] Wir müssen neben dem Element des Systems und des Intellekts die Elemente der Intuition, der Persönlichkeit und des Gemüts in unsere Führung einbringen. [...] Wogegen ich kämpfe, das ist die Gläubigkeit gegenüber Maschinen, Systemen und Modellen, das ist die Extrapolation von lediglich intellektuellen und logisch abgeleiteten Grössen und Werten. Wofür ich einstehe, das ist die Bestimmung unserer Berufs- und Führungsaufgaben durch eine unabsehbare Summe menschlicher Motive und Präferenzen.»

Holzach unterstrich damit klar die Wichtigkeit des menschlichen Elements im Bankalltag und warnte davor, dass bei dessen Vernachlässigung die Geschäftsdynamik schwinden könnte. Nicht zu Unrecht, wie sich zeigte:

«In Teilbereichen unserer Kundenbeziehungen lassen wir Schwächen erkennen. Eingehende Untersuchungen kreuz und quer durch die Schweiz haben 1979 in Form von 840 Testgesprächen zu keineswegs erfreulichen Resultaten geführt, sondern zur Einsicht, dass ‹wir› besser sein könnten, als wir sind.»

Tatsächlich zeigten die Resultate,
- dass jedes vierte Gespräch mit SBG-Exponenten in irgendeiner Form unbefriedigend verlaufen war;
- dass die Bank schlechter als andere Institute bewertet wurde bezüglich Interesse, Höflichkeit, Freundlichkeit sowie Hilfsbereitschaft und
- dass jede 14. Kontaktperson der Bank einen ungepflegten Eindruck hinterliess.

«Diese Ergebnisse müssen zu denken geben», redete Holzach seinen Direktoren ins Gewissen und zitierte sein erklärtes Vorbild, den deutschen Unternehmer und langjährigen Robert-Bosch-Chef Hans L. Merkle mit den Worten: «Dienstleistungsangebote stehen und fallen mit der Bereitschaft, zu dienen und zu leisten.»

Doch wie musste man sich Anfang der 1980er-Jahre einen Bankangestellten vorstellen, der den Vorstellungen Holzachs entsprach? «Es gibt den Typus des Bankiers nicht», sagte der SBG-Präsident in seiner Rede weiter. Und:

«Es gibt ihn so wenig wie den Arzttyp, den typischen Lehrer oder den typischen Politiker. Der Beruf des Bankiers erhält seine Attraktionen dadurch, dass er durch alle denkbaren Persönlichkeitswerte angereichert werden kann und so auch die entsprechenden Profilierungsmöglichkeiten anbietet. [...] Der Bankier benötigt zur erfolgreichen Bewältigung seiner vielfältigen Aufgaben eine gefestigte Lebenshaltung. Um seine Aufgaben zu begreifen, muss er sich auch bemühen, den Sinn des Lebens zu begreifen, und durch Denken und Nach-Denken Ordnung in das so komplexe Thema zu bringen. Die angestrebte Gelassenheit stellt sich ein, wenn wir die zahlreichen Widersprüche unserer Existenz anzunehmen gelernt haben. Die Einsicht, dass die Unvollkommenheit zu unserem Leben, zum Menschen und zur Menschheit gehört, kann indessen nicht Resignation bedeuten. Vielmehr kennzeichnen die uns begleitenden Unvollkommenheiten die Grenzen, die wir bei unserem Streben nach Perfektion zu respektieren haben. Ohne Glauben an die dauernde Verbesserung ist der Fortschritt nicht möglich.»

Sein Referat schloss Holzach mit den kämpferischen Worten: «Unser Schiff ist in voller Fahrt. Stürme und Schlachten werden uns nicht erspart bleiben. Wir stehen zwar nicht vor dem Seegefecht von Trafalgar. Doch der Tagesbefehl ist derselbe: ‹*General management expects every man to do his duty*›.»

Die Analogie zur Schifffahrt auf den Weltmeeren war für ein Unternehmen von den Dimensionen der SBG durchaus zutreffend und sollte später in den Medien immer wieder verwendet werden. Die Bank hatte mittlerweile eine enorme Schubkraft, war allerdings auch nicht mehr so wendig wie einst zu Zeiten Schaefers. Doch Holzach fühlte sich in der Rolle des Kapitäns auf der Kommandobrücke durchaus in seinem Element.

Vom Kreditsuchenden zum Milliardär

In seinen Jahren als Präsident der SBG sollte sich Holzach – nicht ganz überraschend – als überaus aktiver Mandatsträger entpuppen. Trotz der aufziehenden Veränderungen in den 1980er-Jahren entsprach die Bankbranche vorerst noch in vielen Belangen der Vorstellungswelt Holzachs. Das zeigte sich gut im Fall der Emser Werke im Kanton Graubünden. Das in seinen Ursprüngen 1936 von Werner Oswald gegründete Unternehmen war zunächst in der Herstellung von Äthylalkohol tätig gewesen, der als Treibstoff für Motorfahrzeuge verwendet wurde. In den 1950er-Jahren hatte die Firma ihre Aktivitäten in die Produktion von Synthesefasern, Düngemitteln und Kunststoffen verlagert. Wie es sich lange Zeit in der Industrie gehört hatte, sassen die Banken auch bei dieser Gesellschaft im Verwaltungsrat. Die SBG war zunächst durch Bruno Saager vertreten gewesen; später hatte ihn dann Holzach abgelöst. Im Jahr 1969 war der angehende Jurist Christoph Blocher als Werkstudent zur Firma gestossen, wo er bereits 1972 zum Direktionsvorsitzenden und Delegierten des Verwaltungsrats avanciert war. Allerdings blieb sein Handlungsspielraum begrenzt, solange der Firmengründer Oswald an der Spitze des Unternehmens stand. Im Zug der Erdölkrise in den 1970er-Jahren rutschte das Unternehmen aber in die roten Zahlen ab. Parallel dazu wurden 1978 die verschiedenen Emser Gesellschaften unter dem Dach der Chemie Holding Ems AG vereint. Doch am 23. Februar 1979 verstarb der Ems-Gründer mitten in einer Besprechung. Mehr oder weniger auf sich gestellt, musste Blocher das Unternehmen weiterführen. Vor dem Hintergrund, dass Massentextilien zunehmend günstiger in Asien hergestellt werden konnten, begann er, den Fokus auf die technischen Kunststoffe zu legen.

Blochers unternehmerische Qualitäten blieben Holzach nicht verborgen, sodass er ihm einen Sitz im Verwaltungsrat der SBG anbot. Vor seiner Zuwahl 1981 kam man ausserdem überein, dass Blocher, der damals schon politisch aktiv war, seine diesbezüglichen Mandate stets unabhängig von der Bank ausüben könnte. Bis in die 1990er-Jahre ging das zunächst gut.

Im Jahr 1983 teilte die Familie Oswald Blocher mit, dass sie die Ems-Chemie-Beteiligung zu veräussern wünsche. Dabei lag bereits eine Offerte des amerikanischen Mischkonzerns General Electric (GE) vor, der die Stimmenmehrheit für rund 25 Millionen Franken übernehmen wollte. Das GE-Management teilte aber mit, GE wäre genötigt, den gesamten Textilfaserbereich sofort stillzulegen und die Hälfte der Belegschaft zu entlassen, was ungefähr 1000 Beschäftigte am Firmenstandort in Domat-Ems getroffen und die gesamte Region in eine wirtschaftliche Krise gestürzt hätte. Blocher intervenierte, und die Verkäuferfamilie gab ihm drei Wochen Zeit, einen anderen Käufer zu finden, um in die gleiche Offerte einzutreten.

So beschloss Blocher, eine Alternative zu suchen. Das war jedoch nicht einfach. Er dachte zunächst an die Schweizer Grossbanken. Doch diese lehnten ab, nachdem sie sich in den 1970er-Jahren in einigen Sanierungsfällen die Finger verbrannt hatten. Sie waren kaum mehr gewillt, Not leidende Unternehmen zu übernehmen. Selbst bei Holzach blitzte Blocher mit seiner Anfrage zunächst ab. Die Erfahrungen, die die SBG im Fall Saurer gemacht hatte, hielten die Bank davon ab, sich in neue Abenteuer zu stürzen. Blocher lief die Zeit davon.

Er wandte sich schliesslich unter anderen auch an den Unternehmer Max Schmidheiny und bat ihn, die Firmenmehrheit von Ems zu kaufen. Als er ihm das Potenzial der Firma schilderte, meinte dieser nur, er, Blocher, solle doch die Ems Chemie kaufen, wenn er so sehr an das Unternehmen glaube. Das hielt Blocher zunächst für einen Scherz, weil er ja das nötige Geld dafür nicht besass. Doch als Schmidheiny insistierte und sagte, er solle mit diesem Vorschlag nochmals bei den Banken vorstellig werden, liess sich Blocher darauf ein. Erneut bei Holzach, sagte der Bankier zunächst, die SBG würde den Kredit sprechen, sofern er, Blocher, sich verpflichte, 20 Jahre bei der Firma zu bleiben. Das lehnte Blocher jedoch umgehend ab, da er sich seine unternehmerische Freiheit nicht nehmen lassen wollte. Holzach überlegte nochmals und sagte, Blocher könne den Kredit haben, sofern er seinen gesamten Besitz, also sein Haus, seinen Garten und seine damals noch kleine Kunstsammlung, versilbere und bereit sei, weitere finanzielle Auflagen zu erfüllen.

Mit diesem Angebot ging Blocher aus dem Treffen bei der SBG, stiess zu Hause bei seiner Frau Silvia aber auf wenig Verständnis dafür. Sie betonte vor allem, dass wenn ihrem Mann etwas zustiesse, sie mit vier kleinen Kindern allein dastünde. Ein so grosses Risiko wollte sie nicht eingehen. So kam es, dass sich Blocher bei Holzach erkundigte, ob es möglich wäre, eine Lebensversicherung für die Familie abzuschliessen. Doch mit einer derart schroffen Absage des Bankiers hatte selbst er nicht gerechnet. «Für Unternehmer gibt es keine Lebensversicherung. Entweder Sie sind Unternehmer und glauben an Ihre Firma, dann gibt es keine Rückversicherung», beschied Holzach.

Blocher war hin und her gerissen. Einerseits wusste er, dass dies die letzte Chance war, um die Firma vor einer Teilschliessung zu retten, andererseits verstand er auch den Standpunkt seiner Frau, die bald einmal in Tränen aufgelöst war. Was sollte er tun? Zufälligerweise kam an jenem Abend Blochers Bruder Gerhard zu Besuch. Mit ihm, der damals als Pfarrer und Seelsorger von Gehörlosen arbeitete, besprach er sich im Gartenhäuschen bis weit nach Mitternacht. Auf einmal sagte Gerhard Blocher: «Wenn Du diese Firma nur aus dem Grund übernehmen würdest, um Karriere zu machen und um reich zu werden, dann stösst Dir vielleicht etwas zu. Doch wenn Du das alles tust, um ein Unternehmen vor dem Untergang zu retten, dann passiert Dir auch nichts.»

«So, jetzt hat der Herr Pfarrer gesprochen, der ja näher am lieben Gott ist», sagte Christoph Blocher spasseshalber, doch im Nu war ihm klar, dass er es wagen würde.[*]

Auf Anweisung Holzachs gewährte die SBG Blocher, der tatsächlich sein ganzes Vermögen im Wert von ungefähr 2 Millionen Franken einbrachte, einen Kredit über 23 Millionen Franken mit einer Verzinsung von 7 Prozent. Damit konnte Blocher 17 Prozent des Kapitals der Ems Chemie Holding und 51 Prozent der Stimmrechte erwerben. Im ersten Jahr wurde der Zins gestundet. Weiter sah die Vereinbarung vor, dass bei einem allfälligen Verkauf der Firma nicht weniger als 66 Prozent des allfälligen Gewinns Dritten – unter anderem der Bank – zufliessen

---

[*] Zitate aus einem Gespräch zwischen Christoph Blocher und dem Autor, 2014.

würden. Blocher seinerseits konnte erreichen, dass im Fall eines vorteilhaften Kreditangebots eines anderen Finanzinstituts die SBG entweder in dieses tiefere Angebot einsteigen müsste oder Blocher die andere Bank berücksichtigen könnte – und tatsächlich handelte er später mit der Zürcher Kantonalbank günstigere Konditionen aus, und die SBG stieg wieder aus.

Der Rest ist Geschichte. Blocher reorganisierte das Unternehmen. Die Ems Chemie kehrte auf die Erfolgsstrasse zurück und machte Blocher zu einem sehr vermögenden Mann. Jack Welch, der Chef von General Electric, den Blocher verschiedentlich an Kunststoffmessen traf, sagte ihm später, wie sehr er es bedaure, dass GE seinerzeit Blocher nicht mit einer besseren Offerte ausgebootet habe.

Im Verwaltungsrat der SBG machte sich Blocher als gut informierter und kritischer Geist bemerkbar, was Holzach gefiel, zumal er selbst sich stets intensiv auf diese Sitzungen vorbereitete. Er hatte auch allen Grund dazu, wie er an der Generalversammlung der SBG im Jahr 1983 erklärte:

«Die Zeiten sind vorbei, in denen Verwaltungsratssitzungen nur gerade ein gesellschaftliches Ritual darstellten, Sitzungsvorbereitungen weder verlangt noch geleistet wurden und man sich eine Minimierung des Informationsaustauschs glaubte, leisten zu können.»

Tatsächlich schienen viele Verwaltungsratssitzungen lange Zeit bloss Orientierungsversammlungen zu sein, bevor man zum gemeinsamen Mittagessen schritt. Als Blocher in den ersten Jahren in einer Sitzung einmal die Hand hob und offen heraus sagte: «Das finde ich nicht gut», schauten alle leicht irritiert auf die Tischplatte.[145] In den 1990er-Jahren sollte Blocher vollends für Empörung im Verwaltungsrat der SBG sorgen (siehe Kapitel 8).

Feudale Feier

Anfang der 1980er-Jahre war die SBG in einer geradezu beneidenswerten Verfassung. Wie feudal, aus geschäftstechnischen Überlegungen aber auch nicht unklug sich Holzach an seinen runden Geburtstagen feiern liess, offenbart sehr viel vom Selbstverständnis des stolzen Verwaltungsratspräsidenten der grössten Schweizer Bank. Seitens seiner Kritiker trug ihm das natürlich sofort den Vorwurf ein, er feiere seine persönlichen Jubiläen auf Kosten der Bank. Das traf teilweise sogar zu, wurde doch 1982 beispielsweise das Essen von der SBG finanziert: Damals, zu seinem 60. Geburtstag am 28. September, lud Holzach rund 250 Gäste auf «seinen» Wolfsberg ein.

Alles war, einmal mehr, generalstabsmässig vorbereitet worden. Ab 15 Uhr trafen die Gäste «auf Schloss Wolfsberg ob Ermatingen» ein und hatten bis 16.30 Uhr Zeit für den Bezug der Zimmer. Dann folgte als Erstes die Grussadresse von Holzach persönlich, der seinen Geburtstag mit einem «Marschhalt» verglich: «Der Marschhalt ist so etwas wie ein Geschenk. Hernach kommen die Vorbereitungen für die nächste Wegstrecke und das unausweichliche ‹Säcke aufnehmen›», erklärte Holzach, bevor er seinen Gästen einen «anregenden» Abend wünschte und das Zürcher Kammerorchester unter Edmond de Stoutz Werke von Rossini, Mozart und Schubert zum Besten gab.

Welche Nähe damals zwischen der Bank und dem publizistischen Leitmedium der Schweiz bestand, offenbart die Tatsache, dass neben anderen der Chefredaktor der *Neuen Zürcher Zeitung*, Fred Luchsinger, eine Geburtstagsrede hielt und den Jubilar als Thurgauer, als Militär und als «Mensch im Allgemeinen» charakterisierte und dabei sagte:

«Holzach der Allgemeine: Dazu gehört jenseits des auf unsicheren Füssen stehenden Pseudo-Thurgauers der unzweifelhaft echte, vielfach bestätigte Schweizer. Er hat sich die nationalen Sentiments wie auch diverse gesunde Ressentiments aus den vierziger Jahren intakt erhalten, mit denen seine, unsere Generation sich untereinander immer noch einfach, direkt und rasch verständigt. Für diese Generation braucht es keine lange Erörterung darüber, was wir an diesem Land haben. Dazu gehört neuerdings der globale Holzach, der sich bemüht, seinen zu Fuss erwanderten Horizont nun durch den gemäss neuzeitlicher Managerart erflogenen internationalen zu ergänzen. Ich folge ihm da nicht ins Weite, möchte aber den Eindruck nicht unerwähnt lassen, dass die Hauptsache auf seinen extensiven Reisen jeweils die Heimkehr ist.»

Eine Rede hielt damals auch Nikolaus Senn, der darauf hinwies, dass bei Holzachs Geburt die Bilanzsumme der SBG gerade mal die 500-Millionen-Grenze überschritten hatte und der Gewinn 5 Millionen Franken betrug. Dem stellte er die Kennziffern von 1982 gegenüber, wonach die Bank mit ihrer Bilanzsumme unterdessen die 100-Milliarden-Grenze erreichte und sich der Gewinn gegenüber 1922 schon bald verhundertfachen würde.[146]

Bemerkenswert ist in Senns Rede vor allem ein Detail, als er sich für die Kollegialität und Kameradschaft «in all den Jahren des stürmischen Aufbaus» bei Holzach bedankte. Dabei wies er auf die für «viele Aussenstehende kaum bewusste Wärme der menschlichen Beziehung hin, die, typischerweise für Holzach, gerade in schwierigen und gar schweren Phasen am deutlichsten ausstrahle». «Schliesslich», so Senn weiter, «habe ich ja vor nicht allzu langer Zeit Ihre Nitroglyzerin-Tabletten geschluckt!» Tatsächlich hatte Senn bei einer Sitzung einen Zusammenbruch erlitten, worauf es Holzach gewesen war, der seinem Arbeitskollegen im Sinn einer Soforthilfemassnahme eine Nitroglyzerin-Tablette verabreichte, die er stets auf sich trug.*

Unter dem Titel *Ausgesprochenes und Unausgesprochenes* sind die Reden, die an jenem Tag gehalten wurden, sowie die wichtigsten Gratulationstexte, die in verschiedenen Zeitungen erschienen, zusammengefasst. In dieser Publikation, die nur an engste Freunde ging, gibt es auch einen Text Holzachs, in dem er seine überaus sensible und verletzliche Seite offenbart. Im Gegensatz zu seiner geradezu imperialen Grussadresse auf dem Wolfsberg äussert er sich in seinen «unausge-

---

* Nitroglyzerin wird als Medikament zur akuten Blutdrucksenkung verwendet. Es bewirkt eine schnelle Erweiterung der Blutgefässe und vermindert dadurch die Vorlast des Herzens.

sprochenen» Reflexionen sehr kritisch über sich selbst wie auch über seine Umwelt:

«Ich glaube nicht, dass das Älterwerden so problemlos ist, wie es einem am ‹runden› Geburtstag von vielen Gutmeinenden suggeriert wird. Es wäre ja auch wenig plausibel, wenn just diese Stufe mit den ihr eigenen Aufgaben nicht auch die Erschwernisse mitliefern würde. Der Herbst ist nicht nur die Zeit, die Früchte des Sommers zu ernten, sondern auch die Mahnung, für den Winter, Vorsorge zu treffen. Die runde Jahreszahl mahnt mit zunehmender Insistenz, dass sich der Kreis schliesst. [...] Statt sich den sogenannten ‹zeitlosen Wahrheiten› zu nähern, liegt man zunehmend mit seiner eigenen Zeit im Streit, und dies im doppelten Sinn: im Streit mit der Gesellschafts- und Weltordnung – mit unserer Zeit eben! – wie mit der eigenen, noch verfügbaren Zeit, ihrer Verwendung und ihrer Unerbittlichkeit. [...] Im Rückblick: Mir ist, als wäre es gestern gewesen. Aber auch: Es scheint mir eine Ewigkeit her zu sein.»[147]

Wachsende Bankenfeindlichkeit

Sowohl die Feier zum 60. Geburtstag wie auch der anhaltende Geschäftserfolg der SBG konnten immer weniger über zwei grosse Umwälzungen hinwegtäuschen: Erstens machte sich in der Schweiz eine zunehmende Bankenfeindlichkeit bemerkbar, zweitens sollte mit dem Big Bang* in Grossbritannien, namentlich in London, die Bankenwelt geradezu revolutioniert werden. Beides waren Phänomene, mit denen die SBG als grösste Bank der Schweiz direkt konfrontiert war.

Vor den neuen «Gläubigkeiten» in der Gesellschaft hatte Alfred Schaefer bereits in den 1970er-Jahren gewarnt. Doch seither war dar-

---

* Der Big Bang bezeichnet die am 27. Oktober 1986 in Kraft getretene Deregulierung des britischen Bankensektors. Dabei wurde der Londoner Finanzmarkt für ausländische Anleger geöffnet. Ausserdem wurden zuvor fixierte Handelskommissionen im Wertschriftenhandel aufgehoben. Diese Massnahmen eröffneten neue Geschäftsmöglichkeiten für die ausländischen Banken.

aus Realität geworden. Mehr noch: Im Chiasso-Skandal (siehe Kapitel 5) im April 1977 hatte die Öffentlichkeit zum ersten Mal beobachten können, wie die schweizerische Volkswirtschaft wegen des Fehlverhaltens eines Bankdirektors haarscharf an einer ernsthaften Krise vorbeischrammte; nur dank den bei den Grossbanken damals noch üblichen und hohen stillen Reserven hatte sich die Schweizerische Kreditanstalt (SKA) vor einer totalen Katastrophe retten können. Trotz des glimpflichen Ausgangs blieb von da an in der Schweizer Bevölkerung ein Unbehagen gegenüber den Banken zurück. Genau das adressierte die eidgenössische Volksinitiative «gegen den Missbrauch des Bankgeheimnisses und der Bankenmacht», kurz Bankeninitiative genannt, die dem Volk im Mai 1984 vorgelegt wurde, nachdem zuvor eifrig über die Bankbranche debattiert worden war. Im Kern ging es gemäss dem Schweizer Historiker Tobias Straumann um vier Punkte:[148]

1. die Bekämpfung der Steuerhinterziehung durch eine teilweise Aufhebung des Bankgeheimnisses sowie eine Erweiterung der von der Schweiz geleisteten internationalen Rechtshilfe in Strafsachen;
2. die Einführung von erweiterten Publizitätsvorschriften wie die Veröffentlichung konsolidierter Jahresrechnungen, die offene Bildung und Auflösung der Reserven sowie den offenen Ausweis der Beteiligungen, Treuhandvermögen, Verwaltungsratsmandate und Depotstimmrechte;
3. die Begrenzung der Verflechtung zwischen Banken und anderen Unternehmen, um die Machtstellung der Banken über die anderen Unternehmen zu beschränken und ihre Verwaltungsratsmandate, Depotstimmrechte und Beteiligungen zu begrenzen;
4. die Einführung einer Versicherung für die Bankeinlagen.

Die Initiative wurde von allen linksgerichteten Parteien sowie von der damals noch existierenden, politisch rechts stehenden Nationalen Aktion (NA) unterstützt. Zum ersten Mal stellte ein Teil der Bevölkerung die Tätigkeit der Banken fundamental infrage. Hinzu kam, dass sich die Banken mit ihren Sanierungsbemühungen in der Schweizer Wirtschaft kaum Freunde in der Bevölkerung gemacht hatten, vor allem nicht mit der Reduktion von Arbeitsplätzen und der Schliessung von Fabriken. Trotz grosser Publizität erreichte die Initiative schliesslich nur 27 Prozent Ja-Stimmen; alle Kantone lehnten sie ab. Was die Banken als Erfolg feierten, war indessen nicht wirklich ein Bekenntnis der Bevölkerung zum Schweizer Banksystem. Denn das Volk lehnte die Bankeninitiative nicht ab, weil es die Geldbranche besonders unterstützte, sondern weil das Begehren in seiner Ausgestaltung damals noch zu extrem war; später wurden viele Elemente der Initiative dennoch umgesetzt. Insofern kann die Bankeninitiative, zumindest im Nachhinein, als durchaus visionär bezeichnet werden.

Die harsche Debatte im Vorfeld der Abstimmung unterstreicht, dass es schon damals kaum möglich war, eine sachliche Diskussion über das grosse Thema zu führen. Diese tief verwurzelte Unfähigkeit trug später wesentlich dazu bei, dass die Schweiz von den internationalen Entwicklungen in der Finanzwelt regelrecht überrollt wurde und nicht mehr richtungsweisend war, sondern bloss noch reagieren konnte.

Mathematiker in der Bankbranche

Für die international tätigen Banken, und damit auch für die SBG, schlug die Stunde der Wahrheit im Jahr 1986, als es in London zum Big Bang kam. Sozusagen über Nacht wurden die bestehenden Gesetze in der Finanzbranche so verändert, dass die ausländische Konkurrenz gegenüber den einheimischen Banken nicht länger benachteiligt war. Dieser Umbruch ging auf die damals regierende Premierministerin Margaret Thatcher zurück, die sich einem kompromisslosen Liberalismus verpflichtet fühlte, zu dem eben auch der Anspruch auf uneingeschränkten Wettbewerb gehörte. Mit ihrem Vorgehen nahm sie in Kauf, dass die Finanzbranche an der Themse in ihren Grundfesten erschüttert wurde, sie setzte sich aber gleichzeitig zum Ziel, dass London die führende Finanzmetropole der Welt werden sollte.

Es waren vor allem zwei Faktoren, die die Branche im Zuge der totalen Liberalisierung auf den Kopf stellten: Erstens entstand ein neues Geschäftsgebaren, das nur noch auf Wettbewerb beruhte und dadurch viel hektischer wurde. Die daraus resultierende Kurzfristigkeit veränderte zwangsläufig die Arbeitsmoral, die bisher eher auf Langfristigkeit und Umsicht, aber auch auf Korpsgeist und Absprachen beruht hatte. All das wich neuen Massstäben, die vor allem pekuniärer Natur waren. Zweitens erlaubte der unaufhaltsam fortschreitende technologische Fortschritt weiterreichende Kommunikations-, Vertriebs- und Datenverarbeitungsmöglichkeiten, was wiederum gänzlich neuen Finanzprodukten – Derivaten, Strukturierten Produkten, Kreditverbriefungen – Tür und Tor öffnete.

Die «Entmenschlichung» in der Finanzbranche, vor der Holzach schon lange gewarnt hatte, ging nun einher mit neuartigen Phänomenen der liberalisierten Märkte, etwa mit feindlichen Übernahmen von Firmen oder der Forderung von Aktionärsgruppen an die Adresse einzelner Unternehmen, effizienter zu arbeiten respektive höhere Renditen zu erzielen. Die Öffentlichkeit assoziierte solche Ansinnen mit einer zuvor nicht gekannten Gier, zumal sich auch immer mehr Akteure in eine kriminelle Grauzone begaben, indem sie Aktienkurse zu manipulieren oder ihr Insiderwissen noch hemmungsloser zu nutzen versuchten. Vieles war damals möglich, weil es noch keine Gesetze gab, die es verhinderten.

Der Big Bang stellt im historischen Kontext vollends den Übergang vom traditionellen Bankwesen zum Banking angelsächsischer Provenienz dar; einer Disziplin, die sich unter dem Schlagwort «Investmentbanking» zum Symbol einer Macht entwickeln sollte, die das Potenzial hatte, die Weltwirtschaft in die Krise zu reissen.

Kulturelle Gegensätze

Angesichts der epochalen Veränderungen, die sich abzeichneten, war die SBG nicht untätig geblieben. Bereits im November 1984 hatte sie sich mit knapp 30 Prozent an dem britischen Börsenhändler Phillips & Drew beteiligt. Dieses in Erwartung des Big Bang getätigte Engagement war in zweierlei Hinsicht eine Premiere: Erstens hatte die SBG andere Firmen bisher entweder ganz oder zumindest mehrheitlich übernommen; zweitens hatte sich die Bank noch nie so stark an einem Finanzinstitut im Ausland beteiligt.

Dem Vorhaben waren etliche Diskussionen vorausgegangen. Es ist ein offenes Geheimnis, dass Holzach wenig Verständnis für derlei Akquisitionen zeigte. Robert Studer, damals Leiter des Finanzbereichs und damit Nachfolger von Nikolaus Senn, hatte trotz Beschluss der Generaldirektion einige Überzeugungsarbeit leisten müssen, bis Holzach seinen Segen dazu gegeben hatte. «Machen Sie, was Sie wollen», rief er dem damals 48-jährigen Studer nach, als dieser sein Büro verliess – womit Holzach den Deal nolens volens bewilligt und damit die Bank in eine neue Sphäre katapultiert hatte.

So stieg die SBG bei dem inhabergeführten Traditionshaus ein, was ihre Stellung im Londoner Handel massiv aufwertete. Im Jahr 1986 übernahm die SBG dann Phillips & Drew vollständig. Das Unternehmen zählte damals 60 Partner und knapp 600 Mitarbeiter und galt vor allem im Handel mit verschiedenen Obligationen, namentlich mit Gilts sowie Wandelanleihen, als federführend.

Allerdings musste die SBG bald enorme Rückschläge in Kauf nehmen. Erstens hatte sie nach der Übernahme von Phillips & Drew zahlreiche Partner auszahlen müssen, was hohe Personalkosten verursachte. Zweitens stellte sich heraus, dass die rückwärtigen Bereiche, das sogenannte Backoffice, sehr nachlässig geführt worden waren; ein Ausdruck der Zeit vor dem Big Bang.

Vollends in die Bredouille geriet das englische Unternehmen jedoch im Sog des Börsencrashs vom 19. Oktober 1987. Aufgrund rückläufiger Handelsvolumen hatte es enorme Verluste zu beklagen. Gleichzeitig traten die kulturellen Gegensätze zwischen den englischen und den schweizerischen Angestellten des SBG-Konzerns immer offener zutage. Die Briten waren nicht nur besser bezahlt als ihre Schweizer Kollegen; sie liessen sich von den «Zürcher Gnomen» auch nichts sagen. Sie arbeiteten transaktionsbezogen und nicht im Sinn langfristiger Kundenbeziehungen, wie das in der Schweiz üblich war.

Mit Phillips & Drew machte die SBG genau die Erfahrungen, die sich später bei fast jeder grenzüberschreitenden Akquisition wiederholen sollten. Alles in allem gelang es der SBG nie, die geschichtsträchtige und durchaus innovative Firma erfolgreich in ihre Konzernstruktur zu integrieren. Schliesslich, im Zug der zahlreichen Reorganisationen nach der Fusion von Bankgesellschaft und Bankverein im Jahr 1998, gaben die Führungsverantwortlichen die einst hoch angesehene Marke Phillips & Drew zugunsten eines einheitlichen Auftritts unter dem Kürzel UBS endgültig auf.

Die Probleme mit Phillips & Drew führten bei der SBG zu einer gewissen Zurückhaltung bei ihren weiteren Akquisitionsbemühungen. So gab die Bank zwar im August 1987 offiziell bekannt, mit der britischen Hill Samuel Group (HS) in Übernahmeverhandlungen zu stehen, brach diese Gespräche aber überraschend wieder ab. HS passte offenbar aus verschiedenen Gründen nicht zur Strategie der UBS: Das Institut besass eine veraltete IT-Infrastruktur, war teilweise auch im Kleinkundengeschäft tätig, was die SBG im Ausland nicht sein wollte, ausserdem war das Schweizer Management nach wie vor mit der Integration von Phillips & Drew absorbiert, und last, but not least gingen die Preisvorstellungen weit auseinander. So kam kein Deal zustande. Doch in dem Fall erwies sich das Abseitsstehen für die SBG als Glücksfall. Denn HS wurde kurz darauf von der Trustee Savings Bank (TSB) übernommen, wo sich alsbald herausstellte, dass Hill Samuel im Besitz von riesigen Portefeuilles an Not leidenden Krediten war, die abgeschrieben werden mussten und TSB einen horrenden Verlust eintrugen. Als dann TSB 1995 mit der Lloyds Bank fusionierte, ging es kein Jahr, bis die Marke Hill Samuel eingemottet wurde.

Brutale Ernüchterung zum Jubiläum

Der *Black Monday*, also der Börsensturz vom 19. Oktober 1987, offenbarte der Öffentlichkeit zum ersten Mal seit der Krise von 1929 und in nie da gewesener Vehemenz die Fragilität der Finanzmärkte. Holzach hatte sich nie gescheut, schon früh vor solchen Auswirkungen zu warnen. In den 1980er-Jahren, in einer Zeit der ausufernden Begeisterung für jegliche Innovationen an den Börsen, gab er sich eher skeptisch und kritisierte die «Verwilderung der Sitten» und den immer hektischeren «Tanz um das Goldene Kalb»; und Monate vor dem Crash an der Wall Street prophezeite er «brutale Ernüchterungen für allzu eifrige Finanzalchimisten». Er nahm auch kein Blatt vor den Mund, wenn es darum ging, die andernorts viel gepriesene Securitization – die Verbriefung von Krediten – kritisch zu hinterfragen oder sie als «Abwälzung des Kreditrisikos von den Banken auf die Witwen und Waisen» abzuqualifizieren; in Sachen Options und Futures beklagte er die «Denaturierung der heute in hohem Mass funktionstüchtigen Märkte zu einem Finanz- und Währungsroulette». Überdies verurteilte er das Überhandnehmen von kurzfristig ertragserpichten Händlertypen, die den langfristig denkenden Bankier zu verdrängen drohten.

Mit seiner Haltung gelang es Holzach, die SBG vor Katastrophen zu bewahren. Gegen Ende der 1980er-Jahre zeigte sich allerdings auch: Während die SBG im Heimmarkt, den Holzach massgeblich geprägt hatte, vor Kraft nur so strotzte, hatte die Bank im Ausland eine nicht annähernd vergleichbare Position. Dadurch geriet das Unternehmen immer mehr in Handlungszwang, was sich als grosser Nachteil erweisen sollte.

Doch davon drang noch nichts nach aussen, als 1987 die Feier des Jubiläums zum 125-jährigen Bestehen der Bank bevorstand. Holzach steckte bereits Anfang des betreffenden Jahres den Rahmen klar ab, indem er sagte:

«In unserer Zeit kann ein Jubiläum kein selbstgefälliger Rückblick auf historische Verdienste sein. Auch eine Bank kann sich nicht mit dem Erfolg aus der Vergangenheit zufriedengeben. Selbstüberschätzung kann kein Jubiläumsthema sein. Ein Jubiläum ist auch nicht zeitgemäss, wenn es die eigene Zukunft für gesichert hält.»

Entsprechend diesen Rahmenbedingungen wählte die SBG für das 125. Jahr ihrer Geschichte das Motto «Vertrauen hat Zukunft» und stellte sich als Institution im Dienst der Allgemeinheit dar. Im Gegensatz zur Feier zum 100-jährigen Bestehen im Jahr 1962, als die rund 5000 Beschäftigten der Bank auf die Zürcher Allmend eingeladen worden waren (siehe Kapitel 3), fand die Feier 1987 dezentral statt. Es ging nur schon deswegen nicht anders, weil das Unternehmen mittlerweile mehr als 20 000 Personen beschäftigte, davon gut 1200 im Ausland. Für die Volksmusikfreunde in Panama City flog die SBG die «Alderbuebe» aus Urnäsch zu einem Galaabend ein. Eine Ferdinand-Hodler-Ausstellung ging auf Tournee durch die Filialen in den USA. Für die eher ökonomisch interessierten Kreise gab die Bank das Nachschlagewerk *Die Schweizer Wirtschaft 1946–1986* in fünf Sprachen heraus. Die einzelnen Niederlassungen im In- und Ausland waren aufgefordert, in eigener Verantwortung lokale Aktivitäten zu lancieren. Das war für einen Konzern, der in der Regel bestrebt ist, einen global einheitlichen Auftritt zu haben, durchaus bemerkenswert, wenn nicht gar fortschrittlich. Die über das ganze Jahr verteilten Anlässe hatten zum Ziel, die «menschliche und wirtschaftliche Verbundenheit» der Bank mit den jeweiligen Regionen zum Ausdruck zu bringen, wie es in den internen Vorgaben hiess.

Ihren offiziellen Festakt am 9. April 1987 im Zürcher Kongresshaus zelebrierte die SBG aber doch vor grosser Kulisse respektive vor 600 Gästen aus Politik und Wirtschaft. Höhepunkt war die Prämierung der Gewinner eines von der SBG schon 1986 initiierten Jugendwettbewerbs mit dem Thema «Ideen für die Schweiz von morgen». Aus rund 500 Einsendungen hatte eine interdisziplinäre Jury 66 Arbeiten ausgewählt und diese mit Preisen zwischen 1000 und 4000 Franken belohnt. Nikolaus Senn bezeichnete den Wettbewerb als Bekenntnis der SBG zur Generation der 15- bis 25-Jährigen, die immerhin die (potenzielle) Klientel von morgen darstellte. Betont progressiv gab sich die SBG schliesslich mit der Subventionierung der Rockfilm-Oper *Snowball*; sie liess sich das Projekt der Schweizer Musikgruppe

Yello unter der Ägide des Multimediakünstlers Dieter Meier rund 850 000 Franken kosten. An der Jubiläumsfeier war allerdings bloss ein erstes Aperçu zu sehen, denn die Fertigstellung des Streifens liess noch Jahre auf sich warten und sorgte nie für sonderlich viel Aufsehen. Als ideeller Höhepunkt des 125-Jahr-Jubiläums galt indessen das Geschenk, das die SBG dem Schweizerischen Roten Kreuz machte, indem sie mit 45 Millionen Franken den Bau eines Ausbildungszentrums im luzernischen Nottwil ermöglichte, das knapp drei Jahre später eröffnet wurde.

Expansion im Ausland – Drosselung im Inland

In der Ära Holzachs als Verwaltungsratspräsident der SBG gelang es der Bank einigermassen zu expandieren, wenn auch auf viel bescheidenere Weise als etwa der Bankverein. Die SBG eröffnete 1980 eine Niederlassung in Hongkong und eine Vertretung in Houston, Texas, wo Holzach einige Jahre später sogar zum Ehrenbürger ernannt wurde; 1981 folgte eine Tochterfirma im kanadischen Toronto sowie eine Vertretung im Steuerparadies Monaco. Im Jahr 1986 übernahm die SBG die Deutsche Länderbank in Frankfurt am Main, aus der die Schweizerische Bankgesellschaft (Deutschland) entstand, die im wichtigsten Bankmarkt Kontinentaleuropas eine strategisch herausragende Stellung einnahm. In der zweiten Hälfte der 1980er-Jahre beschleunigte sich auch die Expansion im asiatisch-pazifischen Raum: Vertretungen, Agenturen und Tochtergesellschaften entstanden in Tokio, Sydney, Osaka und Taipeh. Der wachsenden Bedeutung der Finanzmetropole London trug man 1987 mit der Bildung eines regionalen Managements Rechnung.

In der Schweiz drosselte die SBG ihre Ausbaukadenz, nahm jedoch, wie es im Jargon hiess, Arrondierungen vor, etwa mit einer Beteiligung von 80 Prozent an der St. Galler Bank Rohner, die auf Konsumkredite spezialisiert war – auch ein Wachstumsgeschäft zu jener Zeit –, oder mit einem 75-prozentigen Engagement am Banco di Roma per la Svizzera in Lugano, um sich auf dem damals florierenden Tessiner Finanzplatz zusätzliche Marktanteile zu sichern. Mit der Verlegung des Firmensitzes der SBG-Tochter Hyposwiss von Solothurn nach Zürich etablierte man ausserdem ein Institut, das in der lukrativen Vermögensverwaltung immer stärker wurde. Parallel dazu profilierte sich die SBG mit kundenfreundlichen Innovationen, 1986 etwa mit der ersten vollelektronischen Bankfiliale an der Zürcher Bahnhofstrasse.

Regelung der Nachfolge

Im Rahmen der Feierlichkeiten rund um das 125-jährige Bestehen der SBG war zunehmend die Frage aufgekommen, ob Holzach, der bis 1988 als Präsident des Verwaltungsrats gewählt war, weitere vier Jahre anhängen würde. Befürworter gab es genug, zumal es ihm gelungen war, die Bank mit sicherer Hand zu steuern. Mit Nikolaus Senn, dem operativen Chef, rieb und stritt er sich regelmässig. Doch gerade der Umstand, dass Senn charakterlich ganz anders gelagert war – unbeschwerter, harmoniebedürftiger, deswegen aber nicht weniger zupackend und effizient –, hatte dazu geführt, dass sich die SBG auf einem äusserst erfolgreichen Kurs befand. Das belegen die Zahlen am Anfang und am Ende von Holzachs Präsidentschaft:

Den Gewinn mehr als verdoppelt

Jahr	Bilanzsumme (in Millionen Franken)	Gewinn	Eigenmittel
1980	77 527	334	4712
1988	166 583	778	10 100

Der «Gentleman-Banker»

In der Nachfolgefrage gab es aber auch Druck. Vor allem die Entourage Senns plädierte dafür, dass Holzach seinem direkten Untergebenen Platz mache. Der Zwist zwischen Holzach und Gross (siehe Kapitel 6) trug noch zusätzlich dazu bei, dass die Gruppe um Senn Oberwasser hatte. So ging Holzach an einem Wochenende im Frühjahr 1987 in Bad Ragaz in sich und entschied, sein Amt abzugeben, zumal der Titel eines Ehrenpräsidenten winkte und er über zahlreiche Aktivitäten der Bank ohnehin verbunden bleiben würde, etwa mit der Sanierung des Zürcher Augustinerquartiers inklusive des Baus des Hotels Widder (siehe Kapitel 8), aber auch als Verwaltungsrat verschiedener Unternehmen wie der Versicherungsgesellschaften National und Union Rück sowie der Industriefirmen BBC oder Rieter. So kam es, dass die SBG im Mai 1987, also rund einen Monat nach dem offiziellen Festakt zum 125-jährigen Bestehen, in einem knappen Communiqué bekannt gab, dass Robert Holzach im Frühjahr 1988 an der Generalversammlung von seinem Posten zurücktreten werde.

Der Abgang Holzachs illustrierte das Ende einer Ära und widerspiegelte die tief greifenden Veränderungen in der Bankenwelt. Die SBG war Ende der 1980er-Jahre nun definitiv ein global operierender Konzern, in dem die Leute aus dem Finanzbereich – Investmentbanker – den Ton angaben. Das Wertschriftengeschäft, die Anlageberatung und Kapitalmarktfinanzierungen bildeten die Wachstumssparten der Bank, während das traditionelle Kommerzgeschäft und das Kleinkundengeschäft mit den klassischen Sparkonten in den Hintergrund rückten. Mit seinem Abgang als SBG-Präsident avancierte Holzach zum «Gentleman-Banker». So bezeichnete ihn der Wirtschaftsredaktor Hansjörg Abt in seiner Würdigung in der NZZ – eine Charakterisierung, die sich lange halten sollte.[149]

Kapitel 8
Langsame Entfremdung

Ein Gesamtkunstwerk wird vollendet. Der Baunarr hat sich dafür gleich ein ganzes Stadtquartier vorgenommen und gönnt diesem auch noch ein Hotel. Doch im entscheidenden Augenblick versagt Robert Holzachs Stimme. Die Marschmentalität verzieht sich. Reparatur bleibt eben Reparatur, lautet die schmerzliche Einsicht. Holzach lässt sich ungewollt missverstehen und löst einen Sturm der Entrüstung aus. Am Mittagstisch sinkt der Geräuschpegel, und die SBG, die jetzt UBS heisst, will nichts mehr von ihm wissen. Von Ehre ist jetzt gar keine Rede mehr. Was sind das für Zeiten, wundert sich Holzach und verlässt «seine» Bank.

In den 1990er-Jahren beeinflussten mehrere persönliche wie auch berufliche Ereignisse das Leben Robert Holzachs beträchtlich. Allesamt machten sie dem früheren SBG-Präsidenten deutlich, dass er in einen neuen Lebensabschnitt eingetreten war:

«Unmerklich setzt einem das Leben eine Brille auf, verlangsamt den Schritt, beugt den Rücken – allen guten Vorsätzen zum Trotz. Es wird zunehmend klar, dass Angewöhnung und Rekonvaleszenz mehr Zeit benötigen. Die Umstellung auf Neues wird komplizierter, wenn nicht unmöglich. Provokation meldet sich, entfernt sich aber auch häufiger im Bewusstsein schwindender Kraft. Der Gedanke, sich in eine neue Dimension radikal abzusetzen, rivalisiert mit der anspruchsvollen Vorstellung, sozusagen ein Alterswerk in Szene zu setzen.»

Fast 40 Jahre hatte Holzach der SBG zu jenem Zeitpunkt «gedient», wie er es bezeichnete; das Ehrenpräsidentenamt war nach 1988 die logische Fortsetzung dieses Engagements, das ihm auf Lebzeiten neben einem Obolus von 300 000 Franken im Jahr auch ein Büro mit Sekretariat und eine Limousine der Bank mit Chauffeur garantierte und ihm zudem das Gastrecht gab, in dem mit Hodler-Gemälden geschmückten Restaurant der Generaldirektion weiterhin zu speisen – nicht anders, als es bei seinen Vorgängern Richner und Schaefer der Fall gewesen war. Holzach hielt diese Privilegien für unantastbar – zu Unrecht, wie sich zeigen sollte.

Als Ehrenpräsident hatte Holzach auch das Recht, weiterhin an den Sitzungen des Verwaltungsrats teilzunehmen, allerdings ohne sich zu Wort melden zu dürfen – ausser er wurde darum gebeten. Dies kam jedoch praktisch nicht vor, da die neue Führungscrew unter Präsident Nikolaus Senn und Unternehmenschef Robert Studer wenig Wert auf sein Wort legte. Den «Alten» nannte man Holzach hinter vorgehaltener Hand und nahm ihn bloss noch als Störfaktor wahr. Wenn er sich im Direktionsrestaurant an seinen Platz setzte, verstummte die Tischrunde schlagartig. Seine Anwesenheit war nicht länger erwünscht. Kaum war er gegangen, schwoll der Geräuschpegel wieder an. Es herrschten andere Zeiten; Zeiten globaler Ambitionen und ehrgeiziger Gewinnperspektiven.

Mit dem Anbruch der 1990er-Jahre betrieb die SBG das internationale Bankgeschäft immer entschlossener. Es hatte kaum mehr etwas mit dem Metier zu tun, für das sich Holzach fast vier Jahrzehnte lang eingesetzt und in dem er sogar etwas Nobles erkannt hatte. Nun beherrschten mathematische Logik und technologische Effizienz die Deals, die ganz im Zeichen der Rendite standen.

Unruhe im Verwaltungsrat

Gegen Ende 1992 erhielt Holzachs stille Präsenz im Verwaltungsrat der SBG neue Brisanz. Denn im Dezember jenes Jahres stand die Abstimmung über einen Beitritt der Schweiz zum Europäischen Wirtschaftsraum (EWR) an. In der Bevölkerung gingen die Emotionen hoch; es zeichnete sich ein knapper Abstimmungsausgang ab. Für die SBG, die als global tätiges Finanzinstitut einen Beitritt befürwortete, wurde die Abstimmung insofern immer heikler, als einer ihrer Verwaltungsräte, der Unternehmer Christoph Blocher, sich in seiner Funktion als Vertreter der Schweizerischen Volkspartei (SVP) und als Präsident der Aktion für eine unabhängige und neutrale Schweiz (AUNS) vehement gegen die Vorlage einsetzte. In den Monaten vor der Abstimmung zog er Abend für Abend durch die Schweiz und plädierte gegen einen EWR-Beitritt – nicht ohne Erfolg. Seine Veranstaltungen in Turn- und Mehrzweckhallen landauf, landab erfreuten sich in weiten Kreisen der Bevölkerung grosser Beliebtheit.

Holzach, der Blocher 1981 für den SBG-Verwaltungsrat vorgeschlagen und ihm damals die politische Unabhängigkeit zugesichert hatte, befand sich in einer heiklen Lage, zumal er sich selbst in politischen Belangen nach aussen sehr zurückhaltend gab. Natürlich hatte er seine politischen Präferenzen und war Mitglied der Freisinnig-Demokratischen Partei (FDP); vor allem aber war er ein Mann der Wirtschaft. Aus diesem Selbstverständnis heraus forderte er gute Rahmenbedingungen. In wichtigen politischen Fragen, wie sie sich mit dem Beitritt zum EWR stellten, war Holzach hingegen gespalten. Er erkannte zwar die Vorzüge eines Beitritts für die Schweiz, gleichzeitig waren ihm aber allzu grosse Institutionen ein Gräuel. Zudem schien es ihm wichtig, den von seiner Generation so positiv empfundenen Sonderfall Schweiz nicht leichtfertig aufs Spiel zu setzen. Seine Ambivalenz in dieser Frage äusserte er auch in einer Rede vor dem Direktionskader der National-Versicherung:

«Aus langjähriger Bankerfahrung könnte gegenüber Grösse an sich meine Skepsis nicht grösser sein. Ich sehe dahinter bald einmal den Grössenwahn und die Grossmannssucht. [...] An historischen Beispielen für den Niedergang von Grossmächten fehlt es wahrlich aus keiner Geschichtsepoche. [...] Aber auch wenn ich unter dem Stichwort ‹Skepsis› Vorbehalte anmelde, so verschliesse ich mich doch nicht völlig dem Thema Europa. Ich bin auch als Bankier nicht nur ein Skeptiker gewesen, sondern habe mich immer zu einem skeptischen Optimismus bekannt. [...] Wer am europäischen Staatenbund arbeitet, sollte sich vergegenwärtigen, dass seit der ersten Verfassung des schweizerischen Bundesstaates mehr als 150 Jahre vergangen sind, und dass die Kantone nach wie vor eifersüchtig darüber wachen, dass die Tendenzen in Richtung der Zentrale in Bern nicht übermächtig werden. [...] Was intern bei uns gilt, ergibt einen legitimen Anspruch, Ähnliches auch für die Confoederatio Europaea zu fordern.»[150]

Diese Äusserungen zeigen gut, wie Holzach in der EWR-Frage dachte. Manche Mitglieder des SBG-Verwaltungsrats hatten jedoch kein Verständnis für Blochers Position. Zum Eklat in dieser Angelegenheit kam es am 23. November 1992. Als Präsident der SVP Zürich sprach Blocher an diesem Abend an einer öffentlichen Veranstaltung in einem Kirchgemeindehaus in der Stadt Winterthur über den EWR. Wie üblich stand er im Anschluss an seinen Vortrag im überfüllten Saal dem Publikum Red und Antwort. Was niemand wusste: SBG-Chef Robert Studer hatte mit einem Team des Schweizer Fernsehens beschlossen, diesen Anlass aufzusuchen und Blocher Paroli zu bieten. Gross war die Überraschung, als Studer mit seiner Entourage in den emotional aufgeheizten Saal trat und nach Blochers Votum das Mikrofon ergriff. Seine Argumente für einen EWR-Beitritt kamen allerdings nicht gut an, und als er immer länger zu dem kontroversen Thema äusserte, begannen die Sympathisanten Blochers zunächst in die Hände zu klatschen. So wollten sie den Bankchef zum Verstummen bringen. Doch er fasste den Applaus offenbar als Zuspruch auf, was ihn umso mehr motivierte, weiterzureden. Mit der Zeit mehrten sich aber die Buhrufe und Pfiffe, sodass Studers Äusserungen im Lärm untergingen. Sein gewagter Auftritt vor den Kameras des Schweizer Fernsehens erwies sich als Misserfolg.

Am 6. Dezember 1992 lehnte das Schweizer Volk das Abkommen über den Europäischen Wirtschaftsraum (EWR) mit 50,3 Prozent Nein-Stimmen ab. In den Tagen danach setzte aus den Reihen des Verwaltungsrats der SBG ein Kesseltreiben gegen Blocher ein; er war nicht länger genehm in diesem Gremium. SBG-Präsident Nikolaus Senn schlug Blocher zunächst einen diplomatischen Abgang vor; er könne erklären, seine zeitliche Beanspruchung bei der Ems Chemie lasse sein Mandat im Verwaltungsrat der SBG nicht länger zu. Oder er solle aus angeblich gesundheitlichen Gründen zurücktreten. Beides lehnte Blocher ab. So blieb dem Verwaltungsrat keine andere Möglichkeit, als am 18. Dezember 1992 Blocher nicht mehr zur Wiederwahl an der nächsten Generalversammlung vorzuschlagen.

Im Vorfeld dieser Sitzung hatten manche Verwaltungsräte mit gezielt gestreuten Indiskretionen an die Medien versucht, Stimmung gegen Blocher zu machen und die Unvereinbarkeit seines Amts bei der SBG mit seinen politischen Ansichten herauszustreichen. Auch im Communiqué der SBG, das die Abwahl Blochers thematisierte, nahm die Bank explizit Bezug auf die Diffamierung der EWR-Befürworter durch die von Blocher präsidierte AUNS.

Die ganze Angelegenheit um Blocher veranlasste Holzach zum ersten Mal, sich als Ehrenpräsident ungefragt zu Wort zu melden respektive dem Gremium die Leviten zu lesen: «Wenn ich heute aus dieser Reserve heraustrete, bitte ich um Nachsicht und Verständnis», formulierte Holzach in seinem Votum an der Verwaltungsratssitzung vom 18. Dezember 1992:

«Es geht mir nicht darum, zur eidgenössischen Abstimmung vom 6. Dezember und zu den in diesem Zusammenhang geführten Abstimmungskämpfen Qualifikationen oder Disqualifikationen nachträglich auszusprechen. Es geht mir darum, die Rolle unserer Bank und die Positionsbezüge durch die Behörden zur Sprache zu bringen. Eine schweizerische Grossbank – und zumal die SBG – ist in der schweizerischen Öffentlichkeit eine meinungsbildende Kraft erster Ordnung. Dieses Potenzial muss glaubwürdig sein. Es geht deshalb in erster Linie um faktische Beispielhaftigkeit und weniger um deklaratorische oder deklamatorische Stellungsbezüge. [...] Unter dieser Überschrift begehen wir einen Fehler, wenn wir zulassen, dass interne Vorgänge in unserem Verwaltungsrat und die Zugehörigkeit zu diesem Gremium ein Thema der Presse werden. Das gilt erst recht für die Boulevardpresse, die täglich mit übelriechender Penetranz zur Volksverdummung beiträgt. Kommentare über Interna und Mutationen in unserem Verwaltungsrat haben in diesen Medien nichts zu suchen. Es ist ein unerträglicher Vorgang, wenn ‹Blick› oder ‹Bilanz› bankinterne Äusserungen publizieren und womöglich bewerten. [...] Ich plädiere für einen sauberen und unanfechtbaren Stil dieses Hauses und für die Glaubwürdigkeit von beiden, die Glaubwürdigkeit der SBG und die Glaubwürdigkeit des SBG-Stils. [...] Die Forderung nach Fairness und Solidarität sollte auch heute unangefochten sein. In diesem Sinne bitte ich Sie alle, meine Herren, sich dem Stil der SBG auch inskünftig vorbehaltlos verpflichtet zu fühlen.»[151]

Weil Blocher an der Generalversammlung vom April 1993 nicht mehr zur Wiederwahl vorgeschlagen wurde, schied er zu jenem Zeitpunkt aus dem Verwaltungsrat aus. Gleichzeitig musste Holzach so erkennen, dass man auf seine Meinung keinen Wert mehr legte. Diese Einsicht war der Anfang einer Betrübnis, die über die Zeit noch ein weit grösseres Ausmass annehmen würde, wie sich engste Freunde erinnern.

Reparatur bleibt Reparatur

Schon im Jahr davor hatte Holzach eine weitere Erfahrung gemacht, die ihm die Grenzen des eigenen Daseins offenbarten: Er hatte 1992 einen ersten Schlaganfall erlitten. Zwar erholte sich Holzach relativ schnell, doch sein Sprechvermögen schien, wenn auch kaum merklich, für immer beeinträchtigt zu bleiben. Im Verlauf der 1990er-Jahre erlitt er insgesamt drei Streifungen, was ihn 1997 selbstkritisch zur Einsicht führte: «Nun ist das menschliche Hirn durchaus genial begabt, auch Reparaturen durchzuführen. Solche sind vorgenommen worden, aber Reparatur bleibt eben Reparatur.»[152]

Besonders schmerzlich war für Holzach diejenige Streifung, die ihn wenige Tage vor der festlichen Eröffnung des Hotels Widder am 24. März 1995 heimsuchte. Sie raubte ihm vorübergehend die Sprache und schwächte ihn gesundheitlich dermassen, dass er an besagtem Tag lediglich an der Orientierung im SBG-Konferenzgebäude Grünenhof teilnehmen konnte. Dort musste der SBG-Generaldirektor Urs Rinderknecht das von Holzach für den Anlass vorbereitete Referat den Anwesenden vorlesen. An den Festakt im Hotel selbst schaffte es Holzach in seinem geschwächten Zustand und zu seiner grossen Bestürzung an jenem Tag nicht mehr.

In der Vollendung dieses Fünf-Sterne-Hauses offenbarte sich ein letztes Mal das vielfältige Schaffen dieses Ausnahme-Bankiers. Allein schon der übergeordnete Anspruch, ein ganzes Quartier mit insgesamt 23 Altstadt-Liegenschaften zu sanieren und zu neuer Blüte zu führen, muss als ambitiöses Unterfangen betrachtet werden, das in der heutigen Zeit in den Geschäftsmodellen der Banken zweifellos keinen Platz mehr finden würde. In dieses Vorhaben auch noch ein Luxushotel einzuplanen, kann mit gutem Gewissen als Kühnheit interpretiert werden.

Im Fall des Augustinerprojekts war die SBG erstmals vor weitreichende Probleme gestellt, als sich die ursprüngliche Absicht, die im Oktober 1983 von der Karl Steiner AG erworbenen Liegenschaften zunächst als neuen Hauptsitz der SBG und später als Büroräume und -reserven zu nutzen, nicht realisieren liess. Naheliegend und einfacher wäre es gewesen, diese Liegenschaften en bloc oder einzeln wieder zu veräussern.[153] Doch angesichts der Tatsache, dass das Quartier von seiner Substanz her bereits stark heruntergekommen war und Holzach eine «Gettoisierung» verhindern wollte, wie er sie in einigen amerikanischen Städten mit eigenen Augen gesehen hatte, suchte er nach einer anderen Lösung. Die Alternative konnte allerdings auch nicht darin bestehen, das Schicksal des Quartiers irgendwelchen Spekulanten zu überlassen. «Die SBG musste aus meiner Sicht sicherstellen, dass für die alten Häuser eine ortsgerechte Verwendung gefunden wurde», sagte er damals. So fällte die Bank, vor allem auf Initiative von Robert Holzach, den Entscheid, die Renovation und Neugestaltung der Liegenschaften selbst in die Hand zu nehmen, und präsentierte der Öffentlichkeit ein umfassendes Konzept, das neben bezahlbaren Wohnungen, Ladenlokalen und einem Restaurant unter anderem auch den Bau eines Hotels vorsah.

Allerdings erwies sich die Entwicklung des Projekts als höchst beschwerliche Angelegenheit. Es gab zahlreiche Einsprachen, Vorschriften der Denkmalpflege und sogar eine Volksinitiative, die den Kauf der Häuser durch die Stadt anstrebte – diesen politischen Vorstoss lehnten die Stimmbürger 1985 allerdings deutlich ab. Mehrmals mussten die Pläne verändert und angepasst werden. Doch Mitte 1988 konnten nach Abschluss der ersten Bauetappe die ersten Wohnungen und Geschäftslokale bezogen werden.

Holzach setzte sich mit dem Engagement der Bank als Bauherrin einem enormen Verantwortungsdruck aus. Beim Augustinerprojekt waren ausserordentliche Anstrengungen aber schon deshalb angezeigt, weil die Entwicklung im Quartier und die sichtbaren Leistungen von Anfang an mit der SBG identifiziert wurden. So musste er sich während der insgesamt zehnjährigen Dauer des Projekts permanent Kritik und Widerstand aus den eigenen Reihen gefallen lassen, vor allem nachdem er ab 1988 nicht länger Verwaltungsratspräsident der SBG war, sondern nur noch einen Ehrentitel hatte. Ein beliebter Vorwurf war etwa, die Bank finanziere ihm, dem «Baunarren», sein kostspieliges Hobby. Allerdings war das eine Unterstellung, zumal es Holzach mit den Zahlen immer sehr genau nahm. Das hat indessen nicht verhindert, dass bis heute kolportiert wird, er habe die diversen Budgets weit überschritten. Dazu hielt Holzach 1995 allerdings fest:

«Vom ersten Kredit für das gesamte Bauvorhaben der SBG im Augustinerquartier, der 100 Millionen Franken betrug, waren etwa 35 Millionen Franken für die beiden ersten Etappen der Wohnhäuser aufgebraucht. Die verbliebenen 65 Millionen Franken konnten nach Überschlagsrechnungen für das Hotel Widder nicht genügen. Der definitive Kreditantrag an den Verwaltungsratsausschuss der SBG für die dritte Etappe, das heisst für das Hotel Widder und die zugehörigen Gebäude, lag deshalb weit über 100 Millionen Franken und wurde am 22. August 1991 genehmigt. Vorausgegangen waren eine Vernehmlassung der Generaldirektion und des Präsidiums der SBG. Der Kredit wurde nicht weiter erhöht, mit Ausnahme einer kleinen Ergänzung kurz vor Schluss für die künstlerische Ausgestaltung.»[154]

Geduld brauchte auch die Hotelarchitektin Tilla Theus, die nicht weniger als acht Projektvarianten ausarbeiten musste, weil immer wieder neue schutzwürdige Elemente auftauchten. Es war damals auch nicht selbstverständlich, dass eine relativ junge und noch wenig bekannte Architektin diesen Prestigeauftrag erhalten hatte. Offenbar aber hatte Holzach an dieser Frau einen Narren gefressen. Ihm gefiel die unermüdliche und gleichsam eigenständige Art, wie diese Dame ihre Arbeit machte, und damit so etwas wie eine Sparringspartnerin für den Bankier war. Entsprechend musste sich Theus immer wieder gegen Widerstände durchsetzen. Allerdings erhielt sie von Holzach stets volle Rückendeckung, wenngleich seine hohen Erwartungen und Anforderungen bei der Umsetzung des Projekts oftmals an die Grenzen des Menschenmöglichen reichten, wie sich die Architektin erinnert.[155] Aber auch Holzach war von Zweifeln geplagt, wie er später eingestand:

«Manchmal hätte ich übrigens das Vorhaben aufgegeben, wenn ich nicht diese verlässliche Gefolgschaft gehabt hätte. Um eine Führungsaufgabe zu Ende zu führen, muss man auch das Unangenehme und das Schmerzliche auf sich nehmen.»[156]

Das Resultat ist bekannt; das Hotel Widder mit seinen 34 individuell ausgestalteten Zimmern und 15 Suiten sowie eleganten Gesellschaftsräumen und Restaurants gilt als architektonisches Meisterwerk im Herzen der Stadt Zürich. Alles in allem erwies sich Holzachs Vision, einem Quartier ein neues Gesicht und darüber hinaus eine neue Zweckbestimmung zu verleihen, als ein zwar riskantes Unterfangen, das aber gerade deswegen von Erfolg gekrönt wurde, weil es so sehr mit seiner Persönlichkeit und seinem unbegrenzten Engagement verbunden war:

«Für jede Sache braucht es sozusagen einen Bannerträger oder Vorreiter. Wenn ich im Zusammenhang mit dem Hotel Widder erwähnt werde, so trägt das wohl dem Umstand Rechnung, dass ich mich die ganze Zeit auch gegenüber der Öffentlichkeit identifiziert und mit Versprechungen festgelegt habe.»[157] Und daraus leitete er einmal mehr die grossen Tugenden seines Berufs ab:

«Es ist meine Überzeugung, dass ein Bankier im klassischen Sinne des Wortes bei seiner gesamten Berufsarbeit ähnlich erhöhte Verantwortungserwartungen erfüllen muss. Er kann seine rein geschäftlichen Transaktionen nicht unangefochten durchführen oder gar ausbauen, wenn er dabei isoliert oder gar rücksichtslos, ruchlos und unverantwortlich handelt. Vermittlung, Beratung und Kreditvergabe bedingen zwar hohe banktechnische, also handwerkliche Fertigkeiten, müssen aber auch einem Urteil standhalten, das die Übereinstimmung mit gesellschaftlichen, politischen und kulturellen Anliegen prüft. Bankierstätigkeit, für die zuvorderst oder zwingend die Frage steht, ‹was bringt's›, kann als Referenz nicht genügen. Wie bei anderen Dienstleistungen haben die Entscheidungen der Banken in Qualitätsprüfungen nur Bestand, wenn langfristige Richtigkeit gegenüber dem kurzfristigen Scheinerfolg höher eingestuft wurde.»

Mit der Vollendung des Hotels Widder war ein weiteres Gesamtkunstwerk Holzachs abgeschlossen, was innerhalb der Bank die Hoffnung nährte, der «Alte» würde sich endlich aufs Altenteil zurückziehen. Dass man ihm alsbald sein Büro an der Zürcher Bahnhofstrasse aufkündigte und ihm ein wesentlich kleineres in der Innenstadt zuwies, verschärfte die Verstimmung zwischen Holzach und der SBG-Leitung. Letztlich war es jedoch ein ganz anderes Ereignis, das vollends zum Bruch zwischen dem Bankier alter Schule und der Bank auf dem Weg in die Zukunft führte: die Kontroverse um die nachrichtenlosen Vermögen aus der Zeit vor und während des Zweiten Weltkriegs, die jüdische Sammelkläger bei Schweizer Banken geltend machten.

Peanuts im Auge des Hurrikans

Die SBG, als grösste Bank des Landes, befand sich in dieser Angelegenheit mitten im Auge des Hurrikans. Dass die gesamte Bankbranche die Wucht der Sache gehörig unterschätzte, zeigt allein schon die Tatsache, dass die Schweiz völlig unvorbereitet reagierte. Man war im Bewusstsein der Neutralität stets davon ausgegangen, dass es nach dem Zweiten Weltkrieg keine äussere Bedrohung mehr geben konnte, die sich explizit gegen die Schweiz richten würde. Doch die Affäre um die nachrichtenlosen Vermögen entfaltete eine schonungslose Dynamik. Im Fall der SBG goss Konzernchef Robert Studer zusätzlich Öl ins Feuer, als er an einer Pressekonferenz, an der auch internationale Medienvertreter zugegen waren, erklärte, die auf SBG-Konten gefundenen Summen seien Peanuts. Inhaltlich mochte dies zutreffen, doch die Aussage zeugte von sehr geringer Sensibilität in der Sache; sie trug der SBG ein noch erheblich grösseres Reputationsproblem ein.

Dass wenige Monate später ein von einer externen Gesellschaft beschäftigter Nachtwächter namens Christoph Meili bei der SBG historische Dokumente aus der ersten Hälfte des 20. Jahrhunderts in Deutschland fand, die zur Makulatur vorgesehen waren, und diese alsbald jüdischen Kreisen zukommen liess, versetzte die SBG vollends in einen Notstand, über den hinlänglich berichtet worden ist.

Weniger bekannt ist in diesem Kontext ein anderer Vorfall, der Robert Holzach betrifft. Die Rede ist von einem Interview, das er der amerikanischen Journalistin Jane Kramer im März 1997 gewährte. Die 1938 geborene Reporterin hatte mehrere Jahre als Korrespondentin für das Magazin *The New Yorker* in Europa gelebt, namentlich in Deutschland, und darüber in Büchern geschrieben. Als Jüdin befasste sie sich damals mit der Thematik der nachrichtenlosen Vermögen und kontaktierte zunächst den Schweizer Bankier Hans J. Bär von der Zürcher Privatbank Julius Bär. Von ihm wollte sie wissen, welche Gesprächspartner sich für eine Reportage über das jüngere Geschichtsbewusstsein der Schweiz eignen würden. In diesem Zusammenhang fiel auch der Name Robert Holzach, galt er doch zu jenem Zeitpunkt als graue Eminenz der Schweizer Bankenwelt. So kam es am 11. März 1997 zu einem Treffen zwischen Jane Kramer und dem Bankier in seinem Büro.

Erstaunlicherweise fand dieses Gespräch nicht wie sonst üblich in Anwesenheit einer Person von der Pressestelle statt, sondern unter vier Augen. Wie sich zeigen sollte, erwies sich dieser Umstand als folgenschwer für Holzach. Denn in ihrem Artikel «Manna from Hell», der am 28. April 1997 im amerikanischen Wochenmagazin *The New Yorker* erschien, unterstellte Kramer dem Bankier, von einer jüdischen Weltverschwörung gesprochen zu haben, die es sich zum Ziel gesetzt habe, die Weltherrschaft an den Finanzmärkten zu erlangen. Auf Englisch liest sich besagte Passage so:

«Robert Holzach, at U.B.S., wanted to reassure me that with one possible exception there were no Jews ‹at the top› in any of the three great public banks. He said that the banking scandal was really a war. It had to do with a Jewish conspiracy to take over the world's ‹prestige financial markets›, something he told me is already happening in New York, London, and ‹even in Frankfurt›.»

Dieser kurze Abschnitt in dem langen Text Kramers löste in vielen in- und ausländischen Medien eine riesige Kontroverse aus und stempelte Holzach zum Antisemiten ab. Holzach selbst hat im Nachgang zur Publikation des Artikels stets daran festgehalten, dass er solche Äusserungen nie gemacht habe. Was ergibt eine Prüfung der Fakten? Festzuhalten ist hier zunächst, dass Jane Kramer trotz mehrfacher schriftlicher Anfragen des Autors und Gesprächen am Telefon nicht bereit war, sich zu dieser Angelegenheit nochmals zu äussern. Interessant ist sodann, dass die Journalistin in der erwähnten Passage keine direkte Rede verwendet. Angesichts der Brisanz der angeblichen Aussagen Holzachs ist das aus journalistischer Sicht ein Makel, zumal solche Sätze, wenn sie tatsächlich ausgesprochen wurden, geradezu danach rufen, im Originalton zitiert zu werden. Festzuhalten ist auch, dass Holzach die Situation wahrscheinlich unterschätzte: Erstens willigte er ein, das doch eher komplexe Gespräch in einer Fremdsprache zu führen, zweitens war er möglicherweise mit den Praktiken im investigativen angelsächsischen Journalismus nicht vertraut, die tendenziell darauf hinauslaufen, gewisse Aussagen zuzuspitzen, und drittens zog er zu der Unterredung keine weitere Person bei. So muss das Treffen stets eine Angelegenheit zwischen zwei Menschen bleiben. Im Nachgang zur Begegnung mit Holzach meldete sich Jane Kramer wieder beim Bankier Hans J. Bär, der in seinen Memoiren schrieb:

«Unmittelbar nach dem Gespräch mit dem langjährigen SBG-Chef sass Jane Kramer weinend bei mir im Büro: ‹So etwas habe ich in meinem ganzen Leben noch nicht mitgemacht›, schluchzte sie und erkundigte sich, was sie tun solle. ‹Gar nichts›, riet ich ihr. Allerdings war ich selber fassungslos, dass sich ein begabter Bankier zu einer solchen Diatribe hinreissen liess, noch dazu gegenüber einer Journalistin aus jüdischem Hause. Aber gemeinsame Thurgauer Freunde von Holzach und mir (ebenfalls aus jüdischem Haus) sagten mir nur: ‹Reg dich ab.› Das sei nicht mehr als gutschweizerisch-preussischer Militärantisemitismus.»[158]

Was könnte Holzach tatsächlich gesagt haben? Der einzige schriftliche Anhaltspunkt dafür findet sich in seinem privaten Nachlass in Form einer unveröffentlichten Notiz, die er vermutlich als Vorbereitung auf sein Treffen mit Jane Kramer verfasste. Sie lässt vermuten, dass Holzach sich der Brisanz der Angelegenheit durchaus bewusst war: «Das sogenannte ‹Nazi-Gold› oder die ‹Nachrichtenlosen Vermögen› überragen in der Schweiz noch immer die Tagespolitik, so sehr eine Normalisierung oder eine Reduktion des gegenwärtigen Gewichtes notwendig wäre. Leider ist die von einem amerikanischen Senator wohl eher mutwillig ausgelöste Aktion der sachlichen Auseinandersetzung bereits entzogen. Sich emotional mit der eigenen Vergangenheit oder derjenigen seines Landes auseinanderzusetzen, kann indessen keine wirklichen Fortschritte herbeiführen. Fortschritt müsste in einer Synthese bestehen, die sich ergeben könnte aus den verbreiteten Thesen und den ausgelösten Antithesen. Aber eben: Emotionen äussern sich nicht in Thesen, sondern eher in sehr subjektiven Vorstellungen und Meinungen.»

Wie es für sein analytisches Denken typisch war, stellte Holzach in seiner Notiz weiter fest:

«Eine politisch/militärische Beurteilung müsste nach der Formulierung des eigenen Auftrages in erster Linie nach den Absichten unserer Gegner fragen. Nachdem in diesem Zusammenhang der Ausdruck ‹Krieg› offenbar verpönt ist, wählen wir den milderen Begriff der ‹Auseinandersetzung›. Dennoch: Was wollen unsere Auseinandersetzungsgegner denn eigentlich von uns? [...] Der jüdische Staat und zahlreiche jüdische Organisationen wollen in dieser Auseinandersetzung einen Gewinn an Macht, Einfluss, Prestige und suchen internationale Erfolge. Das kann doch nur bedeuten, dass man auf allen denkbaren Ebenen stärker werden will. Unter anderem können solche Ambitionen gefördert werden, indem man echte Rivalen zurückzudrängen weiss und deren Positionen möglichst integral schwächt. Dass die Schauplätze dieser Auseinandersetzungen die internationalen Finanzmärkte sein könnten, ist wahrscheinlich gar nicht so abwegig. Jüdische Vormachtstellungen in den USA und in England, eventuell in anderen europäischen Ländern, sind eine verlockende Ausgangslage. Der Finanzmarkt Schweiz, der zwar auch jüdische Teilnehmer kennt, aber nicht in einer massgebenden Weise, könnte eine Provokation darstellen. Eine solche Argumentation kann keinen Anspruch auf besondere Popularität erheben. Dass sie dennoch hinter den ausgelösten Aktionen stehen könnte, ist nicht auszuschliessen. Mit dem Abgleiten ins Emotionale rückt allerdings die Versuchung näher, sachliche Gegenangriffe durch den Vorwurf des Rassismus (emotional) zu disqualifizieren.»

Es lässt sich nicht in Abrede stellen, dass Holzachs Notiz in der Tendenz tatsächlich gewisse Gemeinsamkeiten mit dem Inhalt der späteren Textpassage Kramers aufweist. Doch zeigt sie auch, dass sich Holzach bewusst war, wie differenziert es hier zu argumentieren galt. Insbesondere verwendet er im ganzen Text nie den Begriff «jüdische

Verschwörung» (ein Ausdruck, der unzweifelhaft dem Vokabular des Antisemitismus zuzurechnen ist). Die schriftlichen Überlegungen bringen allerdings auch die schiere Unmöglichkeit zum Ausdruck, in dieser Thematik eine nicht opportune Meinung zu vertreten, ohne als Antisemit zu gelten. Holzach war sich sehr bewusst, auf welch dünnem Eis er sich bewegte. Umso tragischer war es also für ihn, dass er in diese auswegslose Situation geriet.

Die UBS distanziert sich

Nachdem Jane Kramers Artikel Ende April 1997 erschienen war und einen medialen Sturm der Entrüstung ausgelöst hatte, geriet die bereits unter dem Akronym UBS firmierende Bank in einen Erklärungsnotstand. Der Verwaltungsratsausschuss beauftragte an einer Sitzung vom 16. Mai 1997 Konzernchef Robert Studer, sich in einem Brief an Holzach von dessen Äusserungen zu distanzieren. Zudem veröffentlichte sie am Donnerstag, dem 22. Mai 1997, eine Pressemitteilung, die mit den Worten begann: «Die UBS (Schweizerische Bankgesellschaft) distanziert sich *in aller Form* von den Äusserungen, die ihr Ehrenpräsident Dr. Robert Holzach offenbar gegenüber der Zeitschrift *The New Yorker* gemacht hat und die in der zitierten Weise für Angehörige jüdischen Glaubens beleidigend und unakzeptabel sind.»

Die meisten Medien hielten es nicht für nötig, den Sachverhalt genauer zu prüfen oder kritisch zu hinterfragen. Sie übernahmen vielmehr die Meinung, die unisono verbreitet worden war: Der damals 75-jährige Ehrenpräsident war ein Antisemit und in seiner Funktion nicht länger tragbar. Einzig der langjährige Finanzredaktor der *Neuen Zürcher Zeitung*, Beat Brenner, diagnostizierte in einem Artikel ein «Verwirrspiel um ein Zeitschriftenzitat».[159] Was ihn besonders befremdete, war der Umstand, dass die Grossbank *nicht völlig ausschloss*, dass Holzach diese Äusserungen gemacht haben könnte. «Wäre sie», schreibt Brenner weiter, «felsenfest vom Gegenteil überzeugt gewesen, hätte die Bank kaum Anlass gehabt, mit den oben zitierten Worten eine simple Falschmeldung in einem Zeitschriftenartikel auf diese Weise zu kommentieren.»

Damit nahm das Verwirrspiel tatsächlich seinen Lauf. Denn einen Tag nach dem UBS-Communiqué veröffentlichte die Bank – auf Wunsch von Robert Holzach – eine weitere Medienmitteilung, in der Holzach festhielt, dass er in dem eineinhalbstündigen Gespräch ausdrücklich persönliche Meinungen geäussert habe und dass irgendwelche antisemitische Äusserungen darin *nicht* enthalten gewesen seien. Wörtlich hiess es:

«Ich habe weder von einer ‹jüdischen Verschwörung› (jewish conspiracy) gesprochen noch festgestellt, dass ‹der Bankenskandal› ein Krieg (banking scandal was really a war) sei.»

Vollends ins Undurchschaubare driftete die Angelegenheit jedoch ab, als sich die *Neue Zürcher Zeitung* bei Jane Kramer selbst erkundigte, was vorgefallen sei, worauf diese die «dezidierte Auffassung» vertrat, Holzach habe die von ihr zu Papier gebrachten Worte exakt im publizierten Sinn verwendet. Sie sei über die Wortwahl, zumal sie um den Stellenwert des Begriffs «Verschwörung» im Umfeld der antisemitischen Ideologie wisse, erstaunt gewesen, so Kramer.

Eine erneute Rückfrage der *Neuen Zürcher Zeitung* bei Holzach ergab wiederum, dass die Version Kramer nicht zutreffe. Er habe den Begriff «conspiracy» nicht verwendet, erklärte der UBS-Ehrenpräsident.

Was beim Gespräch zwischen Kramer und Holzach effektiv gesagt wurde, wird man nie mehr abschliessend in Erfahrung bringen können. Ein wenig Licht in die Sache schafft die Einstellungsverfügung der Zürcher Bezirksanwaltschaft, die ins Spiel gekommen war, nachdem der damalige Basler Kantonsparlamentarier Marcel Hess am 22. Mai 1997 eine Strafanzeige gegen Robert Holzach wegen «Verletzung des Tatbestandes der Rassendiskriminierung» eingereicht hatte.[160] Das Gericht entschied zugunsten Holzachs, da ihm die wörtliche Verwendung der problematischen Begriffe nicht nachgewiesen werden konnte und somit auch der Tatbestand der Rassendiskriminierung nicht erfüllt war. Holzach machte bei der untersuchungsrichterlichen Einvernahme geltend, den Begriff «war» (Krieg) nicht verwendet zu haben respektive ausdrücklich gesagt zu haben, seit dem

Fall Jagmetti dürfe man diesen Begriff nicht mehr verwenden, weshalb er (Holzach) den Ausdruck «Argumentationskontroverse» benutzt habe. Im Weiteren habe er den Begriff «Bankenskandal» sicher nicht verwendet, ebenso wenig den Begriff «conspiracy» (Verschwörung»); das englische Wort sei ihm aktiv nicht geläufig gewesen, sowieso stelle er sich unter Verschwörung etwas anderes vor, vorliegend gehe es vielmehr um die Verfolgung wirtschaftlicher Ziele.

Weiter erklärte Holzach, Jane Kramer habe sich bei dem Gespräch als Jüdin vorgestellt; unter diesem Aspekt hätte er gewiss keine antisemitischen Aussagen gemacht; ganz abgesehen davon, dass er kein Antisemit sei. Im Übrigen habe die Journalistin kein Tonband benützt und nur «in grossen Buchstaben» Stichworte notiert. Sie habe ihm auch vorgängig keine Fragen zukommen lassen noch ihm nachher ein Belegexemplar zugestellt. Ausserdem habe sie mit etwa zehn Personen Gespräche geführt, wobei es durchaus zu einer Vermischung von Aussagen gekommen sein könnte, erklärte Holzach laut Einstellungsverfügung.

Interessant ist in dem Zusammenhang auch, dass die Untersuchungsrichter der Journalistin eine «unredliche Zitierweise» unterstellen, die ihre Entsprechung im «reisserischen Inhalt» des Artikels finde, der sich im Wesentlichen in «Spekulationen und pauschalen Werturteilen sowie populären, leicht sarkastischen Verkürzungen» ergehe und «wenig überprüfbare Tatsachen» enthalte. Als Beispiele dafür dienen mehrere Zitate aus Kramers Artikel:

«One of the results of the Redout [gemeint ist das Réduit, Anmerkung des Autors] was that two-thirds of the men in the swiss militia were freed from border duty, and many ot those men went to work in factories like Zurich's Oerlikon Bührle, producing the anti-aircraft guns and the aluminium that eventually found their way to Germany.»

«There is a memorial on the outskirts of Zurich to the soldiers of Switzerland. It is a place where old men like to take their grandchildren, and when the grandchildren remind them that Swiss soldiers haven't died in a war for centuries the grandfathers tell them that it is a matter of definition – that in 1918 there were many soldiers who ‹fell› from influenza, inside Switzerland, defending Swiss neutrality.»

Am kritischsten befassen sich die Untersuchungsrichter allerdings mit dem journalistischen Handwerk von Jane Kramer. So heisst es in der Einstellungsverfügung wörtlich:

«Auf den ersten Blick fällt auf, dass die Journalistin gewisse Satzteile als wörtliches Zitat kennzeichnet, nämlich ‹prestige financial markets› und ‹even in Frankfurt›. Der Umkehrschluss führt klarerweise dazu, dass die übrigen Aussagen von Robert Holzach nicht wörtlich so gemacht wurden und jedenfalls höchstens sinngemäss so gefallen sein könnten. Eine Bestätigung findet dies in der Überlegung, dass doch gerade die anderen Aussagen (insbesondere ‹jüdische Verschwörung›) ungemein brisanter sind und die Journalistin mit Sicherheit diese gerne als wörtliche Zitate zu erkennen gegeben hätte – wenn Robert Holzach sich so ausgedrückt hätte. Andere Gesprächspartner werden mit ganzen Sätzen zitiert, beispielsweise Roger de Weck (‹I would go further, I would say that neutrality is bad for the character of a people.›) Insoweit hat die Journalistin wörtliche und sinngemässe Aussagen auseinandergehalten und zu erkennen gegeben. Anzumerken bleibt, dass Stil und Zitierweise der Journalistin den Leser verwirren; das Kennzeichnen von nebensächlichen Satzteilen als Zitate und das Vermischen mit brisanten Ausdrücken, welche so nicht gefallen sind, erzeugt beim Leser einen falschen Eindruck, welcher wohl nicht ungewollt ist.»

Die Einstellung der Untersuchung gegen Robert Holzach sowie die Tatsache, dass die Kosten dafür von der Staatskasse übernommen wurden, trugen in keiner Weise dazu bei, den Bankier zu rehabilitieren. Vielmehr blieb das Etikett «Antisemit» an ihm haften. Die Umstände erwiesen sich für die UBS als immer problematischer. Denn neben der Kontroverse um die nachrichtenlosen Vermögen stand sie auch noch mit dem Schweizerischen Bankverein in Fusionsverhandlungen (siehe Kapitel 9) – und auch in dieser Angelegenheit ging der Ehrenpräsident auf Kollisionskurs mit «seiner» Bank.

«Megalomane Fluchtlösung»

Nachdem es am 4. Dezember 1997 zu einem Informationsgespräch und am 5. Dezember 1997 zu einer ausserordentlichen Verwaltungsratssitzung gekommen war, beschloss die UBS (ehemals SBG), am Montag, 8. Dezember 1997, die Fusion mit dem Schweizerischen Bankverein anzukündigen (siehe Kapitel 9). Am selben Tag sprach sich Robert Holzach in einem Brief unmissverständlich gegen einen solchen Schulterschluss aus, obwohl er realisierte, dass er dagegen nichts mehr ausrichten konnte. In dem Schreiben an Robert Studer, der mittlerweile Nikolaus Senn als Präsidenten des Verwaltungsrats abgelöst hatte, steht:

«In der VR-Sitzung vom 5. Dezember 1997 wurde nach 85-jähriger Existenz der SBG über das Ende dieser Bank gesprochen und entschieden. Mit diesem Entscheid kann ich mich nicht befreunden. Eine derzeitige Schwäche endet mit der Selbstaufgabe. Ein Heer, das sich lange Zeit zu den stärksten zählen durfte, entscheidet sich für die Kapitulation. Alle Erklärungen und Begründungen führen nicht daran vorbei, dass die heutige Führungsgeneration eineinhalb Jahre nach ihrem Amtsantritt den Glauben an die eigene Kraft verloren hat. Als Stichworte melden sich überdies Fragen zur Firmengeschichte, zu Arbeitsplätzen, Markenwert, zum Wolfsberg, zur Solidarität und Branchenglaubwürdigkeit. Das sind u. a. Verpflichtungen, die nach endgültigen Antworten rufen.»

Sein Schreiben schloss Holzach mit dem inzwischen legendären Wunsch:

«Der vorgeschlagene und nun vorgesehene Weg erweckt den Eindruck einer megalomanen Fluchtlösung. Diesem Entscheid kann man nur wünschen, dass ihm die geschichtliche Wertung dereinst gnädig sei.»

Ähnlich kritisch äusserte sich Holzach auch in einem Geburtstagsschreiben an alt Bundesrat Hans Schaffner vom 16. Dezember 1997. Darin schrieb er:

«Die megalomane Lösung im Bankenbereich kann mich nicht überzeugen. Eine junge Mannschaft hat für ein Heer, das sich zu den stärksten zählen durfte, die Kapitulation unterzeichnet. Das intellektuelle Potential dürfte kaum ausreichen, notwendigerweise end-gültige [sic!] Lösungen in der verfügbaren Zeit herbeizuführen und damit langfristig Erfolg zu signalisieren.»

Dass Holzach mit seiner Kritik in einer vom Aufbruch euphorisierten UBS ins Leere lief, ist verständlich. Doch damit nicht genug. Er verlor auch seinen Titel als Ehrenpräsident der Bank und die damit verbundenen Privilegien. Offiziell hiess es, dass mit der Fusion jegliche Ehrenpräsidententitel und -ansprüche entfielen; allerdings liegt die Vermutung nahe, dass dies auch ein willkommener Vorwand war, um den längst unerwünschten Bankier definitiv aus dem Unternehmen hinauszukomplimentieren.

Angesichts seiner Leistung und seines Engagements für die SBG hätte es Holzach verdient gehabt, einen etwas anderen, würdevolleren Abgang zu erleben. Doch für historische Sentimentalitäten hatten die neuen und knapp kalkulierenden UBS-Chefs ebenso wenig übrig wie für den Rat eines Bankiers, der doch immerhin über mehrere Jahrzehnte den Erfolg dieser Bank mitgestaltet hatte. Natürlich lässt sich juristisch darüber debattieren, ob auf Lebzeiten ausgesprochene Ansprüche weiterbestehen oder erlöschen, wenn ein Unternehmen in eine neue rechtliche Struktur übergeführt wird. Doch nur schon aus Anstand und Respekt hätte man mit Holzach eine einvernehmliche Lösung finden dürfen. Schliesslich war es die damalige Gratiszeitung *ZüriWoche*, die den «Rausschmiss» Holzachs aus der Bank in der breiten Öffentlichkeit publik machte. Der Eklat, der bei Eingeweihten helle Empörung auslöste, kennzeichne trefflich den Stil des Hauses, schrieb die Zeitung.[161] Und der Publizist Karl Lüönd stellte in seinem Kommentar in der Zeitung zum Vorfall durchaus treffend fest:

«Wer einen alten Herrn mit grossen Verdiensten auf diese Weise «entsorgt» (was für ein Wort!), sendet bestimmte Botschaften aus, die für alle wichtig sind, die mit diesem Unternehmen zu tun haben. Zum Beispiel: Frühere Verdienste zählen nicht. Unsere Währung ist der Erfolg. Abweichende Meinungen sind nicht erwünscht. Es gibt eine herrschende Doktrin (bzw. eine Doktrin der Herrschenden), und wer sich damit nicht arrangieren will, sehe zu, wie er weiterkommt. [...] Uns

Angestellten, Bankkunden, Staatsbürgern kann es egal sein, ob Robert Holzach in Zukunft mit der S-Klasse der Bank oder mit der S-Bahn in die Stadt fährt. Zu denken gibt uns, dass es im riesigen Apparat dieser Grossbank offenbar niemand gegeben hat, der die menschliche Kompetenz aufgebracht hätte, einen solchen durchaus nicht unalltäglichen Generationenkonflikt würdig zu lösen.»

Zwei Tage nach seinem 76. Geburtstag verliess Robert Holzach am 30. September 1998 das Unternehmen, dem er seit 1951 (mit dem sechsmonatigen Unterbruch seiner Koreamission) «gedient» hatte. Es gab keine offizielle Verabschiedung, kein Dankeschön. Eher galt der von Alfred Schaefer gern zitierte Ausspruch Napoleons: «Servir et disparaître.»

Kapitel 9
Die Finanzalchimisten

Erst Euphorie, dann brutale Ernüchterung. Warum hat es Robert Holzach so kommen sehen? Die SBG ist mächtig, aber schwerfällig. Dass der Kelch an ihr vorbeizieht, ist nur die halbe Wahrheit. Da sind viele Versäumnisse. Kommt jetzt die neue Generation? Mit den Turnschuh-Bankern gewinnt alles noch einmal an Fahrt. Fusion, Fusion, schallt es von allen Seiten. Doch am Ende sieht jeder, dass die Strategie verhängnisvoll ist. Der Wahnwitz der unkontrollierten Grösse, er nennt das Megalomanie, was für ein Wort, habe schon immer ins Unglück geführt, sagt Holzach.

Es ist bemerkenswert, dass Robert Holzach bereits 1984 in einem Referat in Basel sagte:
«Wollen wir die Prinzipien aufrechterhalten, die zur Förderung des Wohlstandes beigetragen haben – die Prinzipien der freien Marktwirtschaft –, dann geht es *nicht* an, nur die Chancen einer liberalen Wirtschaftsordnung in Anspruch zu nehmen und die damit verbundenen Risiken dem Staat und letztlich dem Steuerzahler zu überlassen».[162]

Ohne es zu ahnen, nahm er mit dieser Überlegung die staatliche Aktion zur Rettung der UBS im Oktober 2008 vorweg. Im Prinzip hatten die Führungsverantwortlichen der Bank die Chancen einer liberalen Wirtschaftsordnung über Jahre ausgenutzt, weil sie davon ausgehen konnten, dass die UBS *too big to fail* war; zu gross, zu mächtig und wirtschaftlich zu bedeutend für die Schweiz, als dass der Staat sie hätte fallen lassen können. Doch wie war es überhaupt so weit gekommen, dass eine Gruppe von Managern eine so solide Bank wie die SBG und spätere UBS innert zehn Jahren – zwischen 1998 und 2008 – dermassen herunterwirtschaften konnte?

Als Holzach 1988 als Präsident des Verwaltungsrats der Schweizerischen Bankgesellschaft (SBG) zurücktrat, hatte das Unternehmen im Heimmarkt eine überragende Stellung und genoss im Ausland, selbst wenn der Schweizerische Bankverein (SBV) in dieser Hinsicht stets internationaler war, ein hohes Ansehen. Auch das war nicht zuletzt Holzach zu verdanken, dessen Auftritte in der Welt von geradezu staatsmännischem Format waren. Dass dies Eindruck machte, beweist die Tatsache, dass die renommierte amerikanische Fachzeitschrift *Institutional Investor* ihn bereits 1984 zum *Banker of the Year* kürte. Die geschäftliche Entwicklung in Holzachs Amtsperiode als Verwaltungsratspräsident liess sich ebenfalls sehen. Innert dieser acht Jahre stieg der Gewinn markant; einzig 1987, als es im Oktober an den Börsen zu einem Einbruch gekommen war, musste die SBG einen leicht rückläufigen Jahresgewinn ausweisen. Doch bereits 1988, also im Rücktrittsjahr Holzachs, war die Bank wieder voll auf Kurs.

Enwicklung von Bilanzsumme und Gewinn zwischen 1980 und 1988

Jahr	Bilanzsumme (in Millionen Franken)	Gewinn
1980	77 527	334
1981	93 738	382
1982	106 353	438
1983	115 142	506
1984	131 031	584
1985	139 453	692
1986	152 167	776
1987	160 416	753
1988	166 583	778

So engagiert, wie er 1980 bei seinem Antritt als Präsident seinen «Marschbefehl» ausgegeben hatte, so dezidiert formulierte Holzach in seiner letzten Rede vor den Direktoren der SBG im Frühjahr 1988 seine Vision einer «beispielhaften Bank»:

«Will die grösste Bank der Schweiz auch die bedeutendste sein, muss sie beispielhaft sein. Beispiel zu sein, Beispiel zu geben und Beispiel vorzuleben, ist das Anspruchsvollste, das ich mir denken kann. Denn am Beispiel sollen sich Bankgewerbe, Wirtschaft und Öffentlichkeit orientieren können. Wissen Sie, was das bedeutet? Sie wissen, was das bedeutet: Alle, buchstäblich alle, schauen auf uns und unser Verhalten. Wir dürfen sie nicht enttäuschen. [...] Eine solche Institution verkörpert neben den traditionellen Werten der Verlässlichkeit, der Solidität und Sauberkeit die Vorstellungen der Aufgeschlossenheit und der Dynamik. Sie hat den Mut zum Ausserordentlichen und die Kreativität, aus Modellen und Denkschemata immer wieder auszubrechen.»[163]

Brutale Ernüchterung

Als Robert Holzach an der Generalversammlung vom 7. April 1988 im Zürcher Hallenstadion seinem Nachfolger Nikolaus Senn das Zepter übergab, entsprach das immer noch der Nachfolgeplanung des einstigen Präsidenten Alfred Schaefer, die damit zu Ende ging. Die Zeitenwende äusserte sich für die SBG noch anderweitig. Eben hatte sich die Börse vom schwersten Crash seit Ende der 1920er-Jahre erholt. Holzach resümierte:

«Die Zeit vor dem 19. Oktober 1987 war von Extrementwicklungen und Extremsituationen geprägt, die sich gelegentlich zu eigentlichen Exzessen ausgewachsen haben. Hinter gigantischen Übernahmen in den USA war häufig nur wenig oder kein wirtschaftlicher Sinn zu erkennen. Diese Finanztransaktionen waren in erster Linie für ihre ‹Erfinder› attraktiv und häufig insofern auch für die Übernehmer, als sie sich ihre kurzfristig aufgenommenen Schulden durch Entnahmen oder Umstrukturierungen beim Übernommenen zurückzahlen liessen. Freude hatten allenfalls noch Spekulanten, die aus den extremen Kursschwankungen finanziell Nutzen ziehen konnten.»

Tatsächlich war es am 19. Oktober 1987 wie aus dem Nichts zu einem massiven Kurssturz an der New Yorker Wall Street gekommen. Der Dow Jones Industrial Average Index verlor an jenem Tag 22,6 Prozent seines Werts. Es war der grösste Tagesverlust, den es je gegeben hatte; ein Ereignis, das der Öffentlichkeit erstmals seit Langem wieder die Verwundbarkeit der Finanzmärkte offenbarte. Auch davor hatte Holzach schon lange gewarnt. Am Festakt der SBG zu ihrem 125-jährigen Bestehen im Frühjahr 1987 hatte er den Begriff der «ertragserpichten Händler» erstmals verwendet und damit diejenigen Berufsleute gemeint, die sich «in nie gekannten Mengen dem Finanzzentrum Wall Street zuwenden, um ihre elitäre Berufung als Schnellaufsteiger ohne irgendwelche berufsethische Verpflichtung unter Beweis zu stellen». Das war eine Formulierung, die später in den Medien oder in Referaten noch oft zitiert werden sollte. Und weiter folgerte Holzach:

«Wen wundert's, dass die Zahl der Finanzskandale zunimmt, wenn ein Leitbild gilt, das persönliche Vermögensbildung in möglichst kurzem Zeitraum gleichsetzt mit dem Nachweis eines hohen intellektuellen Potenzials und des virtuos gekonnten Managements?»

Rund ein halbes Jahr vor dem New Yorker Börsensturz hatte Holzach auch festgestellt:

«Die Reaktionen der neuen Märkte auf aussergewöhnliche Belastungen sind noch unbekannt. Es sind deshalb brutale Ernüchterungen für allzu eifrige Finanzalchimisten zu erwarten.»[164]

Doch so scharf der Einbruch an dem *Black Monday* gewesen war, so schnell erholte sich die Börse erstaunlicherweise wieder. Anstatt der brutalen Ernüchterungen, wie sie Holzach prophezeit und damit an die pessimistischen Konjunkturerwartungen mancher Ökonomen nach dem Zweiten Weltkrieg erinnert hatte, setzte mit dem Ausklingen der 1980er-Jahre zunächst eine der längsten Haussen in der Börsengeschichte ein. Sie ebnete all jenen Akteuren den Weg, die – im Gegensatz zu Holzach – die Börse bloss noch als neuzeitliches Casino definierten und den schnellen Reibach zum institutionalisierten Evangelium der Spekulation machten. Beschönigend war von einer neuen «Finanzarchitektur» die Rede, von einem «Finanz-Engineering», das Derivate erzeugte, die lediglich Wetten auf andere abstrakte Finanzinstrumente waren. Man könnte sagen, dass man damals an der Börse die sprichwörtliche Büchse der Pandora öffnete, der sämtliche Spekulationsübel entwichen, die später manchen Anlegern horrende Verluste bescheren sollten. Wie auch immer: Der Paradigmenwechsel führte zu einem anderen Schlag von Bankmanagern, die im Gegensatz zu früher mehrheitlich international ausgerichtet waren, weil sie im Ausland nunmehr die grössten Wachstumschancen sahen.

Das Zeitalter der «Turnschuh-Banker»

Das war besonders beim Schweizerischen Bankverein (SBV) der Fall, der in der weiteren Geschichte der SBG noch eine entscheidende Rolle spielen sollte. In den 1990er-Jahren übernahm der SBV mehrere angelsächsische Finanzinstitute. Bereits 1989 war er eine Partnerschaft mit dem amerikanischen Derivatehändler O'Connor & Associates eingegangen, den er 1995 vollständig übernahm; ebenfalls 1995 erwarb der SBV das amerikanische Geldhaus Brinson Partners, das Finanzvehikel für institutionelle Anleger wie Pensionskassen und Versicherungen entwickelte. Im selben Jahr holte das Institut auch noch zum grössten Schlag aus und übernahm die legendäre, aber in finanzielle Schräglage geratene britische Investmentbank S. G. Warburg, um sie zwei Jahre später mit der damals erworbenen amerikanischen Investmentbank Dillon, Read & Co. zu fusionieren.

So verschaffte sich das Basler Unternehmen Zugang zu denjenigen Köpfen, die es verstanden, die komplexen Finanzinstrumente zu entwickeln und mit ihnen zu handeln. Das war indessen nur möglich, weil der SBV die Kultur dieser Spezialisten aus der angelsächsischen Hyperfinanz im eigenen Haus zuliess. Die «Turnschuh-Banker», wie diese, rein ausbildungsmässig hochintelligenten Leute zunächst nur intern genannt wurden, entsprachen überhaupt nicht mehr dem Bild des typischen Schweizer Bankiers. Sie wirkten stets etwas entrückt, zumeist wenig kommunikativ, gleichwohl aber ehrgeizig und kümmerten sich einen Deut um Traditionen. Das galt auch für ihre Kleidung. Zum Anzug trugen sie keine Krawatte mehr, dafür eben Turnschuhe. Auf diese Weise erfand sich der SBV neu und brachte so die SBG, wenn nicht in Bedrängnis, so zumindest in Verlegenheit. Seit dem Abgang Holzachs 1988 war die Bank unter dem Führungsduo Senn und Studer tatsächlich kaum durch grosse Würfe aufgefallen – eher überwog der Eindruck, das Management kapriziere sich darauf, den Status quo zu konservieren. Rückblickend könnte man der operativen Führung unter Robert Studer aber zugutehalten, sich durch ihre geradezu übervorsichtige Vorgehensweise vor Schlimmerem bewahrt zu haben. Tatsächlich prüfte die Bank in der ersten Hälfte der 1990er-Jahre zahlreiche Übernahmemöglichkeiten. Doch abgesehen von einigen kleineren Transaktionen kam es nie zum grossen Wurf. Bereits in den Jahren 1990 und 1991 evaluierte die SBG die Akquisition eines deutschen Instituts, nicht zuletzt vor dem Hintergrund der deutschen Wiedervereinigung und der daraus erwarteten wirtschaftlichen Impulse, wobei man sich dann vor allem auf die Commerzbank konzentrierte. Doch im Lauf des Jahres 1991 blies die Führungscrew der SBG dieses Ansinnen bereits wieder ab. Sie stufte die Risiken als zu hoch ein. Zudem passte das Kleinkundengeschäft der Commerzbank mit einem grossen Filialnetz nicht in die Strategie der SBG, die das Retailbanking im Ausland gar nicht anstrebte, und schliesslich befürchtete man, nach dem Erwerb dieses schwächelnden Instituts, das Triple-A-Rating, auf das die Bank so stolz war, zu verlieren, was einem massiven Reputationsverlust gleichgekommen wäre.

Im Folgejahr, also 1992, strebte die SBG im Zug ihrer «Strategie für die 1990er-Jahre» den Erwerb einer amerikanischen Investmentbank an. Zuoberst auf einer umfangreichen Liste figurierte das Finanzinstitut Lehman Brothers, das jedoch später im Sog der Krise von 2008 kollabierte. Einmal mehr sah das Topmanagement der SBG von einem Kauf ab, weil das US-Geldhaus offenbar doch nicht die gesamte Dienstleistungspalette anbot. Im Jahr 1994 prüfte die SBG den Kauf der Berliner Handelsgesellschaft und Frankfurter Bank, kurz BHF genannt, verwarf aber auch diesen Plan aufgrund der allzu verzettelten Aktionärsstruktur.

Zwar übernahm die SBG in den 1990er-Jahren im Sog der schweizerischen Immobilienkrise durchaus einige kleinere Institute, dennoch glich die Bank zusehends einem trägen Koloss, der auch den Aktionären immer weniger gefiel. Hinzu kam, dass die heimische Konjunktur alles andere als erfreulich war. Die Schweiz erlitt in den 1990er-Jahren zunächst eine dreijährige Rezession, der eine nochmals dreijährige Stagnation folgte; erst 1997 kam es wieder zu einem Aufschwung, der allerdings nur bis 2000 dauerte. Es gibt verschiedene Gründe für die Wirtschaftskrise der 1990er-Jahre: Die Politik der Schweizerischen Nationalbank (SNB) hatte bereits in den 1980er-Jahren zu einem sehr hohen Geldangebot und zur Inflation geführt, was dann mit einer Zinserhöhung 1989 bekämpft worden war. Das allerdings liess die Immobilienpreise einbrechen und löste eine Bankenkrise aus. Viele vor allem regional tätige Finanzinstitute gingen ein, insgesamt mussten die Schweizer Geldhäuser mehr als 40 Milliarden Franken an schlechten Krediten abschreiben. Darüber hinaus waren die 1990er-Jahre von einer Fiskalpolitik geprägt, die sich durch viele neue Abgaben auszeichnete. Gleichzeitig verhinderte die im Vergleich zu anderen Ländern eher schwach vorangetriebene Deregulierung einiger Wirtschaftszweige mehr Wettbewerb.

Dieser Cocktail erklärt die starke Rezession der 1990er-Jahre, die auch an der SBG nicht spurlos vorüberging. 1994 musste sie einen massiven Ergebniseinbruch ausweisen. Der Gewinn betrug zwar noch immer 1,6 Milliarden Franken; doch ein Jahr zuvor waren es noch 2,3 Milliarden Franken gewesen.

Wie sich zeigte, hatte auch die gross angekündigte Reorganisation von Mitte 1991 wenig bewirken können. Das neue Organigramm enthielt fünf geografische Regionen (Schweiz, Europa, Nordamerika, Japan und Ostasien) sowie sechs Geschäftseinheiten: (1) Corporate Lending, (2) Corporate Finance, (3) Trading & Risk Management, (4) Country Exposures & General Banking in Non-regionalized Countries, (5) Private Banking und Institutional Asset Management sowie (6) Resources und Management Support. In Zweifelsfällen war allerdings nicht immer klar, ob die regionale oder die funktionale Führung den Stichentscheid hatte; das erschwerte die Geschäftsprozesse. Zudem bestand ein massives geografisches Ungleichgewicht: Die Schweiz, noch immer mit Abstand die wichtigste und profitabelste SBG-Region, war in der neuen Matrix stark untergewichtet. Dafür nahm mit Lim Ho Kee erstmals ein ausländischer Kadermann in der erweiterten Geschäftsleitung Einsitz.[*] Aber auch das zahlte sich nicht aus; der Banker, den man grosszügig schalten und walten liess, brockte der SBG hohe Verluste ein. Auch der erstmalige Einsitz von Frauen im Verwaltungsrat[**] 1994 änderte an der schwierigen Situation nichts. Mit der Übernahme von 25 Prozent an der grössten Schweizer Lebensversicherungsgesellschaft Rentenanstalt (später Swiss Life) im Jahr 1995 wollte die SBG-Führung unter dem Schlagwort «Allfinanz» Bank- und Assekuranzprodukte aus einer Hand anbieten – noch eine Strategie, die sich nie durchsetzte. Wie hilflos die SBG

---

[*] Lim Ho Kee sollte später für einiges Aufsehen sorgen, weil er mehr verdiente als Konzernchef Robert Studer.
[**] Anne-Lise Monnier-Blaile und Maria Reinshagen.

agierte, zeigte sich exemplarisch am Bemühen, die Schweizerische Volksbank (SVB) zu übernehmen.

Umworbene Braut

Die in Bern domizilierte SVB galt zwar als Grossbank, lag aber stets deutlich hinter den drei führenden Instituten SBG, SBV und SKA zurück. Daran hatten auch wiederholte Versuche, ins Ausland zu expandieren, nichts geändert. In der Hypothekarkrise musste die Bank hohe Abschreibungen vornehmen, und da sie im Gegensatz zu anderen Banken nicht über genügend Reserven verfügte, geriet sie in existenzielle Schwierigkeiten. In der Folge versuchte sie, sich in eine Partnerschaft mit einer anderen Grossbank einzubringen.

Zur SBG bestand insofern eine gewisse Verbindung, als sich die beiden operativen Chefs, Rolf Beeler und Robert Studer, vom Militär her kannten. Sie hatten beide in der Felddivision 8 gedient. Ausserdem hatte der Sohn des SVB-Präsidenten Walter Rüegg bei der SBG gearbeitet, und auch Albert Keller, ein weiterer SVB-Generaldirektor, war ein früherer SBG-Mann. Mit anderen Worten, zwischen den beiden Instituten oder zumindest zwischen einzelnen Protagonisten bestand eine gewisse Vertrautheit, die, so nahm man an, positiv war.

Mit einer Übernahme der SVB wäre die SBG mit noch deutlicherem Abstand das grösste Finanzinstitut der Schweiz geworden. Darum lag es nahe, dass die Konkurrenz eine solche Entwicklung um jeden Preis verhindern wollte; vor allem die Schweizerische Kreditanstalt (SKA), die inzwischen als CS Holding firmierte. Im Verbund mit der SVB hätte sie ihrerseits ihren Rückstand auf die SBG und den SBV deutlich verringern respektive einen Quantensprung nach vorn machen können. «Der Erwerb drängte sich *imperativisch* auf, wollte der Finanzdienstleister am Paradeplatz nicht endgültig den Anschluss an die nationale Spitze verlieren», so der damalige CS-Verwaltungsratspräsident Rainer E. Gut in seinen Memoiren.[165] Tatsächlich schwebte Gut ein Geschäftsmodell vor, bei dem sich die CS Holding auf das Auslandsgeschäft und auf die grosse Klientel konzentrierte, während die SVB die kleineren Kunden betreute.

In den frühen 1990er-Jahren intensivierten sich die Verhandlungen zwischen den Vertretern der Grossbanken. Walter Rüegg, zunächst operativer Chef und ab April 1992 Präsident des Verwaltungsrats der SVB, verstand es offenbar gut, die Interessenten laufend gegeneinander auszuspielen. Im Zentrum der Gespräche stand dabei immer die Frage, wie weit die Eigenständigkeit der SVB erhalten bleiben würde.

Zwischen Weihnachten und Neujahr 1992/93 spitzte sich die Situation zu, als Rüegg am 28. Dezember 1992 sowohl mit der SBG als auch mit der CS verhandelte, ohne dass sie dies voneinander wussten. Aber sie ahnten es, und in der Folge unterbreitete die CS Holding der SVB am 31. Dezember 1992 eine Übernahmeofferte mit Gültigkeit bis zum 2. Januar 1993. Am 2. Januar 1993 fuhren Rainer E. Gut und Josef Ackermann, seit zwei Tagen Präsident der Generaldirektion, nach Bern, um ihr Angebot vor dem Ausschuss des Verwaltungsrats sowie vor der Generaldirektion der SVB zu präsentieren. Die Begeisterung hielt sich offenbar in Grenzen, und am selben Abend teilte Rüegg Gut telefonisch mit, dass die Wahl auf eine andere Bank gefallen sei. Denn auch Robert Studer hatte am 2. Januar 1993 gegenüber SVB-Präsident Walter Rüegg sein Angebot erläutert, worauf der Verwaltungsratsausschuss der SVB einstimmig beschlossen hatte, die SBG-Offerte anzunehmen.

Doch Gut wollte sich diese «Jahrhundertchance» nicht entgehen lassen. An einer Sitzung des CS-Verwaltungsrats am 3. Januar 1993 liess er sich das Mandat geben, die einzelnen Verwaltungsräte der SVB direkt anzusprechen und sie davon zu überzeugen, dass das Angebot der CS Holding besser sei.

Die Ereignisse überschlugen sich: Am 4. Januar 1993 stellte die SVB den Handel mit ihren Aktien ein und kündigte für den 6. Januar 1993 eine «positive» Nachricht an. Dadurch erhielt Gut paradoxerweise mehr Zeit, um seine Aktivitäten zu entfalten. So startete die CS eine Medienkampagne, in der sie die Ansicht vertrat, eine Fusion zwischen SBG und SVB würde das «Kräfteverhältnis unter den Grossbanken» erheblich stören. Man malte das Bild einer «Superbank», wie sie angeblich nicht in die schweizerische Bankenlandschaft passen würde. Ungeachtet dessen präsentierte Studer am 5. Januar 1993 nun dem gesamten SVB-Verwaltungsrat die SBG-Offerte. Er war sich seiner Sache sicher, zumal er den SVB-Vertretern bezüglich der Integration ihrer Bank stets reinen Wein eingeschenkt hatte. Mit anderen Worten, beim Kauf durch die SBG würde die Marke «Volksbank» verschwinden. Ausserdem ging Studer davon aus, dass der ihm gut gesinnte SVB-Präsident den SBG-Vorschlag «durchboxen» würde. So kehrten die SBG-Leute an jenem Tag zuversichtlich nach Zürich zurück und stellten den Champagner kühl. Womit sie allerdings nicht gerechnet hatten: In der Zwischenzeit war der gesamte Verwaltungsrat der SVB – und nicht mehr bloss der Ausschuss – durch die Aktionen Guts darüber im Bild, dass es eben auch eine Offerte der CS gab. Mehr noch: Die Mehrheit der SVB-Verwaltungsräte reagierte düpiert, dass sie nicht früher informiert worden war. So geriet SVB-Präsident Walter Rüegg enorm unter Druck.

In der Folge sprach sich der Verwaltungsrat der SVB mit 13:4 für die Offerte der CS Holding aus, was eine «schallende Ohrfeige» für Walter Rüegg war.[166] Ihm blieb nichts anderes übrig, als am 5. Januar spätabends die Verwaltungsräte der beiden Grossbanken über den finalen Entscheid zu informieren. Ausgesprochen irritierend war, dass manche Verwaltungsräte der SBG, die am betreffenden Abend nach einem gemeinsamen Essen die vermutete Zusage nicht abgewartet hatten, aus den Nachrichten erfahren mussten, dass nun nicht ihre Bank, sondern die CS die SVB übernehmen würde. Anderntags fand die angekündigte Pressekonferenz der SVB nicht im Konferenzgebäude Grünenhof der SBG statt, sondern im Forum St. Peter der CS. Gleichentags trat Rüegg als Präsident der SVB zurück.

Die unterlegene SBG quittierte den Ausgang des Übernahmekampfs mit einem Zitat aus dem Markus- und Matthäusevangelium, indem Robert Studer sagte, «dieser Kelch ist an uns vorübergegangen» – wohl in Anspielung auf die wirtschaftlich angespannte Situation bei der SVB.[167] Inwiefern die übernommene Bank im Schoss der CS tatsächlich besser fuhr als mit der SBG, kann nur vermutet werden.

Während die SBG stets mit offenen Karten gespielt und klar zum Ausdruck gebracht hatte, dass die SVB nach einem allfälligen Kauf mit der Streichung des Markennamens voll in die SBG integriert würde, liess man diese Frage bei der CS immer etwas im Diffusen.

Nach der Übernahme nutzte die CS den hohen Verlust, den das bernische Institut für 1992 ausweisen musste, als Vorwand, um zahlreiche Geschäftsstellen der SVB aufzuheben und Hunderte von Stellen zu streichen. Zwischen April 1993 und Juni 1995 wechselte die CS fast die Hälfte aller SVB-Manager aus, und im Zug der Umwandlung der CS Holding in die Credit Suisse Group im Jahr 1996 wurde die SVB in den Konzern einverleibt. Die CS begründete diesen Entscheid damit, dass Kunden und Mitarbeiter die Marke SVB mit einer «Pleite-Bank» assoziierten.

Es entbehrt nicht einer gewissen Ironie, dass die CS auch 1994 der SBG ein weiteres Übernahmeobjekt vor der Nase wegschnappte. Diesmal ging es um die Neue Aargauer Bank (NAB), eine grössere Regionalbank im Schweizer Mittelland, die 1989 durch die Fusion zweier kleinerer Institute entstanden war.* Die Bank hatte die Rezession und Hypothekarkrise der frühen 1990er-Jahre stark zu spüren bekommen und war nun auf der Suche nach einem grösseren Partner. Für die SBG ihrerseits hätte ein Kauf der NAB zu nützlichen Skaleneffekten geführt. Die finalen Gespräche fanden im Lauf des Septembers statt, wobei die SBG einen Tag vor einem weiteren Treffen am 20. September 1994 überraschend erfahren musste, dass die NAB-Führung eine Übernahmeofferte der Credit Suisse akzeptiert hatte. Im ersten Moment war der Ärger gross, ein weiteres Mal von der Konkurrenz ausgebootet worden zu sein, doch später zeigte sich im Fall der CS, dass die Restrukturierung der NAB wesentlich kostspieliger ausfiel, als man das bei der SBG geschätzt hatte.

---

* Aargauische Hypotheken- und Handelsbank, Brugg, und Allgemeine Aargauische Ersparniskasse, Aarau.

DIE FINANZALCHIMISTEN   231

Erneut in Bedrängnis

Das Scheitern der SBG beim Versuch, andere Banken zu übernehmen, blieb nicht ohne Folgen. Vor allem die Aktionäre forderten zunehmend mehr Rendite und eine klare Strategie. Als wichtigster Wortführer in dieser Angelegenheit entpuppte sich Martin Ebner, ein aufstrebender Finanzfachmann aus dem Kanton Schwyz, der bei der Zürcher Traditionsbank Vontobel eine steile Karriere gemacht hatte. Allerdings hatte ihm die Eigentümerfamilie den Durchmarsch an die Spitze des Instituts verweigert. Offenbar bekundete man mit dem ehrgeizigen und nicht minder zielstrebigen Vorgehen Ebners zunehmend Mühe.[168] Darum machte er sich 1985 selbstständig. Mit seiner BZ Bank erwies er sich als geschickter Investor und Verwalter institutioneller Gelder, die durch das 1985 eingeführte Pensionskassen-Obligatorium sprunghaft anschwollen. Dank hervorragenden Beziehungen zu Pensionskassen, aber auch zu den Finanzabteilungen und Vorsorgeeinrichtungen renommierter Unternehmen wie Roche oder Rolex konnte Ebner rasch grosse Transaktionen abwickeln.*

Er sollte in den 1990er-Jahren zu einem der wichtigsten Gestalter in der Schweizer Finanzbranche avancieren. Als Verfechter des Shareholder-Value-Konzepts trug er entscheidend dazu bei, dass viele Unternehmen effizienter wurden und erstmals auch einen finanziellen Mehrwert für ihre Aktionäre anstrebten. Ab 1993 begann Ebner zielstrebig SBG-Aktien zu kaufen, sodass er zum grössten Aktionär wurde. In der Folge ging er zum Angriff auf die SBG über. Aus Ertragsüberlegungen forderte er eine neue Firmenstruktur, die die Aufspaltung des Geschäfts in Vermögensverwaltung und Investmentbanking vorsah, sodass keine teuren Quersubventionen mehr möglich sein würden. Ausserdem plädierte er für kleinere Kontrollgremien, stärkere Sparanstrengungen und für eine Strategie, die insbesondere

---

* Äusserlich am auffälligsten an Martin Ebner waren seine hellblonden Haare und seine stechend blauen Augen. Sein eigentliches Markenzeichen war jedoch die Fliege. Er band sie sich jahrelang um als Ausdruck seiner Geringschätzung des Krawatte tragenden Establishments, und zwar ab 1976. Damals war ihm der Zutritt zum noblen Zürcher Business Club Baur au Lac verwehrt worden, weil er nur ein offenes Hemd trug.

höhere Gewinne für die Aktionäre einspielte. Er forderte, dass sich die Bank auf ihre profitablen Geschäfte konzentriere und eine Eigenkapitalrendite von mindestens 15 Prozent erreiche.* Bei der SBG hatte man diese Masszahl zuvor kaum beachtet. Sie lag damals, im Jahr 1991, bei den Schweizer Grossbanken durchschnittlich bei 11 Prozent – und damit auch deutlich tiefer als der vergleichbare internationale Wert von 16,8 Prozent.

Kampf gegen das Establishment

Mit seinen Vorstössen geriet Ebner bald in die Kritik. Das Schweizer Wirtschaftsestablishment warf ihm vor, bei seinen Angriffen gegen die SBG und später gegen die UBS nicht von langfristigen Motiven, sondern allein von pekuniären Interessen getrieben zu sein. Darüber lässt sich letztlich nur spekulieren. Tatsache bleibt, dass er eine Forderung vorwegnahm, der sich schliesslich alle grösseren Banken stellen mussten: dem Anspruch, den Aktionären einen Mehrwert zu bieten, auf Englisch: Shareholder Value. Das führte allerdings auch dazu, dass sich die obersten Manager auf waghalsige Strategien einliessen, um kurzfristige Profite zu erzielen. Von Langfristigkeit und massvollen Relationen war definitiv nicht mehr Rede. Die Forderungen der Aktionäre nach mehr Rendite spielten den Managern insofern in die Hand, als sie für ihren Einsatz höhere Gehälter und Zusatzvergütungen verlangen konnten.

Ebner gelang es nie, sich mit seinen Bestrebungen bei der SBG durchzusetzen. Das Verständnis des Shareholder-Value-Konzepts war in der Schweiz noch zu wenig verbreitet; zudem galt es lange Zeit als Vorwand, um Arbeitsplätze abzubauen, was in der breiten Öffentlichkeit schlecht ankam. Letztlich scheiterte Ebner aber daran, da die SBG damals noch einen derart grossen Bestand an Depotaktien hielt, so-

---

* Die Eigenkapitalrendite errechnet sich aus dem Verhältnis zwischen dem erzielten Gewinn und dem eingesetzten Eigenkapital.

dass sie sämtliche Traktanden an der Generalversammlung ganz in ihrem Sinn entscheiden konnte.

Zu reden gab Ebners Offensive aber auch deshalb, weil Christoph Blocher als einer seiner engsten Weggefährten im grossen Stil in die Finanzvehikel der BZ-Gruppe investierte – just jene Person also, die von 1981 bis 1993 Mitglied des Verwaltungsrats der SBG gewesen und die wegen ihrer politischen Haltung in Sachen EWR aus dem Gremium verbannt worden war. Natürlich unterstellte man Blocher bei seinem Engagement für die BZ-Gruppe Rachegelüste. Seinem Naturell aber würde wohl besser die Erklärung entsprechen, dass er sich – eher als zu einer anderen Grossbank – doch stärker zur SBG hingezogen fühlte und da etwas bewegen wollte.[169] Wie auch immer: Unbestritten ist, dass Blocher dank den Börsenaktivitäten Ebners in dieser Zeit sehr viel Geld verdiente.

Fusionsgelüste da und dort

Entscheidend im Kontext dieses Buchs ist die Tatsache, dass die SBG-Leitung Mitte der 1990er-Jahre unter einem enormen Druck stand und sich deswegen zu wenig auf ihr Kerngeschäft konzentrieren konnte. Umgekehrt gab sich die Credit-Suisse-Führung zu der Zeit nach aussen sehr selbstsicher. Das offenbarte sich im Sommer 1996, als CS-Präsident Rainer E. Gut SBG-Präsident Nikolaus Senn in seinem Golfurlaub in Florida störte und ihm am Telefon ein Fusionsangebot zwischen der CS und der SBG unterbreitete. In die anfängliche Verwunderung mischte sich auf der Chefetage der SBG alsbald Empörung. Guts Vorstoss illustrierte indessen gut, dass die Kräfteverhältnisse in der Schweizer Grossbankenlandschaft seit der Volksbank-Übernahme nicht länger in Stein gemeisselt waren. Nicht überraschend lehnte die SBG das Angebot der CS ab und alimentierte dabei den *Tages-Anzeiger*, der ausführlich über die Motive der SBG berichtete. Ausserdem stand das grösste Geldhaus der Schweiz dem Bankverein in Basel stets näher. In der ersten Hälfte der 1990er-Jahre hatten oberste

Vertreter der beiden Institute sogar gemeinsam sondiert, wie sich eine engere Zusammenarbeit allenfalls bewerkstelligen liesse.[170] Zu Resultaten führten diese Gespräche zunächst nicht. Erst der Vorstoss der CS im Frühsommer 1996 läutete eine Neuauflage solcher Verhandlungen ein. Der Rest ist Geschichte: Anfang Dezember 1997 wurde die Fusion zwischen der SBG und dem SBV angekündigt und per Mitte 1998 vollzogen. Die neue UBS verwaltete insgesamt 1320 Milliarden Franken an Kundenvermögen. Sie wies eine Börsenkapitalisierung von 85 Milliarden Franken auf und gehörte damit zu den vier grössten Finanzinstituten der Welt. Die Bilanzsumme belief sich beim Zusammenschluss auf 922 Milliarden Franken.

Motive einer Elefantenhochzeit

Zum Zeitpunkt der Fusionsankündigung war noch kaum sichtbar, dass sich die beiden Grossbanken aus gänzlich unterschiedlichen Motiven zusammengetan hatten. Da war einerseits die nach wie vor kapitalstarke SBG, die aber strategisch hilflos vor sich hin mäanderte, und andererseits war da der SBV, der mit seinen Auslandsakquisitionen (O'Connor, Brinson Partners, S. G. Warburg, Dillon Read) den Ansprüchen der «neuen Finanzwelt» absolut gerecht wurde, aber den finanziellen Halt zu verlieren drohte. «We were running out of excess capital because of the previous acquisitions», gestand Marcel Ospel 2001 in einem Referat.[171] Er war damals Konzernchef der UBS.

Auf dem Papier mochte der Schulterschluss somit Sinn machen. Am Ende lief er aber doch darauf hinaus, dass die agilere Bank mit dem Geld der trägeren Bank zu spekulieren begann. Paradoxerweise sah der Financier und Aktionär Martin Ebner durch die Fusion viele seiner Begehren zunächst erfüllt: Die neue Bank verfügte über eine klare Strategie, hatte sich Renditeziele gesetzt, war gross genug, um international ganz vorne zu bestehen, war anfänglich kostenbewusst und verfügte über kleinere Kontrollorgane. Insofern waren die Voraussetzungen durchaus gut, und man ging davon aus, dass die neue UBS Erfolgsgeschichte schreiben würde. Doch diese Erwartungen sollten sich nicht erfüllen. Zwischen 1998 und 2008 stürzte die UBS im Gegenteil so heftig ab, wie sich das kaum jemand hätte vorstellen können. Verschiedene äussere Ereignisse erleichterten den Start der fusionierten Bank tatsächlich nicht. Da war die Kontroverse um die nachrichtenlosen Vermögen, die in ihrer letzten Phase vor der Einigung enorme Managementkapazitäten beanspruchte; hinzu kamen wirtschaftliche Krisen in Asien und Russland sowie, innerhalb der Bank, ein Derivate-Skandal in London, der auf Versäumnisse der SBG zurückzuführen war. Als die UBS im Herbst 1998 beim Kollaps des amerikanischen Hedgefonds Long Term Capital Management (LTCM) eine Milliarde Franken abschreiben musste, war dies ein erster grosser Rückschlag. Der erst kurz zuvor gewählte UBS-Präsident Mathis Cabiallavetta übernahm die Verantwortung dafür und trat von seinem Posten zurück. Das wiederum führte dazu, dass die Dominanz der Bankverein-Vertreter innerhalb der Grossbank noch stärker wurde. Spätestens zur Jahrtausendwende hatte der «UBS-Tanker» unter der Führung ihres ambitionierten Kapitäns Marcel Ospel definitiv nichts mehr mit der Bank aus der Ära Holzach gemeinsam.*

Vorstellung einer Globalbank

Der 1950 geborene Ospel mutet bis heute wie die Antipode zu Holzach an. Aus bescheidenen Verhältnissen in Kleinbasel stammend, machte er am Rheinknie eine Lehre bei einer kleinen Börsenbank, bevor er zum SBV wechselte, wo er als ehrgeiziger Händler mit dem Börsenvirus «infiziert» wurde. Als eigentliche Offenbarung auf seinem Berufsweg galt ihm seine dreijährige Tätigkeit bei der amerikanischen

---

* Holzach, der Bankier alter Schule, und Ospel, der Vertreter des Swiss Banking, haben sich nie gesprochen. Sie gingen sich vielmehr stets aus dem Weg, sogar als sie zur gleichen Zeit im St. Moritzer Nobelhotel Suvretta House logierten und im selben Speisesaal frühstückten.

Bank Merrill Lynch in New York. Dort machte sich Ospel mit den Gepflogenheiten der Wall Street vertraut; gleichzeitig gedieh der Wunsch, dereinst eine grosse Investmentbank zu führen. Da ihm dies als Schweizer in den USA verwehrt blieb, setzte er nach seiner Rückkehr in die Heimat alles daran, den SBV zu einem führenden Institut in dieser Disziplin des Geldgeschäfts zu machen. Dank der Fusion mit der kapitalstarken SBG kam er seinem Ansinnen ein wesentliches Stück näher. Ausserdem war es faktisch so, dass der agilere SBV die grössere Konkurrentin übernahm, gingen doch viele wichtige Impulse in diesem Schulterschluss von Basel aus.

Allerdings gab es in den ersten Jahren des neuen Jahrtausends zwei zentrale Entwicklungen, die Marcel Ospel verkannte: die Wechselwirkungen im Investmentbanking sowie der weltweite politisch motivierte Meinungswandel bezüglich der Versteuerung von Einkommen und Vermögen. Den Blick vernebelt von überambitiösen Ertragszielen, übersahen die Topmanager diese entscheidenden Veränderungen, die die UBS schliesslich in den Beinahe-Kollaps führten. Holzach seinerseits hatte bereits Mitte der 1980er-Jahre seiner Skepsis in der Frage des Geschäftsmodells Ausdruck gegeben:

«Die Vorstellung der Globalbank, die auf dem *ganzen* Globus *alle* Dienstleistungen erst noch für *jedermann* erbringt, mag zunächst bestechend sein. Sie hält indessen näherem Zusehen nicht stand. Was ich fürchte, sind Situationen des Ungleichgewichts, der Unangemessenheit und der Unverhältnismässigkeit. Die Megalomanie, der Wahnwitz der unkontrollierten Grösse, hat schon immer ins Unglück geführt. Der kleine Kopf der riesenhaften Dinosaurier hat nicht ausgereicht, die Gattung vor dem Aussterben zu bewahren.»[172]

Im Sommer 2000 hatte die UBS das amerikanische Brokerhaus Paine Webber für rund 18 Milliarden Franken übernommen. Von dieser überaus kostspieligen Akquisition versprachen sich die Schweizer eine grössere Marktdurchdringung in den USA. Paine Webber war zwar ein historisches Finanzinstitut, das jedoch wenig mit der Vermögensverwaltung im Schweizer Stil – langfristige Beratung von wohlhabenden Kunden – gemein hatte. Das Unternehmen richtete seine Geschäftstätigkeit auf den Verkauf von Wertschriften aus.

Die Übernahme von Paine Webber führte im UBS-Konzern zu einer fatalen Vermischung von ganz unterschiedlichen Kundengruppen. Denn mit einem Mal wurden sowohl Kunden betreut, die ein Konto in den USA besassen, als auch solche, die ihr Geld ausserhalb des Landes hatten und die man in der Bankpraxis als Offshore-Kunden bezeichnet. Viele von ihnen verbargen ihr Vermögen in komplexen Firmenstrukturen in Steueroasen oder in der Schweiz vor dem Fiskus. Die Praxis, solche Gelder zu verwalten, war damals durchaus üblich, und manche Bankangestellte entwickelten ungeahnte Qualitäten, das Geld ihrer Kunden heimlich in der Welt zu verschieben. Ausserdem war es ja so, dass die Banken gemäss Schweizer Recht nicht dazu verpflichtet waren, die Steuerehrlichkeit ihrer Klientel zu überprüfen.

Rückblickend mutet es geradezu absurd an, dass die UBS-Verantwortlichen damals sogar in Erwägung zogen, Strukturen zu schaffen, sodass man das Vermögensverwaltungsgeschäft in der Schweiz problemlos in die USA hätte transferieren können, sollte das Bankgeheimnis in der Schweiz fallen. Offenbar ging man zu jener Zeit noch davon aus, dass dieser Kundenschutz, der natürlich auch die Steuerhinterziehung ermöglichte, hierzulande eher verschwinden würde als in Amerika. Die tatsächliche Entwicklung war dann bekanntlich eine andere.

Die Schweizer Finanzbranche geriet Anfang des 21. Jahrhunderts erst unter Druck, als sich weltweit das Ansinnen durchsetzte, die Steuerhinterziehung energischer zu bekämpfen. Dieser Gesinnungswandel hatte nicht zuletzt damit zu tun, dass viele Staaten nach dem Ausbruch der globalen Finanzkrise neue Mittel brauchten, um ihre Haushalte zu stabilisieren.

Die US-Behörden hatten unter der Bezeichnung Qualified Intermediary bereits im Jahr 2000 strengere Meldevorschriften für diejenigen Banken eingeführt, die amerikanische Kunden betreuten. Die Bekämpfung der Steuerhinterziehung war zudem ein probates Mittel für Politiker, Wählerstimmen zu gewinnen, sodass die Thematik immer mehr Beachtung fand. Vor diesem Hintergrund war es für die Schweizer Banken illusorisch zu glauben, das Problem löse sich von selbst, zumal sich auch in Europa ähnliche Bestrebungen abzeichneten.

Interessenkonflikte für die Mitarbeiter

Der eigentliche Dammbruch ereignete sich im Frühjahr 2008, als ein amerikanischer UBS-Mitarbeiter namens Bradley Birkenfeld den US-Behörden vertrauliche Kundendaten sowie Angaben zu den Praktiken der UBS in Amerika zuspielte. Damit hielten die US-Behörden die Beweise in der Hand, die nötig waren, um an der UBS ein Exempel zu statuieren.

Im Lauf der Untersuchungen zeigte sich zudem, dass die UBS-Verantwortlichen keine sorgfältige Güterabwägung getroffen hatten. Ihnen war zwar bewusst, dass die Beihilfe zur Steuerhinterziehung immer strenger sanktioniert würde, sodass auch entsprechende Direktiven zuhanden der Bankangestellten erlassen wurden. Doch gleichzeitig massen sie die Leistung jedes Kundenberaters nach wie vor am Volumen des Neugeldes, das er der Bank brachte. Das setzte die Mitarbeiter unter enormen Druck, wenn sie am Jahresende einen guten Bonus nach Hause tragen wollten. Zudem waren sie einem Interessenkonflikt ausgesetzt: Hielten sie sich an die Regeln, kamen manche Geschäfte nicht zustande, weil viele Kunden nach wie vor «steueroptimierte Lösungen» verlangten; gingen sie auf die Forderungen ein, machten sie sich strafbar.

In einem aufsehenerregenden Prozess verurteilte die US-Justiz die UBS am Ende zu einer für damalige Verhältnisse horrenden Busse von 780 Millionen Franken. Weiter musste die Bank den US-Behörden 4450 Kundennamen von mutmasslichen Steuerhinterziehern liefern, womit das Schweizer Bankgeheimnis in einem noch nie da gewesenen Ausmass verletzt wurde. Und schliesslich weckte das Vorgehen der Amerikaner nicht überraschend Begehrlichkeiten in weiteren Ländern, insbesondere auch innerhalb der EU.*

---

* Die amerikanische Justiz verurteilte den früheren UBS-Mitarbeiter und Hinweisgeber (Whistleblower) Birkenfeld zunächst zu einer Gefängnisstrafe von 40 Monaten, wobei er nach 31 Monaten freikam, und sprach ihm im Nachgang für seine Informantentätigkeit zur Bekämpfung der Steuerhinterziehung eine Belohnung von 100 Millionen Dollar zu.

Totale Modellgläubigkeit

Wäre es bei dieser Panne geblieben, hätte die UBS das verkraften können. Doch mit der Finanzkrise stellte sich der grössten Schweizer Bank ein weiteres gravierendes Problem: Im Investmentbanking, namentlich in der Entwicklung und im Handel von Finanzderivaten, war in der Branche eine trügerische Eigendynamik entstanden. Man berief sich auf mathematische Modelle und externe Bewertungen von Ratingagenturen, die wiederum von den Banken für ihre Dienste bezahlt wurden. Die grossen Geldhäuser wähnten sich in Sicherheit und glaubten so, die Weisheit der Spekulation definitiv erlangt zu haben; das Risiko hielten sie fortan für eine wissenschaftlich kontrollierbare Grösse. Eine etwas selbstkritischere Auseinandersetzung mit diesen Gläubigkeiten hätte den UBS-Verantwortlichen die Augen geöffnet. Doch im blinden Vertrauen auf ihre Modelle ignorierten sie die aufkommenden Gefahren. Man könne nicht behaupten, sagt der Schweizer Historiker Tobias Straumann, die Banker seien zu hohe Risiken eingegangen. Vielmehr hätten sie – gerade wegen ihrer Modellgläubigkeit – die Dimensionen des potenziellen Schadens stets ignoriert.[173]

Zum Thema der neuen Gläubigkeiten meldete sich damals auch Konrad Hummler, der frühere Assistent Holzachs. Er war inzwischen geschäftsführender Teilhaber der St. Galler Privatbank Wegelin und erfreute sich aufgrund seiner erstklassigen Anlagekommentare, aber auch wegen seiner eindrücklichen Referate landauf, landab einer enormen Popularität. Er galt als einer der letzten glaubwürdigen Bankiers des Landes. Wortgewaltig verstand er es, der breiten Öffentlichkeit die grossen Fehlentwicklungen in der Finanzwelt und damit auch bei der UBS verständlich zu machen. Ein anschauliches Beispiel für seine klaren Worte war die Bezeichnung «Gammelfleisch» für amerikanische Hypotheken zweitklassiger Schuldner (Subprime), die die Finanzkrise ausgelöst hatten.

Hummlers Vergleich illustrierte das Problem gut: «Die Entwicklung im Finanzsystem über die letzten Jahrzehnte hat sehr viel mit dem Aufbau einer gigantischen Wurstproduktion gemeinsam», sagte er damals verschiedentlich.[174] «Während früher reale Einzelstücke –

Hypotheken oder Geschäftskredite als Filets oder Haxen sozusagen – angeboten wurden, wird heute zerhackt, vermengt, gewürzt und verpackt. So entsteht völlig Neues und anderes. Der Phantasie sind keine Grenzen gesetzt, und anstatt mit Würsten arbeitet man in der Geldindustrie mit CDOs (*Collateralized Debt Obligations*) oder ABSs (*Asset Backed Securities*).» Allerdings liessen sich diese «finanziellen Würste» nur so lange erfolgreich verkaufen, als nicht irgendwo der Verdacht aufkam, es könnte «Gammelfleisch» in die Produktion eingeschleust worden sein. Denn je intransparenter die «Würste» waren, desto anfälliger wurden sie für einen Missbrauch. Und wie sich alsbald herausstellte, war tatsächlich nicht jedes Stück von bester Qualität. So nahm das Unheil seinen Lauf: Die Angst vor «verseuchtem Fleisch» führte in der internationalen Finanzwelt zu kollektiven Panikreaktionen und schliesslich zu einer globalen Finanzkrise.

Protzige Statements

Im Fall der UBS war die Konstellation, die letztlich dazu führte, dass die Bank insgesamt 50 Milliarden Franken abschreiben musste und dadurch an den Rand der Zahlungsunfähigkeit geriet, besonders problematisch. Die verhängnisvolle Geschichte nahm schon Anfang 2005 ihren Lauf. Damals wollte John Costas nicht länger stellvertretender Konzernchef der UBS sein. Der klein gewachsene, energische Amerikaner hatte seit Sommer 2002 das Investmentbanking geleitet und ihm einen enormen Schub verliehen: «Wir wollen nicht nur die grösste Investmentbank der Welt werden», verkündete er damals. «Unser Ziel ist es auch, die profitabelste Investmentbank der Welt zu werden.»

Für derlei protzige Statements erhielt er die volle Unterstützung von UBS-Präsident Ospel, der nur zu gern eine führende Rolle an der Wall Street spielen wollte. Die selbstbewussten Töne irritierten allerdings auch einige der vorsichtigeren UBS-Banker. Jedenfalls machte sich Costas mit seinen Aussagen nicht überall Freunde im Schweizer Headquarter, und auch er selbst spürte, dass er in der Grossbank aneckte. Als er erklärte, dass ihm die ständige Reiserei zwischen New York, London und Zürich zu viel werde und dass er aus familiären Gründen kürzer treten wolle, gingen am Konzernsitz der UBS in Zürich die Alarmsirenen los. Es war klar, dass Costas, der sich dem hektischen Leben eines Investmentbankers seit je mit Leib und Seele verschrieben hatte, drauf und dran war, die UBS zu verlassen. Sein Abgang hätte zum Verlust zahlreicher Mitarbeiter und Kunden geführt. Darum war die Bank bereit, für ihn eine Sonderlösung zu finden. Costas wurde ausgelagert; sein Vehikel hiess Dillon Read Capital Management, kurz DRCM, und war ein Hedgefund, mit dem er und seine Leute komplexe Investitionsstrategien für reiche Personen und institutionelle Anleger verfolgen konnten. Für sein Vorhaben erhielt er zusammen mit dem Segen des Verwaltungsrats nicht nur 3,5 Milliarden Dollar an Spielgeld, sondern die Konzernleitung überliess ihm obendrein zinsgünstiges Arbeitskapital sowie das sogenannte A-Team: mehr als 100 von Costas persönlich ausgewählte Tophändler der UBS.

Im Wettbewerb mit amerikanischen Giganten wie Goldman Sachs, Morgan Stanley oder J.P. Morgan Chase hatte die UBS stets zurückgelegen. Nun, mit Costas und dessen DRCM, schien sie es besser machen zu können. Endlich, so die Hoffnung, würde die UBS im Investmentbanking in die Champions League aufsteigen. Für Verwaltungsratspräsident Ospel schien ein Traum in Erfüllung zu gehen.

Verhängnisvolle Strategie

Dank den niedrigen Zinsen und der hohen Bewertung des UBS-Konzerns durch die Ratingagenturen erhielt DRCM über die eigene Bank günstiges Kapital in Hülle und Fülle und konnte von Anfang an gigantische Transaktionen abwickeln. Oft ist später die Schuld am Debakel der UBS den DRCM-Händlern in die Schuhe geschoben worden. Das ist nicht korrekt. Fatal verspekuliert haben sich andere Mitarbeiter der UBS, sozusagen das B-Team; diejenigen Händler also, die es nicht in Costas' Top Crew geschafft hatten. Sie verblieben bei der UBS, wo sie rasch feststellten, dass die Handelserträge ohne ihre A-Stars massiv schrumpften. Damit würde auch ihr leistungsabhängiger Bonus am Jahresende entfallen. Die B-Leute mussten darum etwas tun. Einer der damals lukrativsten Bereiche war das Geschäft mit amerikanischen Hypotheken, genauer gesagt mit Finanzprodukten, in denen verschiedene Verbindlichkeiten zusammengepackt und Hypothekarforderungen guter und schlechter Schuldner vermischt wurden.

So wie in den 1980er-Jahren die Junk Bonds (Papiere ähnlich unterschiedlicher Qualität) eine Zeit lang ein Riesengeschäft gewesen waren, das später massiv einbrach, so erhofften sich die UBS-Händler nun mit diesen Hypothekarprodukten ein ebenso einträgliches Business, das ihnen am Jahresende den Bonus sichern würde. Sie kauften noch Anfang 2007 riesige Mengen davon ein, als andere Banken wie Goldman Sachs oder die Credit Suisse sie bereits abstiessen. Im Frühsommer 2007, wenige Wochen vor dem Ausbruch der Immobilienkrise, stellte sich heraus, dass das B-Team mit seinen Engagements hohe Risiken eingegangen war, die nun wie Zeitbomben in der Bilanz tickten. Denn je tiefer der Häusermarkt absackte, desto höhere Wertberichtigungen erforderten die fatalen Investments.

Dass der Fonds DRCM aufgrund der anschwellenden Krise kommerziell nicht in Fahrt kam, war eine zusätzliche Belastung. Der Misserfolg führte dazu, dass das Vehikel im Frühjahr 2007 rund 150 Millionen Dollar abschreiben musste. Das bewog die UBS, den Fonds zu schliessen; Costas landete endgültig auf dem Abstellgleis. Die nach seinem Abgang in die Bank zurückbeorderten Händler des A-Teams gingen nun zusammen mit ihren alten Kollegen immer höhere Handelsrisiken ein – immer im Hinblick auf den Bonus am Jahresende.

Diese Entwicklung war letztlich ein Multiplikator für die Krise innerhalb der UBS. In mehreren Etappen musste die Bank immer neue Wertberichtigungen vornehmen, die sich am Ende auf mehr als 50 Milliarden Franken beliefen. Nach der Ankündigung einer Abschreibung von fast 20 Milliarden Franken am 1. April 2008 erklärte Ospel, auf eine Wiederwahl in den Verwaltungsrat der UBS zu verzichten.* Er verantwortete nicht nur den tiefen Fall der UBS, sondern er trug als oberster Vertreter einer überambitionierten Strategie wesentlich dazu bei, dass die Schweizer Finanzbranche an Grösse (Anzahl Banken), Glaubwürdigkeit (Rechtsunsicherheit), Stellenwert (Beitrag ans Bruttoinlandprodukt, Anzahl Arbeitsplätze) und Strahlkraft (Bankgeheimnis) verlor. Umstritten war Ospel indessen schon früher. In den Medien galt er als Verkörperung des Abzockers, da er als erster Schweizer Manager eines börsenkotierten Grossunternehmens sein zweistelliges Millionensalär publik gemacht hatte. Beim Grounding der Swissair stand er als Missetäter da, weil er angeblich die nötigen Finanzspritzen verhindert hatte. Er wehrte sich damals gegen staatliche Eingriffe, obwohl er selbst an der Spitze einer Bank operierte, die allein ihrer Grösse und Bedeutung wegen implizit mit einer Staatsgarantie rechnen konnte.

In der Bevölkerung irritierte Ospel mit dem Wohnsitzwechsel aus seiner Heimatstadt Basel, wo er als leidenschaftlicher Fasnächtler und Besitzer einer historischen Immobilie verwurzelt schien, in die steuergünstige Gemeinde Wollerau im Kanton Schwyz. Mit diesem ungeschickten Vorgehen, das öffentlich natürlich auf erhebliche Resonanz stiess, verspielte er den letzten Rest an Glaubwürdigkeit und erwies dem Image der ganzen Branche einen Bärendienst. In die Bankengeschichte geht Ospel daher nicht als der famose Architekt der fusionierten UBS ein, sondern als ihr grösster Vernichter.

Die UBS hat 2008 nicht nur die Steuerzahler über Gebühr strapaziert, sondern auch dazu beigetragen, dass der Schweizer Finanzplatz durch weitere Angriffe aus dem Ausland, namentlich aus Europa, nachhaltig erschüttert wurde und dass das Bankgeheimnis heute faktisch nicht mehr existiert.

---

* Wie später, am 14. September 2009, publik wurde, war der Rücktritt Marcel Ospels erst auf Veranlassung der damaligen Eidgenössischen Bankenkommission (heute: Eidgenössische Finanzmarktaufsicht, Finma) erfolgt.

Neue Glaubwürdigkeit?

Den Niedergang der UBS vermochte erst Oswald J. Grübel zu stoppen, nachdem er im Frühjahr 2009 völlig unerwartet zum neuen Konzernchef der Bank ernannt worden war. Der leidenschaftliche Banker deutscher Herkunft hatte bei der Credit Suisse eine einzigartige Karriere vom einfachen Obligationenhändler bis zum CEO gemacht, bevor er sich im Mai 2007 in den Ruhestand begab. Grübel, ein Mann mit Ecken und Kanten, scheute sich nie, seine eigene Meinung kundzutun, seinen Untergebenen – Holzach sehr ähnlich – einiges abzufordern und bisweilen auch höchst unzimperlich mit ihnen umzugehen. Doch ihm ist zugutezuhalten, dass die grösste Bank der Schweiz schliesslich auf den schmalen Pfad der Tugend zurückfand.

Der Weg dahin war allerdings beschwerlich und für Grübel undankbar. Denn just zu dem Zeitpunkt, als sich erste nachhaltige Fortschritte bei der UBS einstellten, verspekulierte der Londoner UBS-Händler Kweku Adoboli im Sommer 2011 mehrere Milliarden Franken. Wie in früheren Fällen war der Schaden finanziell verkraftbar, doch erneut wog der damit einhergehende Reputationsschaden enorm. Grübel übernahm die Verantwortung und trat von seinem Amt als CEO zurück. Damit stellte er eine Glaubwürdigkeit unter Beweis, die man in der Bankbranche nur noch selten sieht.

Der nur wenige Monate zuvor von Grübel für die UBS engagierte Tessiner Banker Sergio Ermotti stieg zum CEO auf, und an der Generalversammlung 2012 wurde der frühere Präsident der Deutschen Bundesbank, Axel Weber, zum Präsidenten des Verwaltungsrats der UBS ernannt. Er hatte im Zug der Eurokrise und des drohenden Auseinanderbrechens der europäischen Währungsunion eine zentrale Rolle gespielt. Wie Ermotti trat auch er unbelastet in die Bank ein, was sicherlich beste Voraussetzungen waren, um einen Neustart zu orchestrieren.

Kapitel 10
«Mein Garten ist traurig...»

Also doch: Robert Holzach, geschieden von der Bank, vermählt sich 76-jährig mit seiner langjährigen Partnerin und überrascht ein allerletztes Mal seine Freunde und Verwandten. Er akzeptiert neue Lebensverhältnisse, wenngleich alles beschwerlicher wird. Das Treppensteigen bereitet ihm Mühe, und er neigt plötzlich zu Rührseligkeit. Späte Ehre kommt aus dem Thurgau. Holzach kultiviert seine Tischgespräche und erforscht die Kehrseite der Wirklichkeit. Von lebensverlängernden Hilfsmassnahmen hält er nichts; die Lebensqualität gehe vor, lässt er seinen Arzt wissen. Sie leidet, seine Gesundheit – genau wie die grösste Bank der Schweiz. Doch Holzachs Zeit ist abgelaufen; im Spitalbett trägt er auch seine SBG-Jubiläums-Uhr von 1962 nicht mehr am Handgelenk.

Am 17. Juli 1998 überraschte Robert Holzach alle. Denn an dem Tag heiratete er in einer kleinen unprätentiösen Zeremonie auf dem Zivilstandsamt von Küsnacht seine langjährige Partnerin Marlies Engriser. Als Trauzeugen amteten Holzachs Adjutant aus längst verflossenen Militärdienstzeiten, Franz Norbert Bommer, sowie Engrisers Schwester Dora. Die Überraschung war insofern perfekt, als wirklich niemand mehr damit gerechnet hatte, dass der «eingefleischte» Junggeselle, der zeit seines Lebens mit der Bank «verheiratet» gewesen war, doch noch in den Hafen der Ehe einschwenken würde. Es entbehrt auch nicht einer gewissen Ironie, dass sich Holzach just in jenem Jahr vermählte, als ebendiese Bank durch die Fusion mit dem Schweizerischen Bankverein (SBV) aufgehört hatte zu existieren.

Holzach verlor nie viele Worte über seine Beziehung zu Marlies Engriser, selbst nachdem er 1992 begonnen hatte, die Liaison publik zu machen. Er tat es auf eine für ihn typische, sozusagen verklausulierte Weise, indem er in jenem Sommer seine nächsten Verwandten zu einer Wanderwoche nach Bergün einlud – und da war erstmals auch Engriser mit von der Partie. Ein paar erhellende Worte dazu zu sagen oder seine langjährige Partnerin persönlich in den Kreis seiner nächsten Verwandten einzuführen, das hielt er indessen nicht für angezeigt; nach all den Jahren des Verheimlichens kam ihm dies wohl abwegig vor. Und er tat sich vermutlich auch schwer damit, dass nun in aller Öffentlichkeit plötzlich eine Frau an seiner Seite sein sollte. Holzach, nie ein Freund überschwänglicher Gefühlsbekundungen, fand, seine Verwandten seien selbst in der Lage, eins und eins zusammenzurechnen. Und Engriser, seit eh und je in allen Belangen überaus diskret, spielte stoisch mit.

Das alles passte irgendwie zu dieser Beziehung, die in der Öffentlichkeit nie eine hatte sein dürfen. Ebenfalls 1992 luden die beiden am

28. September gemeinsam zu Holzachs 70. Geburtstag auf den Wolfsberg ein. Das trug weiter dazu bei, dass die Beziehung sukzessive bekannt wurde, wobei manche Gäste zunächst annahmen, Engriser sei aufgrund ihrer Zugehörigkeit zur SBG an dieser Feier anwesend.

Neue Lebensverhältnisse

Im Jahr 1995 hatte Holzach sein Haus in Zumikon bei Zürich verlassen und war mit Engriser in eine Viereinhalb-Zimmer-Wohnung im benachbarten Küsnacht gezogen. Dieser Entscheid dürfte auf verschiedenen Gründen beruht haben. Zum einen spürte der alternde Mann gewiss, dass seine Gesundheit nachliess und er zunehmend auf die Hilfe Dritter angewiesen war. Zum anderen aber tat sich auch eine gewisse, bislang nie gekannte Leere in seinem Leben auf, war doch mit der Eröffnung des Hotels Widder sein letztes grosses Projekt im Auftrag der SBG vollendet worden. Natürlich sollte mit der Gründung der Thurgauischen Bodman-Stiftung noch ein weiteres, bedeutendes Werk Holzachs folgen, doch die Einkehr ins Private hatte unwiderruflich begonnen. Die Absicht, mit seiner langjährigen Partnerin Marlies Engriser zusammenzuziehen, unterstrich dies bloss noch. Bald einmal hiess es firmenintern, die SBG-Sekretärin habe es auf das Vermögen des alternden Bankiers abgesehen. Doch das war tatsächlich nicht der Fall, zumal sich die beiden ja schon seit Jahrzehnten kannten. Engriser bestand auch darauf, die gemeinsame Wohnung zur Hälfte zu besitzen, worauf ihr Holzach entgegnet hatte: «Dann bring doch etwas Geld.» Kurzerhand hatte sie ihre Eigentumswohnung im Zollikerberg verkauft und tatsächlich «etwas Geld» gebracht. Holzach tat amüsiert, aber eigentlich waren es gerade diese Entschlossenheit und diese Loyalität, die er an seiner Partnerin so schätzte.

Es bleibt unklar, was Holzach schliesslich motiviert hat, Engriser überraschend mitzuteilen, dass sie beide «ihre Beziehung legalisieren sollten», wie er es damals formuliert hatte. Es war im April 1998 gewesen; sie sassen am Wohnzimmertisch, er hatte Zeitung gelesen und dann nachdenklich aufgeblickt und diese für ihn so typische, geradezu funktionale Bemerkung gemacht. Geheiratet haben er und Marlies Engriser am 17. Juli 1998 – nicht zufällig, war doch die 7 Holzachs Lieblingszahl, zumal die Beziehung auch im 7. Monat im Jahr 1967 begonnen hatte. Die meisten Familienangehörigen und selbst die engsten Freunde erfuhren erst im Nachhinein von dieser Heirat, was manche von ihnen verständlicherweise befremdete. Dieses Vorgehen zeigt einmal mehr, wie unendlich schwer es Holzach stets gefallen ist, zu seinem Beziehungsleben zu stehen. Allerdings ist auch zu bemerken, dass Holzach die Beziehung zu Engriser anfänglich unterschätzt hatte. Später, als er sich längst den Ruf des freien Junggesellen zugelegt hatte, der sich Tag und Nacht für die Belange der grössten Bank des Landes einsetzt, schien es ihm unmöglich, von dieser Position abzuweichen und in der Öffentlichkeit einzuräumen, mit einer Sekretärin aus der Generaldirektion ebendieser Bank ein Verhältnis zu haben.

Allerdings gestaltete sich der Alltag in der neuen Wohnung nicht besonders entspannt. Zum einen beschäftigte Holzach in Küsnacht jene Haushälterin weiter, die über all die Jahre in seinem Haus in Zumikon für ihn gesorgt hatte – auch dies ein Hinweis darauf, wie sehr Holzach Loyalität vorlebte. Doch die Anwesenheit dieser Person in der Wohnung erwies sich für das frischvermählte Paar als Störfaktor. Zunächst ging es Holzach gesundheitlich noch sehr gut, sodass auch die Vermutung, er habe Engriser mit der Heirat bloss als Pflegerin an sich gebunden, nicht zutraf. Erst nach der Jahrtausendwende begannen ihn gesundheitliche Probleme zu plagen. Ausserdem zeigte sich, dass die Streifungen ihre Spuren in Holzachs Ausdrucks- und Erinnerungsvermögen hinterlassen hatten. Seine Aussprache wurde zunehmend undeutlich, und immer häufiger kam es vor, dass ihm bestimmte Wörter oder Namen nicht mehr einfielen – was ihn sehr belastete. So wurde er unsicher und traute sich, selbst bei seinen entspannenden Spaziergängen zum nah gelegenen Rumensee und zum Schübelweiher in einer Grünzone Küsnachts, immer seltener unter die Leute.

Trotz abnehmender Mitteilsamkeit gestand Holzach seinen Nächsten, sich seiner Endlichkeit bewusst zu werden. In seinen Tagebüchern hielt er fest, dass er nicht mehr seine gesamte Leistungskraft besitze. Weil er in Gesprächen mit Bekannten gelegentlich den Faden verlor, drängte er auch immer häufiger darauf, dass seine Partnerin in der Nähe sass, um die Sätze für ihn zu Ende zu sprechen oder ihm die Gewissheit zu geben, dass das, was er sagte, korrekt war.

Eine Desavouierung

War Holzach in seinem ganzen Leben vom Leistungsprinzip und einer eisernen Treue zur Sache getrieben gewesen, konnte er mit zunehmendem Alter die Grenzen des Machbaren und das Unabwendbare, das so mitleidlos zur Realität geronnen war, nicht länger ignorieren. Es hatte damit begonnen, dass er 1998 aus jener Bank verstossen worden war, die es – nach der Fusion zur UBS – im Grunde genommen gar nicht mehr gab; und gerade mit diesem Argument hatte man ihm den Titel eines Ehrenpräsidenten (der SBG) entzogen.

Diese Desavouierung war im militärischen Sinn eine Degradierung, und sie verletzte ihn sehr. Es ging ihm dabei nicht ums Geld und die Privilegien, die mit dem Titel verbunden waren, es ging ihm vielmehr um Prinzipien, die unumstösslich waren, es ging ihm um das gegebene Wort, den Handschlag. Doch die neuen Manager der UBS orientierten sich an anderen Dingen.

Am 30. September 1998, zwei Tage nach seinem 76. Geburtstag, hatte Holzach sein letztes Büro an der Talackerstrasse für immer verlassen. Im Verlauf der folgenden Monate würde man sich über die Abgangsmodalitäten erst nach langen Querelen einigen können, wobei die Bank die Lösung dieses Problems nicht einem Mitarbeiter der früheren SBG anvertraut hatte; mit dem «Alten» wollte sich niemand mehr befassen. Stattdessen bekam Alberto Togni den Auftrag, mit Holzach ein Arrangement zu finden.

Der quirlige und umgängliche Tessiner mit Jahrgang 1938 war ein langjähriger Kadermann des SBV gewesen und nun Vizepräsident des Verwaltungsrats der neuen UBS. Er hatte einst als Konkurrent die grossen Zeiten der SBG unter Holzach erlebt und zollte diesem Mann entsprechend viel Respekt. Togni ist es auch zu verdanken, dass die UBS eine schliesslich konziliante Lösung mit Holzach fand.[175]

Der abtretende Bankier erhielt von der UBS eine Abfindung von 750 000 Franken sowie zweimal 750 000 Franken, die er seinen beiden Stiftungen, also der 1989 gegründeten Thurgauischen Kulturstiftung Ottoberg sowie der 1996 ins Leben gerufenen Thurgauischen Bodman-Stiftung, zufliessen liess. Einmal mehr zeigte sich hier, wie sehr Holzach – im Gegensatz zu anderen Bankmanagern – darauf bedacht war, Vermögen nicht einfach für sich zu äufnen, sondern diese Mittel «guten» Zwecken zukommen zu lassen. «Holzach war ein Mann von protestantischem Zuschnitt, für den das Kapital dazu bestimmt war, wertvollen Ertrag für die Zukunft zu schaffen», bringt es der Publizist und Feuilletonchef der *Neuen Zürcher Zeitung*, Martin Meyer, auf den Punkt.[176]

Die Thurgauische Bodman-Stiftung zählt zu den letzten grossen kulturellen Vorhaben Holzachs und geht in ihren Ursprüngen in seine Jugend zurück. Als Gymnasiast (siehe Kapitel 2) hatte er 1934 und 1935 dem deutschen Dichter Emanuel von Bodman jeweils die Jahresmitgliedkarte der «Freunde des Humanistischen Gymnasiums Konstanz» überbracht und hierfür einen Jahresbeitrag von 8 Reichsmark einkassieren müssen. So lernte er den 1874 geborenen Schriftsteller süddeutscher Herkunft kennen, der sich 1920 mit seiner Gattin in dem später nach ihm benannten Haus am Eingang der Gemeinde Gottlieben am Untersee niedergelassen hatte und der bis zu seinem Tod im Jahr 1946 dort lebte. Holzach liess sich später, als er bereits bei der SBG in Zürich arbeitete, manchmal von seinem Chauffeur nach Tägerwilen fahren, wo er auf dem Friedhof das Grab von Emanuel von Bodman aufsuchte. Lange hat der Chauffeur darüber gemutmasst, weshalb es Holzach immer wieder an diesen Ort zog.

In den 1990er-Jahren mehrten sich im Thurgau die Stimmen, dass «etwas unternommen werden müsse», um das historische ehemalige Handelshaus, in dem Bodman gewohnt hatte, vor dem Zerfall zu retten. So wurde Holzach aktiv und führte ab 1996 zahllose Gespräche, sodass es am 3. Juli 1996 zur Gründung der Thurgauischen Bodman-Stiftung kam – mit dem Haus und einer kleinen Buchbinderei als

Sacheinlagen sowie mit einem Startkapital von 50 000 Franken, das Holzach einschoss. Damit nahm diese Institution Gestalt an und entwickelte sich in der Folge zu einem kulturellen Treffpunkt und Museum zu Ehren des Dichters Bodman. Für seine Verdienste verlieh der Kanton Thurgau anlässlich der offiziellen Eröffnung des Bodman-Hauses am 8. April 2000 Robert Holzach das Ehrenbürgerrecht der Gemeinde Gottlieben. Damit war der in Zürich geborene Urbasler mit seinen aargauischen Wurzeln endgültig in seinem geliebten Thurgau angekommen. Nach seinem Tod widmete man dem Bankier auch einen Museumsraum, wo bis heute zahlreiche Bilder, Bücher, Dokumente und Gebrauchsgegenstände aus seinem Leben ausgestellt sind.* In den Schaukästen findet sich unter den persönlichen Gegenständen Holzachs auch ein kleines Notizbuch, das ihm die Unternehmerin und Kunstmäzenin Hortense Anda-Bührle geschenkt hatte, kurz bevor er in den 1950er-Jahren seine Mission in Korea angetreten hatte. Mit der Tochter des deutschen Industriellen Emil Georg Bührle, der in der Schweiz die Geschäftsführung der Werkzeugmaschinenfabrik Oerlikon übernommen hatte, verband ihn eine enge Freundschaft seit seiner Studienzeit in Zürich. Nach dem Tod ihres Vaters im Jahr 1956 war die damals 30-jährige Frau Miterbin und Grossaktionärin des Bührle-Konzerns geworden. In dem Notizbüchlein wünschte sie ihm viel Glück und Erfolg auf seiner Mission. Holzach blieb sein Leben lang mit dieser Frau verbunden; gemeinsam erschienen sie verschiedentlich an feierlichen Anlässen. Hortense Anda-Bührle hatte 1964 den Schweizer Pianisten ungarischer Herkunft Géza Anda geheiratet, der 1976 an Krebs verstorben war.

---

* Im Bodman-Haus finden auch regelmässig Literaturlesungen und andere Veranstaltungen statt. Neben der Buchbinderei gibt es eine Wohnung, die jeweils Kulturschaffenden für eine bestimmte Zeit zur Verfügung steht.

Vertrauliche Gespräche

Es ist ein offenes Geheimnis, dass Holzach nach seinem Austritt aus der Bank mit dem weiteren Sinn in seinem Leben rang. Zwar traf er sich weiterhin regelmässig mit Freunden zum Mittagessen oder, jeweils am Mittwochabend, zum Aperitif in der Bar des Hotels zum Storchen in Zürich mit seinem ältesten Freund Jean-Claude Wenger. Der Pianist Freddy Zimmermann unterbrach sein Programm jeweils und begrüsste die zwei Stammgäste mit einigen Takten der immer gleichen Melodie, «Roll me over». Als Tradition galt auch, dass Holzach jeweils einen Zettel aus seinem Veston nahm, auf dem er seine «Traktanden» notiert hatte – diejenigen Themen, die er diskutieren wollte und zu denen er oftmals Kalendersprüche und Zitate aus Zeitungsartikeln fein säuberlich notiert mitbrachte.

Ähnlich gut vorbereitet wie zu den Treffen mit Jean-Claude Wenger erschien Holzach auch zu den Mittagessen, zu denen er sich regelmässig mit den Menschen verabredete, die ihn intellektuell interessierten. Dabei hatten es ihm vor allem einige Journalisten der *Neuen Zürcher Zeitung* angetan; neben dem früheren Chefredaktor, Fred Luchsinger, gehörte auch der Wirtschaftsredaktor Hansjörg Abt dazu. Er war im Fall des Firmenraiders Werner K. Rey dessen hartnäckigster Kritiker gewesen und hatte entsprechend als wichtige Vertrauensperson von Holzach gegolten.

Ebenfalls zum Kreis der Auserwählten gehörte Martin Meyer, der Leiter der Feuilletonredaktion, der sich nach Holzachs Pensionierung oftmals mit ihm im Hotel Eden au Lac in Zürich verabredete. Auf diese Treffen freute sich der pensionierte Bankier immer ganz besonders. Auch da hatte Holzach jeweils auf einem Blatt die wichtigsten «Traktanden» notiert, «ohne dass man aber jemals den Eindruck erhalten hätte, hier wäre eine Art Fahrplan einzuhalten», so Meyer. Für den Journalisten war Holzach nie so etwas wie ein rückwärtsgewandter Prophet, der alte Sitten und Werte predigte. Vielmehr blieb der Bankier bis ins hohe Alter Neuem gegenüber offen, sofern es ihn zu überzeugen vermochte. Wachsam verfolgte er alle wichtigen Entwicklungen in Wirtschaft und Politik, in Kunst und Literatur. Im Vordergrund stand für Holzach dabei stets die Frage nach dem Bleibenden und Beständigen in einer Welt, die Traditionen zunehmend hinter sich liess und flexible Einstellungen und Optionen bevorzugte.

Holzach warnte unermüdlich vor den Gefahren, die das Denken und Handeln auf einen kurzfristigen Erfolg hin mit sich brächten. Er bestand auf denjenigen Tugenden, die die Menschen in einer Welt beschleunigten Wandels überzeugungsfest und orientierungssicher halten sollen. «Das Gebot des Masshaltens rangierte dabei immer an oberster Stelle – anders gesagt: Der ‹Spieler›, ob in der Politik, in der Wirtschaft oder in Gesellschaft und Kultur, war ihm ein zutiefst verdächtiger Typus, dessen Renaissance Holzach mit Unwillen und Unverständnis zur Kenntnis nahm», so Meyer, der allerdings auch feststellte:

«Enttäuschungen (für Robert Holzach) mehrten sich. Gelegentlich kam es dabei zu temperamentvollen Ausbrüchen des Zorns über herrschenden Leichtsinn oder mangelnde Kompetenz; schliesslich dominierte Resignation. Seine Freunde und Weggefährten hätten ihm gerne eine Dosis Distanz gegenüber den Aktualitäten des Tages gewünscht – ein heiteres Loslassen oder auch gelassene Ironie. Aber er konnte nicht anders, und die Leistungen eines langen Lebens hatten freilich umgekehrt darauf beruht, dass Robert Holzach jede Herausforderung mit grösstem Ernst angenommen hatte.»[177]

Bis zuletzt, als kaum mehr ganze Sätze über seine Lippen kamen, befasste sich Holzach mit dem Schreiben; mit seinem eigenen, das sich in unzähligen Tagebüchern, aber auch in losen Zetteln und Heften materialisierte, und mit dem der Autoren, die er am meisten schätzte, etwa Robert Walser, Siegfried Lenz, Rainer Maria Rilke und zuletzt vor allem Elias Canetti und Jean Giono. Deren Werke las er unermüdlich, brachte Notizen darin an und hütete sie mit unzähligen anderen in seiner grossen Bibliothek. «In diesen Büchern», sagt Martin Meyer, «wurde Holzach bestätigt, dass das, was wir gemeinhin für die Wirklichkeit nehmen, vielerlei Kehrseiten hat, die erst die Spannung des Lebens und des Zusammenlebens ausmachen.»[178]

Verlorene Lebensqualität

Dieses Leben hat Holzach nie um jeden Preis verlängern wollen. Seine Maxime lautete: «Die Hingabe an die Pflicht ist wichtiger als schulmedizinische Konzepte und Vorstellungen von einer ‹gesunden Lebensweise› – zwecks Lebensverlängerung», liess er seinen Arzt, den Internisten Max Stäubli wissen, der ihn ab 1989 während 16 Jahren betreute. Bei Behandlungsbeginn hatte ihm Holzach ein ganzes Dossier mitgebracht, in dem seine Krankengeschichte detailliert beschrieben und mit den entsprechenden Testergebnissen und Analysen versehen war. Aus diesen Unterlagen und mündlichen Erörterungen wurde unmissverständlich klar, dass Holzach mindestens so grossen Wert auf Lebensqualität als auf die medizinischen Weisheiten legte. Auf seinen Whisky, den er sich allabendlich genehmigte, wollte er nicht verzichten. «Sonst geht Lebensqualität verloren», sagte er. Er war sich aber der grossen Bedeutung körperlicher Aktivität für das Wohlbefinden bewusst. Zu Hause hielt er sich durch tägliches Schwimmen in Form und in den Ferien im Engadin oder Tessin kamen Märsche von zwei bis drei Stunden dazu. Die Marschtüchtigkeit, gemessen in Stunden pro Tag, war oft ein Thema, weil er mit Sorge konstatierte, dass sie allmählich abnahm und parallel dazu arthrosebedingte Knieschmerzen zunahmen. Auch in Bezug auf die Kontrolle des Blutzuckers wusste er um den direkten Nutzen regelmässiger körperlicher Aktivität.

Holzach analysierte die altersbedingten Veränderungen ehrlich und stellte diese bei seinen Arztbesuchen zur Diskussion. Stäubli reservierte sich auch deshalb immer mindestens eine Stunde in seiner Agenda, sobald ein Termin mit dem Patienten Robert Holzach anstand, weil er es als einzigartiges Privileg und wie eine Lernstunde empfand, auf eine so private Weise mit dieser Persönlichkeit in Kontakt zu kommen. Der Verlauf einer Konsultation war jedes Mal absolut unvorhersehbar: Es konnte vorkommen, dass Holzach bloss seinen Ärger über die Einführung der A- und B-Post loswerden wollte oder aber dass er sehr klar feststellte, sein Erinnerungsvermögen lasse nach. Holzach fand dies, wie er dann weiter erklärte, einerseits bedauerlich; andererseits beschäftigten ihn so auch manche Dinge nicht mehr, über die er sich früher bloss geärgert hätte. Einmal sei er auch betrübt darüber gewesen, dass er manche Dinge gar nicht mehr ändern wolle. Er habe diesen plötzlichen Mangel an Tatendrang als ein Zeichen des Niedergangs bewertet, so Stäubli. Der ausbleibende Antrieb, sagte Holzach, führe dazu, dass er sich von sich selbst entfremde.

Tatsächlich fand Holzach in seinem Arzt eine seiner letzten Vertrauenspersonen ausserhalb der Familie. Ihm erzählte er in einer späteren Phase des Lebens auch, dass er über eine «geistige Kontrollinstanz» verfüge; sie auferlege ihm die erforderliche Selbstzensur, sobald er sich bewusst werde, dass er nicht mehr fähig sei, etwas zu erklären oder zu kommentieren.

Das erklärt Holzachs allmähliches Verstummen, das manche Mitmenschen für den Beginn einer altersbedingten Demenz hielten. Das war falsch, zumal Holzach nach wie vor alles bewusst wahrnahm und ihm dabei vieles ausserordentlich naheging, insbesondere was die Entwicklung der UBS betraf. Dies wiederum übertrug sich auf seinen Gesundheitszustand, wie Stäubli deutlich genug feststellen konnte. Unfähig, darüber zu reflektieren, ist Holzach verstummt – «hat sein Interesse sukzessive nach innen gewendet», so Stäubli. Einmal befand Holzach, er sei nicht mehr humorvoll; ein andermal, er möge nicht mehr an Anlässen teilnehmen, bei denen mehr als ein Dutzend Leute anwesend seien. Zu gross schien ihm das Risiko, dass er sich in eine für alle peinliche Situation begeben könnte. Umgekehrt war sein Zustand auch für all diejenigen Menschen bedrückend, die ihn auf dem Höhepunkt seiner Schaffenskraft erlebt hatten und nun einem Mann gegenübersassen, dessen Gebrechlichkeit und Schweigsamkeit jedem langjährigen Vertrauten naheging.

Wie sehr die mentalen Veränderungen bei Robert Holzach zunahmen, zeigt sich auch daran, dass er Stäubli in seinen letzten Lebensjahren eine latente Rührseligkeit eingestand, die ihn beim geringsten Anlass in Tränen ausbrechen lasse. Dass dies gerade bei sensiblen Leuten im hohen Alter oft vorkommt, wusste Holzach möglicherweise nicht. Doch es ist ein weiteres Indiz dafür, wie seismografisch er unabwendbare Alterungszeichen wahrnahm.* Genauso teilnahmsvoll, wie er einst seine Arbeit verrichtet hatte, nahm er sich nun seines Schicksals an. Es wurde fürwahr seine letzte Beschäftigung.

Zeitrichtiger Abgang

Mittlerweile versäumte es die Bank, für die Holzach sein Leben lang gearbeitet hatte, drohende Probleme frühzeitig wahrzunehmen, sodass sie zunächst von ausländischen Investoren und schliesslich vom Staat respektive den Steuerzahlern gerettet werden musste. Mochte es für Holzach tatsächlich unerträglich sein, den Niedergang der grössten Bank in den Jahren 2007 und 2008 noch erleben zu müssen, so hätte er sich auch sagen können, dass er mit dieser Institution nichts mehr zu tun hatte – und so gesehen den Zeitpunkt des Abgangs ideal getroffen hatte. Denn als er im Frühjahr 1988 die Führung in die Hände einer neuen Generation übergab, hatte sich die SBG unter seinen weitsichtigen Vorgaben zur unangefochtenen Nummer eins der Schweiz entwickelt – zu einem granitsoliden, finanziell sicher abgestützten Institut von Weltrang und unbefleckter Reputation. Und 20 Jahre später?

Der frühere NZZ-Wirtschaftsredaktor Hansjörg Abt hat die Situation gegen Ende des Lebens von Robert Holzach, also zum Jahreswechsel 2008/09, treffend zusammengefasst:

---

* Holzachs Lebensprinzipien bestärkten Max Stäubli darin, ein medizinisches Register für Komplikationen und Fehler bei ärztlichen Eingriffen in Spitälern anzulegen. Diese Dienstleistung wird den Spitälern seit 1998 als reguläres Programm der Schweizerischen Gesellschaft für Innere Medizin zur Verfügung gestellt. Damit wurden allein bis Ende 2009, dem Todesjahr Holzachs, mehr als 350 000 Patienten und über 10 000 behandlungsbedingte Komplikationen erfasst. Sie wurden regelmässig in Publikationen dargestellt und kommentiert, mit dem Ziel, die Patientensicherheit zu verbessern. Im Jahr 2008 gründeten die beteiligten Spitäler sogar einen Verein. «So erlangten die Konsultationen des Patienten Robert Holzach über die persönliche gesundheitliche Bedeutung hinaus eine breite medizinische Wirkung zugunsten anderer Patienten», sagt Max Stäubli.

«Eine Führungsspitze, die sich selbst disqualifiziert, eine nicht abreissende Folge von Milliardenverlusten, Verrat und Treuebruch gegenüber Tausenden von langjährigen Kunden, ein Rattenschwanz von Gerichtsverfahren, massiver Vertrauensverlust im In- und Ausland sind einige der Stichworte, die die desolate Situation der UBS kennzeichnen. Kaum auszudenken, wie diese Bank, nach den Wirbelstürmen der internationalen Finanzkrise, heute dastehen könnte, wären Robert Holzachs Ratschläge und Ermahnungen in Sachen Führung und Verantwortung beherzigt worden. [...] Mit ihm hat nicht nur die SBG/UBS, sondern die schweizerische Bankwirtschaft insgesamt ihre herausragende Führungsgestalt verloren.»[179]

Paradoxer Zusammenhang

Obschon sich Holzachs Gesundheitszustand bereits in den 1990er-Jahren zu verschlechtern begann und ihn mindestens vier bewusst wahrgenommene Hirnschläge heimsuchten, war er nach der Jahrtausendwende in einem Zustand angelangt, in dem er nicht mehr hätte allein leben können. Zu den geistigen Veränderungen kamen unüberwindbare Gehbeschwerden hinzu – und die psychische Pein, sich all dessen fortlaufend bewusst zu sein. In dieser Phase war es Marlies Holzach zu verdanken, dass er dennoch würdevoll leben durfte. Sie unternahm alles, um ihm den Lebensabend in den eigenen vier Wänden zu ermöglichen – mit all seinen Habseligkeiten, den Büchern, Schriften, Gehstöcken, Gemälden und Kunstgegenständen, die ihm immer so wichtig gewesen waren. Dies ist ihr auch gelungen; allerdings nur, weil sie selbst zugunsten der Pflege und Betreuung ihres Mannes auf ein Privatleben verzichtete und ihre eigenen Bedürfnisse zurücknahm – so, wie sie es schon zuvor in ihrem Leben mit Holzach getan hatte.

Ebenfalls bis zuletzt eine wichtige Rolle in Holzachs Leben spielte der Bankier Konrad Hummler, der in den 1980er-Jahren während fünf Jahren als Assistent an der Seite Holzachs gearbeitet und seinen Job so gut gemacht hatte, dass er zum bevorzugten Mitarbeiter seines Chefs in dieser Funktion aufgestiegen war. Von da an gedieh ein überaus enges Geschäftsverhältnis, das sich auch fortsetzte, als Hummler die SBG 1990 verliess und zur St. Galler Privatbank Wegelin wechselte. Stets hat Hummler in seinen Kommentaren und Referaten Holzachs Prinzipien hochgehalten und seinen ehemaligen Chef als den letzten grossen Schweizer Bankier bezeichnet. Bei Wegelin, der damals ältesten Schweizer Bank, wurde er zusammen mit einem weiteren früheren Assistenten Holzachs, Otto Bruderer, geschäftsführender Teilhaber. Zumindest bis zu Holzachs Tod stand der Name Wegelin für eine der grössten Erfolgsgeschichten in der Schweizer Bankbranche.

Hummlers Schicksal steht allerdings in einem geradezu paradoxen Zusammenhang mit der UBS und deren Problemen ab 2008. Während der Finanzkrise verstand es Hummler, nunmehr Privatbankier, der breiten Öffentlichkeit die grossen Fehlentwicklungen in der Finanzwelt und damit auch bei der UBS wortgewaltig verständlich zu machen (siehe Kapitel 9). Doch seine Meinungsautorität relativierte sich wieder. Im Verlauf der Finanzkrise intensivierten die amerikanischen Behörden bekanntlich ihre Bestrebungen, die Steuerhinterziehung zu bekämpfen. Dabei geriet vor allem die UBS ins Visier der US-Justiz, nachdem Bradley Birkenfeld den US-Steuerbehörden vertrauliche Informationen über die entsprechenden Praktiken der UBS geliefert hatte. Nach langen Verhandlungen und Gerichtsterminen in den USA musste die Schweizer Grossbank, wie erinnerlich, den amerikanischen Behörden rund 4450 Kundennamen übermitteln, darüber hinaus eine Vergleichszahlung von 780 Millionen Franken leisten und das grenzüberschreitende Geschäft (Offshore-Geschäft) mit der US-Klientel aufgeben. In dieser Zeit nahm die Privatbank Wegelin eine Vielzahl solcher amerikanischer UBS-Kunden auf, die ihr Vermögen in den USA nicht deklariert hatten. Hummler und seine Teilhaber wähnten sich bei diesem Geschäft in Sicherheit, da sie keine Niederlassungen in den USA hatten. Dennoch geriet das älteste Finanzinstitut der Schweiz ins Visier der amerikanischen Justiz. Die Verantwortlichen hatten die Machtmittel und die strafrechtlichen Sanktionsmöglichkeiten der Amerikaner sträflich falsch eingeschätzt:

«Der Atlantik vermittelte einen trügerischen Abstand, den es tatsächlich nicht gab. [...] Wir sahen damals auch nicht, dass allein eine amerikanische Klagedrohung ausreichen würde, um eine ausschliesslich schweizerische Bank ins Jenseits zu befördern. [...] Wir haben uns auf den Standpunkt gestellt, dass die Steuerpflicht das Steuersubjekt betrifft, also den Steuerpflichtigen. Die Depotstelle beziehungsweise die Bank hat in diesem Zusammenhang keine Rolle zu spielen. Das war bis dahin das Rechtsverständnis in der Schweiz. Doch es veränderte sich damals dramatisch», erklärte Konrad Hummler später in einem Interview mit der Schweizer Wochenzeitschrift *Die Weltwoche*.[180]

Für die privat haftenden Bankiers von Wegelin wurde die Situation so bedrohlich, dass sie Ende Januar 2012 beschlossen, das Unternehmen aufzuteilen. Während das Geschäft mit der Klientel in den USA bei Wegelin blieb, wurden alle übrigen Kunden mit rund 21 Milliarden Franken an Depots sowie die Geschäftsstellen und das gesamte Personal auf die Notenstein Privatbank übertragen, die ihrerseits von der genossenschaftlich organisierten Raiffeisen-Gruppe Schweiz übernommen wurde. Kurz danach, im Februar 2012, wurde Wegelin vom US-Justizministerium wegen Beihilfe zur Steuerhinterziehung angeklagt. Knapp ein Jahr später bekannte sich das Institut als erste ausländische Bank in den USA für schuldig und akzeptierte eine Strafzahlung von 74 Millionen Dollar. Die damit tatsächlich «ins Jenseits beförderte» älteste Bank der Schweiz stellte in der Folge ihren Betrieb ein. Es entbehrt dabei nicht einer gewissen Tragik, dass Hummler, der sich stets so vehement auf Holzachs hohe ethische Massstäbe berufen hatte, ebendiese Prinzipien möglicherweise im entscheidenden Moment nicht befolgte – und deshalb in seinem Metier scheiterte.*

---

* Mitte 2013 läutete Hummler sein Comeback ein. In der ihm durchaus wohlgesonnenen, aber dennoch äusserst kritischen *Weltwoche* gab sich der Privatbankier a. D. verblüffend offen und selbstkritisch. So sagte er unter anderem: «Letztlich wird der Mensch immer durch bestimmte Gläubigkeiten in die Irre geführt. In meinem Fall war es der Glaube an die Territorialität der Schweiz, an die Hoheit unseres Rechtsstaates auf seinem eigenen Gebiet.» Offensichtlich war damals aber bereits eine Art Globalisierung rechtlicher Standards im Gang, die Hummler und sein Management offenbar ausblen-

In diesen schwierigen Jahren 2008 und 2009 musste Hummler beobachten, wie sich der Zustand seines grossen Mentors und Förderers Holzach grundlegend veränderte. «Der früher so präsente Gesprächspartner schien zunehmend hinter einer Wand von dickem Glas mildgestimmter Gleichgültigkeit. Der in fast allen Fragen engagierte Zeitgenosse schien sich vor allem noch für Vergangenes und oft Dasselbe zu interessieren. Der früher so scharf Urteilende und auch scharf Verurteilende umgab sich immer mehr mit einer Aura des gütigen und gnädigen Vergebens. Das war für uns Freunde vielleicht das Irritierendste: Dieses so ungewohnte tolerante Lächeln eines Mannes, dem man diese Haltung nie vorausgesagt hätte.»[181]

Holzachs Apathie erschien einmal als Resignation, dann wieder als berechtigte Müdigkeit oder aber als bewusster Schutz eines Menschen, der sich über sein plötzliches Unvermögen, nochmals eingreifen zu können, schmerzlich im Klaren ist. Hummler fasste auf die wohl einfühlsamste Art das Empfinden aller derjenigen, die Holzach bis zuletzt nahestanden, mit den folgenden Worten zusammen: «Diese Phase von einem beglückenden Aufflackern begleiteten Erlöschens eines einst so leuchtenden Feuers war für alle Nahestehenden unendlich schmerzvoll und schwierig.»[182]

Brüchiges Eis

Was war, was bleibt? Die vielen schriftlichen Zeugnisse, die letztlich nichts anderes zum Ausdruck bringen, als dass Holzach ein ungemein sensibler, ja verletzlicher Mensch war. Es gibt nicht viele Weggenossen, die diese Seite Robert Holzachs gekannt haben oder allenfalls sogar miterlebten. Denn ihr haftete ein geradezu beklemmendes Gefühl an, das sich einstellte, wenn der Mensch, der einst als der viel-

---

deten. Die Bank Wegelin sei Teil einer Zeitenwende im Bankgeschäft gewesen. Es habe aber auch Eigenfehler gegeben und Momente der Frivolität, der Selbstüberschätzung. «Es gab das Gefühl der Unverwundbarkeit», so Hummler.

leicht mächtigste Bankier der Schweiz galt, vieldeutige Sätze von sich gab wie: «Mein Garten ist traurig; oft bin ich es auch.»

«Oft lastete auf ihm eine tiefe Trauer über die Welt, über die Mitmenschen, über die nächste Umgebung, über sich selbst», sagte Hummler anlässlich der Trauerfeier von Robert Holzach.[183]

In den allerletzten Monaten seines Lebens ging es Holzach besonders schlecht. Er konnte sich kaum mehr bewegen, und seine Ausdrucksfähigkeit war dermassen eingeschränkt, dass es für seine Freunde fast unangenehm wurde, mit ihm zu sprechen, gerade im Wissen, wie wortgewaltig Holzach einst gewesen war. Als ihm seine Frau zu Weihnachten 2008 ein leeres Büchlein für seine täglichen Notizen schenkte, schaffte er es gerade noch, von Hand hineinzuschreiben: «Aller Anfang ist schwer.» Dabei blieb es – für immer. In den ersten Tagen des Todesjahres 2009 bemerkte er mit einer gewissen Betrübnis auch, dass er seiner Gattin gar nichts zu Weihnachten geschenkt hatte. Wenige Monate später sollte Hummler sagen:

«Wenn ich es richtig sehe, dann kann man Robert Holzachs Schaffensdrang mit einem Entrinnenwollen aus dieser tief empfundenen und lebenslänglichen Skepsis gegenüber dem menschlichen Dasein erklären. Doch auf brüchigem Eis bleibt man besser nicht stehen.»

Am Sonntag, dem 15. März 2009, brach Robert Holzach zu Hause im Wohnzimmer zusammen. Als sich sein Zustand nicht besserte, rief Marlies Holzach einen Arzt, der ihn ins Spital Zollikerberg überwies. Anfänglich sah es noch danach aus, dass er sich von seinem Schwächeanfall wieder erholen könnte. Man bereitete bereits eine Physiotherapie für ihn vor. Dennoch fiel Marlies Holzach auf, dass er seine geliebte Uhr, eine Audemar Piguet, die er 1962 zum Jubiläum des 100-jährigen Bestehens der SBG von Alfred Schaefer erhalten hatte, nicht mehr am Handgelenk trug, sondern dass sie am Bügel festgemacht war, den man benützt, um sich im Bett aufzurichten. Offenbar schien er diese Uhr, die ihm so viel bedeutete, nicht mehr zu benötigen. Am Abend des 23. März 2009 beschied man Marlies Holzach, dass sie am nächsten Tag etwas später kommen solle, da man aufgrund seines stabileren Gesundheitszustandes mit der Physiotherapie beginnen würde. Doch am frühen Morgen des 24. März 2009 erhielt Marlies Holzach einen Anruf aus dem Spital, ihr Gatte stehe kurz vor seinem Ableben. Die Nachricht kam zu spät. Marlies Holzach schaffte es nicht mehr, ihren Mann nochmals lebend zu sehen.

Bessere Zeiten

Holzachs Tod im Jahr 2009 fiel in eine Zeit, in der die Schweizer Bankbranche mit sich selbst beschäftigt war. Die bisher bewährten Geschäftsmodelle funktionierten im Sog der Finanzkrise und der entbrannten Kontroverse um die Themen Bankgeheimnis und Steuerhinterziehung nicht mehr. Gleichzeitig war völlig unklar, wohin die Reise für die schweizerischen Geldinstitute gehen sollte; das würde sich erst in den darauffolgenden Jahren abzeichnen.

In der Phase der tiefsten Identitätskrise auf dem Schweizer Finanzplatz erinnerte der Tod Robert Holzachs daran, dass es schon bessere Zeiten gegeben hatte und dass mit diesem Bankier eine Persönlichkeit abgetreten war, die sehr früh darauf hingewiesen hatte, wo die grössten Gefahren im Geldgeschäft lauern. Holzach hatte stets unmissverständlich gesagt, was es für eine «gesunde» Bank braucht, nämlich «unverletzliche Solidität, unschlagbare Fachkompetenz sowie eine unangreifbare Integrität».[184] Und: Holzach stand für die Förderung der Elite ein und initiierte zu diesem Zweck das Ausbildungszentrum Wolfsberg, das als eine seiner grössten Leistungen gilt. Eine Elite wünschte er sich einerseits, um der Gefahr der Nivellierung und damit eines zwangsläufig sinkenden Durchschnitts entgegenzuhalten; und andererseits, weil nur die Elite den Mut zum Ausserordentlichen aufbringt, das letztlich nötig ist, um das Wohl der Gesamtheit langfristig zu erhöhen. Diesen Anspruch Holzachs nahm Konrad Hummler bereits 1997 auf und veranschaulichte in einer Rede zum 75. Geburtstag seines einstigen Vorgesetzten das eigentliche Credo Holzachs:

«Kein Zweifel: Ausserordentlichkeit ist nie nur Leistung. Es braucht Mut, das Ausserordentliche zu wollen. Dieser Mut besteht darin, damit leben zu können, dass das Ausserordentliche zuweilen auch nicht eintreten, nicht erreicht werden könnte. ‹Risiko› heisst das Stichwort, und mit dem Eingeständnis, dass der Wille zur Ausserordentlichkeit einer Risikonahme unterliegt, wird gleichzeitig auch eine Selbstbescheidung ausgesprochen. Ist es nicht interessant, dass Mut und Demut in einem Beziehungsverhältnis stehen, das über etymologische Ähnlichkeit hinausgeht? ‹Alles Gelingen ist Gnade› hiess der Leitartikel Dr. Holzachs in der Weihnachtsausgabe der SBG-Personalzeitung am Ende eines erfolgreichen Jahres für die Bank. Treffender könnte man die Selbstbescheidung nicht zum Ausdruck bringen. Mut hat, will es nicht lediglich fahrlässiger Wagemut sein, sehr viel mehr mit Inspiration denn mit Eigenleistung zu tun. Dass dann das krönende Gelingen als ‹Gnade› bezeichnet wird, ist rares und kostbares Bekenntnis zugleich, Bekenntnis des Wissens um die Beschränktheit menschlichen Wirkens und menschlicher Machbarkeit. Mut zur Ausserordentlichkeit setzt zwar Vertrauen in die eigenen Fähigkeiten voraus – sich selber Kredit geben –, der unternehmerische Funke, es dann aber auch zu tun, ist kreativer Natur.»

Die Abdankung für Robert Holzach fand am 30. März 2009 in der Kirche St. Peter in Zürich statt. Die grosse Trauergemeinde aus allen gesellschaftlichen und kulturellen Schichten offenbarte ein allerletztes Mal die vielen Parallelwelten Holzachs. Sie zeigte ebenso, dass man hier Abschied nahm von einer Persönlichkeit, von der man zumeist als «Dr. Holzach» gesprochen hatte – allerdings ohne dass es dabei um den akademischen Titel ging, sondern vielmehr um den Respekt, den man für diesen aussergewöhnlichen Menschen zum Ausdruck brachte. Viele der Trauernden, die wie Holzach sonst kaum je ihre Sensibilität zur Schau trugen, zeigten an diesem Tag tiefste Gefühle; besonders als Konrad Hummler vor der Gemeinde das Leben und Schaffen des Verstorbenen würdigte und damit «den Kampf gegen das Verblassen der Erinnerung» aufnahm.

In diesem Sinn passt auch der letzte Satz, den Hummler der Trauergemeinde mit auf den Weg gab: «Wenn wir nun mit dem vollendeten Leben Robert Holzachs umzugehen haben, dann wissen wir eines ganz sicher: Die beste Erinnerung an ihn wird sein, dass wir zurückgehen an unsere Arbeit und das tun, was uns auferlegt ist.»

Nachwort:
Von Holzach lernen

Der Name Robert Holzach ist heute kaum mehr geläufig; das hat die Arbeit an diesem Buch deutlich gezeigt. Zum einen hängt dies damit zusammen, dass das kollektive Gedächtnis im digitalen Zeitalter immer kürzer wird, während die Menge an Informationen umgekehrt proportional anschwillt. Zum anderen hat sich die Bankenwelt seit Holzachs Ära grundlegend verändert. Sie ist noch moderner, globaler geworden; der technologische Fortschritt hat ganze Geschäftsbereiche und -prozesse revolutioniert und unzählige zusätzliche Ertragsmöglichkeiten geschaffen. Über den vielen Neuerungen gerät das Alte unweigerlich in Vergessenheit; ein an sich normaler Prozess in der geschichtlichen Entwicklung.

Doch im vergangenen Vierteljahrhundert hat sich noch etwas anderes fundamental verändert: Es ist das Selbstverständnis, mit dem die Bankleute ihre Arbeit verrichten. Der Anspruch, mit der eigenen Tätigkeit einen wirtschaftlichen Mehrwert zu erbringen und damit im übertragenen Sinn zum Wohl der Gesellschaft beizutragen und Verantwortung zu übernehmen, ist spätestens seit den 1990er-Jahren vollends verschwunden. An seine Stelle ist eine Haltung getreten, die um jeden Preis nur den geschäftlichen und letztlich den persönlichen Erfolg anstrebt. In diesem Kontext steht auch die Gier, die man inzwischen unmittelbar mit der Finanzwelt assoziiert. Diese veränderte Einstellung zum Metier, zur Profession, wenn man so will, ist das zentrale Element, das die heutige Finanzwelt prägt, und zwar im Positiven wie im Negativen. Befreit vom ganzen ideologisch-moralischen Ballast – oder, freundlicher ausgedrückt, befreit von jeglichen gesellschaftlichen Verpflichtungen –, kann ein Wirtschaftszweig zweifellos dynamischer und effizienter funktionieren. Die Finanzindustrie hat dies in den 1990er-Jahren in den USA, in Grossbritannien und Japan, in Deutschland, Frankreich und in der Schweiz – im Prinzip überall dort, wo es Grossbanken gibt – eindrücklich bewiesen. Die Branche expandierte zügig und konnte ihre volkswirtschaftliche Bedeutung gegenüber anderen Wirtschaftszweigen um ein Mehrfaches steigern. Die beiden Schweizer Institute UBS und Credit Suisse wiesen Bilanzsummen aus, die ein Mehrfaches des Schweizer Bruttoinlandprodukts betrugen. Sie waren somit auch bedeutende Steuerzahler und Arbeitgeber.

Dieser wirtschaftlichen Potenz wohnt allerdings auch ein grosses Risiko inne – wie man ebenfalls erfahren hat. Denn erst das neue Selbstverständnis der Bankchefs liess es zu, dass das Finanzwesen ad absurdum geführt werden konnte: Man glaubte unkritisch daran, dass sich Risiken mit mathematischen Modellen kontrollieren liessen, und spekulierte umso enthemmter – in der extremsten Ausprägung überträgt man die Arbeit gar rein computergesteuerten Maschinen, die im sogenannten Hochfrequenzhandel den grösstmöglichen Profit an der Börse erzielen sollen.

Der Ausfluss davon sind die in immer dichterer Kadenz ausbrechenden Krisen, wie man sie in den vergangenen 25 Jahren beobachten konnte.* Dass dabei die «Kollateralschäden» mit jedem Mal grösser ausfielen, ist ein weiteres Merkmal der real existierenden Hyperfinanz, die sich möglicherweise nur noch mit laufend neuen Anmassungen überhaupt erhalten kann.

Vor diesem Hintergrund ist es immer wieder faszinierend, die Texte Robert Holzachs zu lesen, weil er schon in den 1980er-Jahren unmissverständlich vor den Gefahren einer ausser Rand und Band geratenen Finanzwelt gewarnt hat. Man kann nicht sagen, dass er nicht beachtet worden wäre, aber seine Worte blieben wirkungslos. Zu gross waren ganz offensichtlich die Verlockungen für eine ganze Generation an Managern, um das Goldene Kalb zu tanzen, oder, wie es Charles «Chuck» O. Prince III im Juni 2007 formulierte: «Solange die Musik

---

* Die Bankenkrise in den 1990er-Jahren in Skandinavien, der Niedergang von Japans Börse ab 1991, die Peso-Krise in Mexiko 1994/95, die Verwerfungen in Südostasien 1997/98, die Russland-Krise von 1998/99; das Platzen der Dotcom-Blase nach der Jahrtausendwende sowie die globale Finanzkrise ab 2007, die zur Euro- und Wirtschaftskrise in Europa führte.

spielt, muss man aufstehen und tanzen. Und wir sind immer noch am Tanzen.» Mit der Musik meinte der damalige Chef des amerikanischen Finanzkonzerns Citigroup das viele Geld für wenig Zins, mit dem die wichtigen Notenbanken die Finanzmärkte fluteten, um den Börsenmotor am Laufen zu halten. Das wiederum verleitete die Banken zu einem noch frivoleren Benehmen.

Die enormen Geschäftsvolumen und die Gewinne, die im Idealfall dabei herausschauten, führten auch zu einem neuen Selbstverständnis, was die Entlöhnung der Akteure in der Finanzwelt anging. Die Abkehr von jeglicher Verhältnismässigkeit ermöglichte es, Saläre und angeblich leistungsabhängige Vergütungen zu legitimieren, die in keiner Relation zur geleisteten Arbeit mehr standen. Das wiederum führte zu einer weiteren Veränderung in der Bankbranche: Um ihre an kurzfristigen Massstäben gemessenen Ziele besser zu erreichen, neigten die obersten Verantwortlichen tendenziell zu drastischeren Massnahmen als in der Vergangenheit; mit anderen Worten, sie waren rascher bereit, Stellen abzubauen. Dank tieferer Kosten waren sie in der Lage, noch höhere Gewinne anzupeilen. Umgekehrt führten die immer besseren Lohnperspektiven dazu, dass viele Bankangestellte schneller ihren Job wechselten, wenn bei einem anderen Arbeitgeber ein höherer Verdienst winkte. Auf der Strecke blieb die früher so selbstverständlich vorgelebte gegenseitige Loyalität.

Diese Entwicklungen sind für die Schweiz wesentlich bedeutsamer als für die meisten anderen Länder. Denn gemessen an seinem Beitrag ans Bruttoinlandprodukt, ist der hiesige Finanzsektor von grosser Bedeutung. Zudem genoss die Bankbranche über Jahrhunderte hinweg ein überdurchschnittliches Ansehen, das auf historischen, politischen, rechtlichen und wirtschaftlichen Faktoren beruhte. Das Schweizer Bankwesen war, wegen seiner hochgehaltenen Untadeligkeit, lange Zeit eine einzigartige Erfolgsgeschichte, von der viele andere Zuliefer- und Konsumgüterbranchen ebenfalls profitiert haben und zu der unter anderem auch ein Robert Holzach nicht unwesentlich beigetragen hat. Umso tiefer ist der Fall, wie es die Ereignisse der vergangenen Jahre offenbart haben. Allerdings greift es zu kurz, den Niedergang des einst so stolzen Swiss Banking einzig und allein auf die Finanzkrise oder die Steuerhinterziehungskontroverse mit dem Ausland zurückzuführen. Man muss vielmehr von einer moralischen Selbstverstümmelung sprechen, die sich nicht von heute auf morgen abspielte, sondern sich über einen längeren Zeitraum hinzog und deswegen vermeidbar gewesen wäre. Doch weil die dafür erforderlichen Werte und Tugenden sukzessive aus den Aktenköfferchen der Banker entfernt wurden, vollzog sich ein schleichender Zersetzungsprozess, der in einen Kulturbruch und am Ende zum Sündenfall führte, wie der Schweizer Historiker Robert U. Vogler schreibt.[185] Ob Grössenwahn, Kurzsichtigkeit, Hochmut oder Anmassung – in einer fast schon visionären Vorwegnahme hat Holzach bereits 1983 vor diesen Ausschweifungen gewarnt:

«Schauen wir uns doch die Fehlleistungen unseres Wirtschaftszweiges während der letzten zwanzig Jahre an! Es ist regelmässig menschliches Versagen gewesen, Ungenügen in der Einhaltung moralischer Wertverpflichtungen. Die Skala reicht von der einfachen Wirtschaftskriminalität über mangelnde Ernsthaftigkeit, fehlende Sorgfalt bis zum Verhältnisblödsinn und zur Megalomanie, zum Grössenwahn. Es ist ein Irrglaube, für menschliche Dienstleistungen und Partnerschaften auf das menschliche Mass verzichten zu können.»[186]

Robert Holzach hat sich stets über seine Arbeit definiert. Weil er es noch konnte, genauso wie alle Berufstätigen, die eine Leistung erbringen, aus der ein Mehrwert entspringt. Darauf beruhte der Berufsstolz, darauf baute die Loyalität zum Arbeitgeber, und daraus liess sich auch das soziale Ansehen ableiten. Dass die Gesellschaft heute nicht mehr vom Bankier spricht, ist verständlich; dass aber der Banker mittlerweile gar zum «Bankster» mutiert ist – also zu einem Betrüger, in Anlehnung an das Wort Gangster –, belegt bloss, dass eine ganze Berufsgruppe, der die Öffentlichkeit zwar stets mit einer gesunden Portion Skepsis begegnet ist, nun unter dem Generalverdacht steht, einzig von kriminellen Intentionen geleitet zu sein – und das allein zum Zweck, sich persönlich zu bereichern. So gesehen ist die Finanzkrise, die im Sommer 2007 ausbrach, auch eine Wertekrise.

Um aus ihr wieder herauszufinden, braucht es – um bei Holzachs Worten zu bleiben – keine «akademisch-gebildete Pseudoelite, die ihren Berufs- und Lebensinhalt ohne Engagement für Werte nur noch nach Zahlen und nach den anschliessenden Nullen bestimmt. Gesinnung wäre gefragt, aber eine Mentalität von integralem Geldwertdenken wird angeboten.»[187] Die Schweizer Bankbranche könnte neuen Sinn und neue Zuversicht finden, wenn sie sich wieder an einigen alten Grundsätzen orientieren würde: Anstand, Ehrlichkeit und Respekt, Bescheidenheit und Rücksicht auf sozial Schwächere sowie dem Willen, anzupacken und dabei durchaus auch eine gesunde Portion Ehrgeiz zu entwickeln. «Es sind dies die Grundsätze, die auch einen echten Bankier auszeichnen», ist Robert U. Vogler überzeugt.

Lernen von Holzach? In einer mittlerweile legendären Tischrede 1993 hat der Bankier sowohl die sieben Säulen der Glaubwürdigkeit – in Anlehnung an die berühmten *Seven Pillars of Wisdom* von T. E. Lawrence – als auch die sieben Todsünden eines Dienstleistungsunternehmens beschrieben.[188] Sie haben bis heute nichts an Aktualität beziehungsweise an Gültigkeit eingebüsst. Und sie bieten eine gute Möglichkeit, von Holzach etwas mit auf den Weg zu nehmen. Die nachfolgenden Aussagen sind direkt aus der erwähnten Rede zitiert.

1. Bescheidenheit
In der Selbstdarstellung ist grosse Zurückhaltung angezeigt. Bescheidenheit und Natürlichkeit sind glaubwürdig, auch wenn Abweichungen selbstkritisch erwähnt und gewertet werden. Untertreibung hat ebenfalls Grenzen, bleibt aber auf alle Fälle besser als das Gegenteil.

2. Langfristigkeit
Intern und extern müssen Geschäftsziele mittel- und langfristig angelegt sein. Wenn der Staatsmann an die nächste Generation, der Politiker aber nur an die nächsten Wahlen denkt, dann soll die glaubwürdige Unternehmensführung auf langfristigen Erfolg zielen und langfristige Partnerschaften anstreben. Häufig ist ein kurzfristiger Erfolg nur möglich, wenn mittelfristig und langfristig gültige Grundsätze in der Unternehmung verletzt werden.

3. Dienen und Leisten

Wer Dienstleistungen anbietet, muss sich stets daran erinnern, dass sich dieser Begriff aus zwei Teilen zusammensetzt: aus dem Element des Dienens und dem Element des Leistens. Zu dienen bedeutet, sich immer wieder nach idealistischen Visionen auszurichten und in diesen Vorstellungen auch Verantwortung zu bekunden.

4. Nebensächliches

Linien- und Prinzipientreue sollen sich nicht nur in grossen Worten und plakativen Programmen niederschlagen, sondern müssen die Glaubwürdigkeit im Kleinen und Nebensächlichen belegen. Es geht nicht an, Wasser zu predigen und Wein zu trinken; aber auch das Umgekehrte wird die Glaubwürdigkeit nicht stärken. Das Motto der Glaubwürdigkeit wird hinfällig, wenn kulturelles Engagement, Sponsoring, Bauten und Stil immer wieder Gegenteiliges manifestieren.

5. Zurückhaltung

In politischen Belangen und Bekenntnissen ist die Unternehmung gut beraten, subtil und zurückhaltend zu agieren. Wer nicht selbst in der Politik aktiv und damit auch verantwortlich ist, gefällt besser mit zwar skeptischem, aber positivem Politverständnis. Glaubwürdigkeit kann jemand nicht gewinnen, wenn er sich laufend als politischer Besserwisser profiliert.

6. Kommunikation

Zu den Elementen der Dienstleistung gehört die zwischenmenschliche Kommunikation als unverzichtbarer Teil. Kein Firmenprogramm kann glaubwürdig sein, wenn es die Mitarbeiter an der Front nicht verstehen, die Botschaft glaubwürdig weiterzugeben.

7. Detail

Die Teile sind Voraussetzung des Ganzen, womit die Qualität im Kleinen unerlässlich ist für die Glaubwürdigkeit des Ganzen. *Soignez les détails* ist die letzte, aber nicht minder wesentliche Säule der Glaubwürdigkeit im Dienstleistungsunternehmen.

Als Gegenstück zu den sieben Säulen der Glaubwürdigkeit führte Holzach in seiner Tischrede gleich noch die sieben Todsünden einer Unternehmung an:

1. Selbstherrlichkeit
Selbstherrlichkeit – Megalomanie –, die sich im Gespräch oder im schriftlichen Verkehr äussert und vor der Deklassierung der Konkurrenz oder der Gegenspieler nicht zurückschreckt, ist unverzeihlich. Auf Selbstlob kann am wenigsten verzichten, wer auf ein Lob von Dritten keine Chance hat.

2. Kurzfristigkeit
Nur Tagesgeschäfte und Einmaltransaktion zu bevorzugen, ist ebenso verwerflich wie das kurzfristige Erfolgsdenken und dessen Förderung durch das Versprechen auf gesicherte Erfolgsanteile.

3. Geldbezogenheit
Wer nur nach geldbezogenen statt integral motivierten und idealgesteuerten Zielen handelt, macht sich einer weiteren Todsünde schuldig. Der Kurs der eigenen Aktien muss internen Publikationen, Anstrengungen oder Beeinflussungen völlig entzogen sein. Sündhaft handelt gar, wer das Heil der Unternehmung im kurzfristigen Gewinn über die eigene Aktie sucht.

4. Inkonsequenz
Die heftigsten Widerstände gegen gross angelegte Sparprogramme erwachsen aus Inkonsequenz. Weder Mitarbeiter noch Kunden können verstehen, wenn die Sparanstrengungen bei den Interieurs der Direktionsbüros, beim Reisekomfort und bei den Autoausstattungen oder den Konsumgewohnheiten der Hierarchiespitze aufhören.

5. Bürokratie
Es macht sich nicht gut, die Bürokratie staatlicher Verwaltungen öffentlich zu kritisieren, wenn man selbst die eigenen bürokratischen Abläufe und die interne Papierflut nicht meistert.

6. Technokratie

Eine Todsünde besonderer Art ist die blinde Gläubigkeit der Technokraten, die das Instrument EDV überall als Wundermittel einsetzen wollen, um Kosten zu senken und Abläufe zu automatisieren. Dieser Sündenfall kann zur existenziellen Bedrohung führen, wenn man das Heil in der Bedienung von Automaten sucht statt im persönlichen Kontakt. Eine Maschine kann keine Dienste leisten, sondern bestenfalls, gegen Münzeinwurf, eine Mechanik in Gang setzen.

7. Ignoranz

Sich nur dem Grossen und Grundsätzlichen zu widmen und dabei das Detail zu vernachlässigen, ist ein sündhafter Verstoss gegen glaubwürdiges Unternehmertum. Der Teufel steckt schon deshalb im Detail, weil für viele Beteiligte inner- und ausserhalb des Unternehmens fast nur Details sichtbar werden.

Robert Holzach rundete seine Tischrede damals mit einem kleinen Scherz ab, indem er feststellte, über die sieben Weisheitssäulen und die sieben Todsünden sei man auf dem besten Weg in den siebenten Himmel, wo möglicherweise die sieben Weltwunder warteten. «Wir werden allen mit dem siebenten Sinn begegnen», schloss Holzach sein denkwürdiges Referat.

Was bleibt? Diese Frage stellte sich Robert Holzach selbst immer wieder. «Schreib es auf», sagte er kontinuierlich zu seiner Partnerin und späteren Gattin, auch in der Annahme, dass sie ihn überleben würde. War Holzach zu seiner Zeit eine herausragende Persönlichkeit, so hat sich seine Bedeutung über die Jahre verflüchtigt. Seine Überlegungen und Wertvorstellungen haben aber kaum an Gültigkeit eingebüsst. Im Gegenteil, in einer Branche, die ihre moralische Existenz und ihre sinnstiftende Aufgabe bis heute nicht wiedergefunden hat, ist das Wort dieses Ausnahme-Bankiers zweifelsohne ein Kompass. Man kann den Mangel an vergleichbaren Persönlichkeiten in der heutigen Finanzbranche beklagen. Doch warum sollte es in den Schweizer Banken heute nicht neue Lichtgestalten geben, die auch ohne exorbitante Gehälter, aber mit einer ebenso grossen Überzeugung und Hingabe wie Holzach bereit und fähig sind, beste Arbeit zu leisten? Man muss sie nur endlich zulassen. Sie werden die neue Generation an Schweizer Bankiers stellen – und man wird ihnen auch wieder mit Respekt begegnen.

Anmerkungen

Persönliche Einleitung
1 Bär, Hans J.: Seid umschlungen, Millionen. Orell Füssli: Zürich 2004.
2 Jung, Joseph: Rainer E. Gut. Die kritische Grösse. Verlag Neue Zürcher Zeitung: Zürich 2007.
3 SBG-Generalversammlung, 1987.
4 Holzach, Robert: Herausforderungen. Verlag Wolfau-Druck: Weinfelden 1988, S. 206.
5 Vortrag am «Gryffemähli» der Drei Ehrengesellschaften Kleinbasels, 13. 1. 1984.
6 Baumann, Claude; Rutsch, Werner E.: Swiss Banking – wie weiter?. Verlag Neue Zürcher Zeitung: Zürich 2008.
7 NZZ, 7.4.1988.
8 von Goethe, Johann Wolfgang: Götz von Berlichingen mit der eisernen Hand, 1773.
9 Brief an Robert Studer, Verwaltungsratspräsident der SBG, 8.12.1997.
10 SBG-Direktionskonferenz, 1985.
11 SBG-Direktionskonferenz, 1987.

1. Bankier aus Zufall
12 Öffentlich-rechtliche Eigentumsbeschränkungen und expropriationsähnliche Tatbestände, bei Prof. Zaccharia Giacometti, Universität Zürich, 1949.
13 Referat, Auf der Suche nach dem Lebenssinn, 9. 11. 1993, Seniorenakademie Kronenhof, Berlingen, 1993.
14 Ebd.
15 Handelszeitung, 20. 8. 1981.
16 Referat, Auf der Suche nach dem Lebenssinn, 9. 11. 1993, Seniorenakademie Kronenhof, Berlingen, 1993.
17 Wenger, Jean-Claude, im Gespräch mit dem Autor.
18 Referat, Auf der Suche nach dem Lebenssinn, 9. 11. 1993, Seniorenakademie Kronenhof, Berlingen, 1993.
19 Ebd.
20 Hummler, Konrad; Meyer, Martin und Rinderknecht, Urs B. (Hrsg.): Persönlichkeit und Verantwortung. Erinnerungen an Robert Holzach. Wolfau-Druck: Weinfelden 2010, S. 85.
21 Ebd., S. 110.
22 Geburtstagsansprachen, Ausgesprochenes und Unausgesprochenes, aus Privatarchiv, 28. 9. 1982, keine Seitenzahlen.
23 SBG-Geburtstagszeitung für Robert Holzach, 28.9.1972.
24 Privatarchiv, undatierte Notiz.

25 Geburtstagsansprachen, Ausgesprochenes und Unausgesprochenes, aus Privatarchiv, 28. 9. 1982, keine Seitenzahlen.
26 Jubiläumsbuch 1862 – 1912 – 1962, Schweizerische Bankgesellschaft, Zürich 1962, S. 148 ff.
27 Holzach, Robert: Herausforderungen. Wolfau-Druck: Weinfelden 1988, S. 151.
28 Referat, SBG-Generalversammlung, 1982.
29 Jung, Joseph: Rainer E. Gut. Die kritische Grösse. Verlag Neue Zürcher Zeitung: Zürich 2007, S. 127.
30 Ebd., S. 138.
31 Geburtstagsansprachen, Ausgesprochenes und Unausgesprochenes, aus Privatarchiv, 28. 9. 1982, keine Seitenzahlen.
32 Schaefer, Herry W., Sohn von Schaefer, Alfred, im Gespräch mit dem Autor, 2008 und 2014.
33 Kövér, J. F.: Köpfe der Wirtschaft. Origo Verlag: Zürich 1963, S. 178.
34 SBG-Direktionskonferenz, 1976.
35 Schaefer, Alfred: Reden und Aufsätze. Schweizerische Bankgesellschaft, 1979, S. 178.
36 Ebd., S. 180.
37 Somm, Markus: General Guisan. Widerstand nach Schweizer Art. Stämpfli Verlag: Bern 2010, S. 139.
38 Loepfe, Willi, im Gespräch mit dem Autor, 2013.
39 Weidenmann, Carl. E., im Gespräch mit dem Autor, 2013.
40 Ebd.
41 Hummler Konrad; Meyer, Martin und Rinderknecht, Urs B. (Hrsg.): Persönlichkeit und Verantwortung. Erinnerungen an Robert Holzach. Wolfau-Druck: Weinfelden 2010, S. 86.
42 Ebd., S. 86.
43 Ebd., S. 89.
44 Ebd., S. 86.

2. Von Kreuzlingen nach Korea

45 Wanner, Gustav Adolf: Die Holzach. Geschichte einer alten Schweizer Familie. Helbing & Lichtenhahn: Basel 1982.
46 Familienchronik der Aarauer Holzach, verfasst von Robert Holzach, 1989.
47 Geburtsschein aus dem Geburtsregister des Zivilstandskreises Zürich.
48 Handschriftliche Notiz, Privatarchiv Robert Holzach, undatiert.
49 Holzach, Robert: Franz Josef Schrenk 1861–1937 – Ein biographischer Bericht, 1996, darin zitiert: Schweizerische Uhrmacher Zeitung, 1937.
50 Notizen aus dem Privatarchiv von Robert Holzach, undatiert.
51 Holzach, Robert: Franz Josef Schrenk 1861–1937 – Ein biographischer Bericht, 1996.
52 Bundesrätliche Urkunde, 1936, aufbewahrt im Schloss Ottoberg.
53 SBG-Geburtstagszeitung für Robert Holzach, 28. 9. 1972.
54 Notizen aus dem Privatarchiv Robert Holzach, 27. 10., keine Jahresangabe.
55 Faksimile, siehe Bildteil im Buch.

56 Notizen aus dem Privatarchiv von Robert Holzach, undatiert.
57 Holzach-Engriser, Marlies, im Gespräch mit dem Autor, 2013.
58 Handschriftliche Notiz, Privatarchiv Robert Holzach, undatiert.
59 Weidenmann, Carl E., im Gespräch mit dem Autor, 2013.
60 Bilanz, 2. 4. 1980.
61 Holzach, Robert, im Gespräch mit Klaus Urner, 1997.
62 Ebd.
63 Ebd.
64 Private Notizen im Teilnachlass Robert Holzach, Archiv für Zeitgeschichte (AfZ) der ETH Zürich.
65 Dokumente zur Korea-Mission, Archiv für Zeitgeschichte (AfZ) der ETH Zürich.
66 Holzach, Robert, im Gespräch mit Klaus Urner, 1997.

3. Das Jahrzehnt der Gesellenstücke

67 Loepfe, Willi: Der Aufstieg des schweizerischen Finanzplatzes. Wolfau-Druck: Weinfelden 2011, S. 115.
68 Meyer, Martin (Hrsg.): Kultur als Verpflichtung. Beitrag von Robert Holzach. Schweizerische Bankgesellschaft, 1996, S. 96 ff.
69 Loepfe, Willi: Der Aufstieg des schweizerischen Finanzplatzes. Wolfau-Druck: Weinfelden 2011, S. 29.
70 Ebd., S. 123 ff.
71 König, Mario: Interhandel. Die schweizerische Holding der IG Farben und ihre Metamorphosen – eine Affäre um Eigentum und Interessen (1910–1999) (Veröffentlichungen der UEK, Band 2). Chronos Verlag: Zürich 2001, S. 11 u. 183 ff.
72 Ebd., S. 235 ff.
73 Saager, Hansjürg, Sohn von Saager, Bruno, im Gespräch mit dem Autor, 2014.
74 Trepp, Gian, Tages-Anzeiger-Magazin, Nr. 15, 1987, S. 21–26.
75 Ebd., S. 21–26.
76 Saager, Hansjürg, Sohn von Saager, Bruno, im Gespräch mit dem Autor, 2014.
77 Ebd.
78 Schaefer Herry, Sohn von Schaefer, Alfred, im Gespräch mit dem Autor, 2008 und 2014.
79 Borkin, Joseph: The Crime and Punishment of I. G. Farben. The Free Press, A Division oft Macmillan Publishing: New York 1978, S. 213.
80 Loepfe, Willi: Der Aufstieg des schweizerischen Finanzplatzes. Wolfau-Druck: Weinfelden 2011, S. 268.
81 Schilderungen von SBG-Mitarbeitern sowie in Bilanz, 1.12.1981.
82 Frey, Walter, im Gespräch mit dem Autor, 2014.

4. Ein Leben in Parallelwelten

83 Wenger, Jean-Claude, im Gespräch mit dem Autor, 2013.
84 Leporello zum Familientag der Aarauer Holzach, 1989.
85 Holzach-Engriser, Marlies, im Gespräch mit dem Autor, 2013/14.
86 Ebd.

ANMERKUNGEN 277

87 Tobler, Gustav, und Bommer, Franz Norbert, im Gespräch mit dem Autor, 2013.
88 Bommer, Franz Norbert, im Gespräch mit dem Autor, 2013.
89 Luchsinger, Fred, Ansprache zum 60. Geburtstag von Robert Holzach, 1982.
90 Ebd.
91 SBG-Direktionskonferenz, 1979.
92 SBG-Generalversammlung, 1988.
93 Ebd.
94 SBG-Geburtstagszeitung für Robert Holzach, 28.9.1982.
95 Geburtstagsansprachen, Ausgesprochenes und Unausgesprochenes, aus Privatarchiv, 28. 9.1982, keine Seitenzahlen.
96 Ebd.
97 Handschriftliche Notizen, Privatarchiv Robert Holzach, undatiert.
98 Bommer, Franz Norbert, im Gespräch mit dem Autor, 2013
99 Festschrift zum 25-jährigen Bestehen der Thurgauischen Kulturstiftung Ottoberg, 2014, S. 9.
100 Salathé, André: Geschichte des Füsilierbataillons 75. Huber Verlag: Frauenfeld 1991, S. 211 ff.
101 Darstellung beruht auf Erinnerungen von Hans Stahl, aus Salathé, André: Geschichte des Füsilierbataillons 75. Huber Verlag: Frauenfeld 1991, S. 266 ff.
102 Handschriftliche Notizen, Privatarchiv Robert Holzach, undatiert.
103 Bommer, Franz Norbert, im Gespräch mit dem Autor, 2013.

5. Die schwierigen 1970er-Jahre
104 Rinderknecht, Urs B., im Gespräch mit dem Autor, 2014.
105 Stäheli, Cornelia: Schloss Wolfsberg bei Ermatingen, 1. Auflage, Gesellschaft für Schweizerische Kunstgeschichte (GSK), Bern 2001, S. 5 ff.
106 Nachlass Holzach, Paul, Archiv für Zeitgeschichte der ETH Zürich.
107 SBG-Direktionskonferenz, 1980.
108 Ebd.
109 Mühlemann, Ernst: Augenschein. Als Schweizer Parlamentarier an aussenpolitischen Brennpunkten. Huber Verlag: Frauenfeld 2004, S. 19.
110 Gross, Peter, im Gespräch mit dem Autor, 2014.
111 Lüönd, Karl, ehemals Mitglied der Blick-Chefredaktion, im Gespräch mit dem Autor, 2014.
112 Hummler Konrad; Meyer, Martin und Rinderknecht, Urs B. (Hrsg.): Persönlichkeit und Verantwortung. Erinnerungen an Robert Holzach. Wolfau-Druck: Weinfelden 2010, S. 33.
113 Ebd., S. 94.
114 Neukom, Hans: UBISCO – Analyse eines Scheiterns. In: Computergeschichte Schweiz: Eine Bestandesaufnahme (Hrsg. Haber, Peter). Chronos Verlag: Zürich 2009, S. 59 ff.
115 Strehle, Res; Trepp, Gian und Weyermann, Barbara: Ganz oben – 125 Jahre Schweizerische Bankgesellschaft. Limmat Verlag: Zürich 1987, S. 119 ff.
116 Brestel, Heinz; Kratz, Peter und Winter, Wolfgang: Ein Konto in der Schweiz. Fortuna Verlag: Niederglatt 1976.

117 Tages-Anzeiger-Magazin, 23. 6. 2011.
118 Flubacher, Rita: Flugjahre für Gaukler. Die Karriere des Werner K. Rey. Weltwoche ABC-Verlag: Zürich 1992, S. 48 ff.
119 Strehle, Res: Werner K. Rey: des Schaefers Fluch. In: Skandale – was die Schweiz in den letzten zwanzig Jahren bewegte (Hrsg. Röthlisberger, Peter), Orell Füssli: Zürich 2005, S. 61 ff.

6. Ewige Skepsis

120 Holzach, Robert: Herausforderungen. Wolfau-Druck: Weinfelden 1988, S. 117.
121 Ebd., S. 229.
122 Ebd., S. 225.
123 Blick, 23.4.1999.
124 Grete, Ulrich, im Gespräch mit dem Autor, 2014.
125 Weltwoche, 25.6.1987.
126 Holzach Robert: Herausforderungen. Wolfau-Druck: Weinfelden 1988, S. 41.
127 Hummler, Konrad, im Gespräch mit dem Autor, 2013.
128 SBG-Generalversammlung 1976.
129 Rede vor dem Bremer Tabakkollegium, 1983.
130 Holzach, Robert, Zürichsee-Zeitung, 15. 9. 1986.
131 Holzach, Robert, Aargauer Zeitung, Neue Zürcher Zeitung, Zürichsee-Zeitung, 15. 9. 1986.
132 Ahrens, Ralf; Bähr, Johannes: Jürgen Ponto – Bankier und Bürger. Eine Biographie. C. H. Beck Verlag: München 2013, S. 245 ff.
133 Bähr, Johannes; Erker, Paul: Bosch. Geschichte eines Weltunternehmens. C. H. Beck Verlag: München 2013, S. 311 ff.
134 Merkle, Hans L.: Dienen und Führen. Erkenntnisse eines Unternehmers. Mit Beiträgen von Henry A. Kissinger und Hermann Scholl. Hohenheim Verlag: Stuttgart 2001, S. 33 ff.
135 Bähr, Johannes; Erker, Paul: Bosch. Geschichte eines Weltunternehmens. C. H. Beck Verlag: München 2013, S. 316 ff.
136 Holzach, Robert: Herausforderungen. Wolfau-Druck: Weinfelden 1988, S. 215.
137 Ebd., S. 212.

7. Im Zenit der Macht

138 Senn, Nikolaus, Referat, SBG-Generalversammlung, 1982.
139 Ebd.
140 Cassis, Youssef: Les capitales du capital. Histoire des places financières internationales, 1780–2005. Editions Slatkine: Genf 2006, S. 286 ff.
141 Wittmann, Walter (Hrsg.): Innovative Schweiz. Verlag Neue Zürcher Zeitung: Zürich 1987, S. 142 ff.
142 Senn, Fritz, im Gespräch mit dem Autor, 2014.
143 Hummler, Konrad; Meyer, Martin und Rinderknecht, Urs B. (Hrsg.): Persönlichkeit und Verantwortung. Erinnerungen an Robert Holzach. Wolfau-Druck: Weinfelden 2010, S. 60.

ANMERKUNGEN 279

144 Senn, Fritz, im Gespräch mit dem Autor, 2014.
145 Weltwoche, 26.9.2002.
146 Senn, Nikolaus, Geburtstagsansprache, 28.9.1982.
147 Holzach, Robert (Hrsg.): Ausgesprochenes und Unausgesprochenes, aus Privatarchiv, 28.9.1982, keine Seitenzahlen.
148 Tages-Anzeiger Online, 24.6.2013.
149 NZZ, 7.4.1988.

8. Langsame Entfremdung

150 Holzach, Robert, Ketzerische Gedanken zu den europäischen Einigungsbestrebungen, Referat, 1990.
151 Schriftliche Notiz, Privatarchiv, Robert Holzach.
152 Handnotizen, Archiv für Zeitgeschichte (AfZ) der ETH Zürich, 1997.
153 Holzach, Robert, Notizen, Präsentation des Projekts 1993, ETH Zürich.
154 Sonderdruck, Das Widder-Hotel. Eine Umstrukturierung von acht Häusern in der Altstadt von Zürich, 1995, Interview mit Robert Holzach, von Antonino Orlando, S. 3 ff.
155 Theus, Tilla, im Gespräch mit dem Autor, 2014.
156 Sonderdruck, Das Widder-Hotel. Eine Umstrukturierung von acht Häusern in der Altstadt von Zürich, 1995, Interview mit Robert Holzach, von Antonino Orlando, S. 3 ff.
157 Ebd., S. 3 ff.
158 Bär, Hans J.: Seid umschlungen, Millionen. Orell Füssli: Zürich 2004, S. 402.
159 NZZ, 24.5.1997.
160 Einstellungsverfügung, 27.10.1997, Bezirksanwaltschaft Zürich.
161 ZüriWoche, 8.10.1998.

9. Die Finanzalchimisten

162 Vortrag am «Gryffemähli» der Drei Ehrengesellschaften Kleinbasels, 13.1.1984.
163 Holzach, Robert: Herausforderungen. Wolfau-Druck: Weinfelden 1988, S. 235.
164 Ebd., S. 213.
165 Jung, Joseph: Rainer E. Gut. Die kritische Grösse. Verlag Neue Zürcher Zeitung: Zürich 2007, S. 260.
166 Gut, Rainer E., gegenüber dem Autor, 2007.
167 NZZ, 7.1.1993.
168 Vontobel, Hans J., im Gespräch mit dem Autor, 2008.
169 Blocher, Christoph, im Gespräch mit dem Autor, 2014.
170 Studer, Robert, im Gespräch mit dem Autor, 2014.
171 Ospel, Marcel, Referat, IMD, 2001.
172 Holzach, Robert: Herausforderungen. Wolfau-Druck: Weinfelden 1988, S. 168.
173 Straumann, Tobias: Die UBS-Krise aus wirtschaftshistorischer Sicht, 28.9.2010, erstellt zuhanden der UBS, Universität Zürich, Institut für Empirische Wirtschaftsforschung, S. 21 ff.
174 Anlagekommentar Nr. 252, Bank Wegelin, 10.10.2007.

10. «Mein Garten ist traurig...»

175 Holzach, Marlies, im Gespräch mit dem Autor, 2014.
176 Hummler, Konrad; Meyer, Martin und Rinderknecht, Urs B. (Hrsg.): Persönlichkeit und Verantwortung. Erinnerungen an Robert Holzach, Wolfau-Druck: Weinfelden 2010, S. 77.
177 Ebd., S. 77.
178 Ebd., S. 75.
179 Ebd., S. 50.
180 Weltwoche, 18. 7. 2013.
181 Hummler, Konrad, Rede anlässlich der Trauerfeier in Zürich, 30. 3. 2009.
182 Ebd.
183 Ebd.
184 Holzach Robert: Herausforderungen. Wolfau-Druck: Weinfelden 1988, S. 102.

Nachwort

185 Vogler, Robert U., Weltwoche, 7. 1. 2010.
186 SBG-Direktionskonferenz, 1983.
187 Holzach, Robert, unveröffentlichter Text, 1996.
188 Holzach, Robert, Tischrede am Liberalen Institut Zürich, April 1993. Publiziert in: Reflexion Nr. 29, 1993 (Hrsg. Liberales Institut).

Anhang

Zeittafel Robert Holzach

1922 Geboren am 28. September in Zürich.

1927 Umzug der Familie nach Kreuzlingen.

1929 Primarschule in Kreuzlingen.

1933 Humanistisches Gymnasium in Konstanz.

1938 Ab Herbst Besuch der Kantonsschule in Trogen bis 1941.

1941 Immatrikulation im Wintersemester an der juristischen Fakultät der Universität Zürich, später ein Semester in Genf.

1942 Rekrutenschule, ohne Unterbruch gefolgt 1943 von einer Ausbildung zum Leutnant, schwerer Militärunfall in dieser Zeit.

1944 Aktivdienst bis 1945.

1948 Beförderung zum Oberleutnant.

1949 Abschluss des Studiums im Dezember mit dem Dr. iur. der Universität Zürich. Anschliessend Tätigkeit im Anwaltsbüro von Alfred Müller in Amriswil und am Bezirksgericht Arbon.

1950 Beförderung zum Hauptmann.

1951 Erwerb des Thurgauer Anwaltspatents im Februar 1951. Stellensuche und Eintritt am 1. Juni in die SBG, als Praktikant in Genf, gefolgt von einem Praktikum in London.

1952 Ab 1. November feste Anstellung im Kommerzsekretariat bei der SBG am Hauptsitz in Zürich.

1953 Ab Ende Juli sechsmonatiger Aufenthalt in Korea.

1954 Am 1. Februar Wiedereintritt in die SBG in Zürich.

1955 Prokurist SBG.

1956 Vizedirektor SBG.

1958 Major im Militär.

1959 Kommandant Füsilierbataillon 75 bis 1964.

1960 Stellvertretender Direktor SBG.

1962 Direktor SBG.

1963 Initiant des Suworow-Marschs.

1965 Oberstleutnant im Militär.

1966 Stellvertretender Generaldirektor SBG, verantwortlich für das Kreditgeschäft deutsche Schweiz.

1966 Kommandant Infanterieregiment 31 bis 1969.
Kauf eines Hauses in Zumikon bei Zürich.

1967 Oberst im Militär.

1968 Generaldirektor SBG.

1970 Erwerb des Schlösslis Ottoberg, Umbau ab 1975, Einweihung 1977.

1971 Neben der Verantwortung für das Kommerzgeschäft der SBG zusätzlich Leiter des Bereichs Dienste (Personal, Immobilien, Organisation und EDV) bis 1976.

1976 Koordinator der Generaldirektion und Leiter der Stabsstellen der Generaldirektion; faktisch Vorsitzender der Generaldirektion der SBG bis 1980.

1978 Initiiert das James-Joyce-Pub in Zürich, das am 1. September 1978 eröffnet wird.

1980 Präsident des Verwaltungsrats SBG bis 1988.

1982 Entlassung aus der Wehrpflicht.

1983 Persönliches Engagement für die Pavillon-Skulptur von Max Bill an der Zürcher Bahnhofstrasse.

1984 Führung des Leitungsausschusses zur Renovation des Zürcher Augustinerquartiers.

1985 Initiant und erster Präsident der James-Joyce-Stiftung bis 1995; gegründet am 9. Mai.

1988 Ehrenpräsident der SBG bis 1998. Abschluss der ersten Bauetappe bei der Sanierung des Zürcher Augustinerquartiers.

1989 Gründung der Thurgauischen Kulturstiftung Ottoberg am 25. Mai.

1990 Baubeginn des Hotels Widder.

1992 Schenkung des Schlösslis Ottoberg an die Thurgauische Kulturstiftung Ottoberg.

1995 Ehrenmitglied der James-Joyce-Stiftung.
Eröffnung des Hotels Widder am 24. März.
Wohnsitzwechsel von Zumikon nach Küsnacht bei Zürich, gemeinsame Wohnung mit seiner späteren Frau Marlies Engriser.

1996 Robert Holzach muss sein Büro bei der SBG am Hauptsitz an der Zürcher Bahnhofstrasse 45 räumen und erhält ein anderes an der Sihlporte am Talacker.
Gründung der Thurgauischen Bodman-Stiftung in Gottlieben am 3. Juli.

1998 Heirat mit Marlies Engriser. Austritt aus der UBS (vormals SBG) per Ende September.

2000 Eröffnung des Bodman-Hauses als Gedenkstätte für den «Bodenseedichter» Emanuel von Bodman am 8. April; Robert Holzach wird Ehrenbürger der Gemeinde Gottlieben.

2009 Tod am 24. März im Spital Zollikerberg bei Zürich.

SBG und UBS in der Ära von Robert Holzach

1950 Die Schweizerische Bankgesellschaft (SBG) unterhält 35 Niederlassungen in der Schweiz, eine offizielle Vertretung in New York sowie ein beratendes Büro in Johannesburg in Südafrika.

1951 Robert Holzach startet seine Bankkarriere als Praktikant bei der SBG in Genf, gefolgt von einem Praktikum in London.

1953 Fritz Richner wird Präsident des Verwaltungsrats der SBG. Er folgt auf Paul Jaberg. Gleichzeitig wird Alfred Schaefer zum Präsidenten der Generaldirektion ernannt.

1954 Die SBG übernimmt die Bank Weck, Aebi & Cie. in Freiburg; Philippe de Weck von der übernommenen Bank wird später Sprecher der Generaldirektion der SBG und von 1976 bis 1980 Präsident des Verwaltungsrats.

1960 Die SBG übernimmt 65 Prozent der Bank Cantrade in Zürich. Das Institut ist spezialisiert auf die Vermögensverwaltung für wohlhabende Kunden, später Private Banking oder Wealth Management genannt. Im Verlauf der 1960er- und 1970er-Jahre übernimmt die SBG eine ganze Reihe von Banken in der Schweiz und eröffnet eine Vielzahl von eigenen Filialen. Die Expansion im Ausland verläuft zögerlicher.

1962 Die SBG feiert ihr 100-jähriges Bestehen mit diversen offiziellen Anlässen und einem Personalfest der Superlative in der Zürcher Allmend. Die Bank gründet auf diesen Zeitpunkt hin die Jubiläumsstiftung für kulturelle Zuwendungen; die Institution wird 1998 nach der UBS-Fusion in Kulturstiftung umbenannt. Im selben Jahr wird die flexible Arbeitszeit, auch Englische Arbeitszeit genannt, eingeführt, mit einer maximalen Mittagspause von 45 Minuten; das Personal kann sich neuerdings bei der Tochtergesellschaft Culinarium AG verköstigen. Die SBG nimmt mit diesem Arbeitsmodell eine Vorreiterrolle in der Schweizer Finanzbranche ein. Am Ende des Jahres ist die SBG mit einer Bilanzsumme von 6,961 Milliarden Franken die grösste Bank der Schweiz, gefolgt vom Schweizerischen Bankverein (SBV) mit 6,878 Milliarden Franken und der Schweizerischen Kreditanstalt (SKA) mit 6,806 Milliarden Franken.

1964 Alfred Schaefer löst Fritz Richner als Präsident des Verwaltungsrats ab. Für Schaefer gibt es in der Generaldirektion zunächst keinen Nachfolger. Das Gremium funktioniert als Kollegialbehörde. Die Bank eröffnet eine Vertretung in Beirut.

1966 Die SBG eröffnet eine Vertretung in Tokio, die 1972 zu einer Niederlassung avanciert. Im selben Jahr führt die Bank erstmals ein farbiges Firmenlogo ein. Ende des Jahres übertrifft die Bilanzsumme erstmals 10 Milliarden Franken.

1967 Die Firma Interhandel wird in die SBG integriert, was die Eigenmittel der Bank um knapp 70 Prozent oder 575 Millionen Franken auf total 965 Millionen Franken erhöht. Damit wird die SBG die eigenkapitalstärkste Bank Europas. Im selben Jahr eröffnet die Bank in London ihrer erste operationelle Niederlassung ausserhalb der Schweiz; bisher hatte die SBG nur Vertretungen im Ausland. Eine weitere, nun offizielle Vertretung wird in Johannesburg eröffnet (siehe 1950).

1968 Die SBG beschliesst eine Organisationsstruktur mit vier Divisionen: Kommerzbereich, Finanzbereich, Auslandsbereich und Dienstebereich. Diese 1969 vollständig umgesetzte Unternehmensstruktur bleibt bis im Juni 1991 in Kraft. Die Bank lanciert zudem Sparkonti und steigt neu unter eigenem Namen ins Hypothekargeschäft ein. Um sich im Schweizer Markt weiter zu etablieren, übernimmt die SBG Bank Aufina AG in Brugg, die im Konsumkreditgeschäft, namentlich im Autoleasing, tätig ist. Im Ausland entstehen neue Vertretungen in Mexiko-Stadt, Rio de Janeiro sowie in São Paulo. Mit einer Bilanzsumme von 18,467 Milliarden Franken ist die SBG im ewigen Wettbewerb mit dem SBV wieder einmal die grösste Bank der Schweiz.

1969 Erstmals führt die SBG ein Aktienbeteiligungsprogramm für das Topmanagement (auf Stufe Generaldirektion) ein. Weitere Vertretungen im Ausland werden in Buenos Aires, Hongkong, Sydney sowie in Melbourne eröffnet.

1970 Die SBG gründet die American UBS Corporation für Kapitalmarkt-Transaktionen im US-Finanzmarkt sowie die Union Bank of Switzerland (Underwriters) auf den Bermudas. In Bogotá wird eine weitere Vertretung eröffnet. Die Bank bietet neuerdings Lohnkonti an und erwirbt in Ermatingen im Kanton Thurgau unter der Ägide von Robert Holzach das Schloss Wolfsberg, um dort ein Ausbildungszentrum aufzubauen, das 1975 eröffnet wird.

1971 Erstmals übersteigt die Zahl der Beschäftigten bei der SBG 10 000. Exakt sind es 11 077 Mitarbeiterinnen oder Mitarbeiter, wovon gerade einmal 91 im Ausland arbeiten. Weitere Vertretungen entstehen in Montreal, San Francisco, Caracas, Singapur und Bahrain.

1972 Die SBG veranstaltet ihre ersten Pressekonferenzen in Zürich und Lausanne, um die Öffentlichkeit über die Geschäftszahlen von 1971 zu informieren. Das Aktienbeteiligungsprogramm wird ausgedehnt auf die Funktionsstufen Direktor und stellvertretender Direktor. Die Bank eröffnet eine Niederlassung in Tokio.

1973 Die SBG gründet als Tochtergesellschaft die Union de Banques Suisses (Luxembourg). Die Bank trägt damit der wachsenden Bedeutung des Finanzplatzes von Luxemburg Rechnung, der im Fondsgeschäft stark prosperiert.

1974 Ein hoher Devisenhandelsverlust sorgt für einen ersten grossen Skandal bei der SBG und den Abgang des Verantwortlichen, der kurz zuvor in die Generaldirektion befördert worden war. Am Ende des Jahres arbeiten 13 154 Personen bei der SBG in der Schweiz, 176 im Ausland. Das ehrgeizige IT-Projekt UBISCO kommt nicht zum Laufen und muss gestoppt werden. Es folgt ein langjähriger Rechtsstreit mit der amerikanischen IT-Firma Control Data Corporation (CDC), der erst 1980 aussergerichtlich geregelt werden kann. Bis ein neues

System eingeführt werden kann, sichert die UNIVAC-Brücke den Informatikbetrieb.

1975 Als Schutzmassnahme vor einer Übernahme durch ausländische Investoren führt die Bank neben den bestehenden Inhaber- auch Namenaktien ein. Gefürchtet werden dabei vor allem Anleger aus dem arabischen Raum, die aufgrund des Ölpreisbooms enorme Vermögen an Petrodollar angehäuft haben. Die Namenaktien können nur von Schweizer Staatsbürgern oder in der Schweiz wohnhaften Personen erworben werden. In New York wird eine Niederlassung an der Wall Street eröffnet. Eine weitere Vertretung entsteht in Moskau; in Panama eröffnet die SBG eine Tochtergesellschaft, die allerdings 1990 geschlossen wird. In London eröffnet die SBG eine Tochterfirma für das Wertschriftengeschäft. Das Ausbildungszentrum Wolfsberg wird feierlich eröffnet.

1976 Philippe de Weck übernimmt die Nachfolge von Alfred Schaefer als Präsident der SBG. Robert Holzach wird Koordinator der Generaldirektion und Leiter der Stabsstellen der Generaldirektion bis 1980, faktisch präsidiert er die Generaldirektion, offiziell aber nicht. Renée Wolf ist die erste Frau im Topmanagement der SBG; sie lehrt im Ausbildungszentrum Wolfsberg und wird zusammen mit Robert Holzach die 1985 gegründete James-Joyce-Stiftung initiieren. Vertretungen werden in Toronto und Abu Dhabi eröffnet.

1977 Die SBG weitet ihr Aktienbeteiligungsprogramm auf sämtliche Beschäftigten aus.

1978 Die SBG eröffnet Niederlassungen in Chicago und Los Angeles.

1979 Erstmals wird die Bonität der SBG von den Ratingagenturen Moody's und Standard & Poor's bewertet – mit der Bestnote: Triple-A. Die UNIVAC-Brücke wird abgelöst durch eine neue IT-Plattform namens ABACUS. Die SBG eröffnet eine Niederlassung in Singapur und eine Tochtergesellschaft in New York für das Wertschriftengeschäft.

1980 Robert Holzach wird Verwaltungsratspräsident der SBG und löst Philippe de Weck ab, der aber noch bis 1988 im Aufsichtsgremium verbleibt. Nikolaus Senn rückt in der Geschäftsführung nach und wird – erstmals seit Alfred Schaefer – wieder Präsident der Generaldirektion. In diesem Jahr etabliert sich die SBG als führende Bank in der Schweiz, sowohl gemessen an der Bilanzsumme (77,527 Milliarden Franken), am Eigenkapital (4,802 Millionen Franken) sowie am Gewinn (334 Millionen Franken). Erst in den späten 1990er-Jahren nimmt die Credit Suisse (ehemals SKA) nach der Akquisition der Winterthur Versicherung vorübergehend die Führungsposition wieder ein. Die SBG wird auch von der Londoner Ratingagentur IBCA mit der Höchstnote bewertet.

1981 Die SBG eröffnet eine Tochtergesellschaft in Toronto.

1982 Die SBG lanciert ein neues Markenkonzept und eröffnet eine Vertretung in Monte Carlo. Am Ende des Jahres übersteigt die Bilanzsumme erstmals 100 Milliarden Franken und beläuft sich exakt auf 106,4 Milliarden Franken.

1983 Nachdem bereits Terminals für mehrere Beschäftigte im Einsatz sind, hält der Personal Computer (PC) nun Einzug an den Arbeitsplätzen der SBG-Mitarbeiter.

1984 Im Vorfeld der Liberalisierung des Finanzmarktes in London beteiligt sich die SBG an dem britischen Wertschriftenhandelshaus Phillips & Drew mit zunächst knapp 30 Prozent.

1986 Nach der vollständigen Übernahme von Phillips & Drew wird das bisher partnerschaftlich geführte Unternehmen in die UBS Phillips & Drew International Ltd. umgewandelt. In Deutschland kauft die SBG die Deutsche Länderbank in Frankfurt am Main und firmiert sie in die Schweizerische Bankgesellschaft (Deutschland) um. An der Zürcher Bahnhofstrasse eröffnet die SBG die erste elektronische Bankfiliale der Schweiz.

1987 Die SBG feiert ihr 125-jähriges Bestehen mit vielen dezentralen Anlässen und Veranstaltungen rund um den Globus. Als Höhepunkte gelten ein Jugendwettbewerb mit Ideen und Projekten für die Welt von morgen sowie die Vergabe eines zweistelligen Millionenbetrags für den Bau eines Ausbildungszentrums im Schweizer Paraplegiker-Zentrum in Nottwil im Kanton Luzern. Im selben Jahr entsteht erstmals ein regional eigenständiges Management für den britischen Markt. In Tokio wird eine Tochtergesellschaft (Trust & Banking) eröffnet, ebenso eine Tochterfirma in Sydney und eine Vertretung in Osaka. Ende 1987 beschäftigt die Bank erstmals mehr als 20 000 Personen; von den insgesamt 20 779 Mitarbeitenden sind 1239 im Ausland tätig.

1988 Robert Holzach tritt als Präsident des Verwaltungsrats der SBG zurück und wird Ehrenpräsident auf Lebzeiten. Er führt diverse Mandate im Auftrag der SBG weiter, unter anderem die Sanierung des Zürcher Augustinerquartiers und den Bau des Hotels Widder. Sein Nachfolger als Verwaltungsratspräsident wird Nikolaus Senn. Robert Studer wird Präsident der Generaldirektion. Die SBG führt ein gewinnabhängiges Bonussystem für das Topmanagement ein. In Taipeh entsteht eine weitere Vertretung.

1989 Die SBG erstellt eine Strategie für die 1990er-Jahre. In London entsteht die Division UBS Asset Management für die institutionelle Vermögensverwaltung.

1990 Die SBG gründet die UBS Italia Investimenti e Finanza in Mailand für Firmenkunden; 1996 wird das Institut in UBS Capital umfirmiert.

1991 Mitte Jahr tritt eine neue Organisationsstruktur in Kraft. Die Bank wird neuerdings von einer Konzernleitung (Group Executive Board) sowie von einer erweiterten Konzernleitung (Enlarged Group Executive Board) geführt. Beide Führungsorgane werden von Robert Studer präsidiert (President of the Group Executive Board). Neu existieren fünf geografische Regionen (Schweiz, Europa, Nordamerika, Japan und Ostasien) sowie sechs Sparten (Corporate Lending, Corporate Finance, Trading & Risk Management, Country Exposures & General

Banking in Non-regionalized Countries, Private Banking & Institutional Asset Management, Resources & Management Support). Im selben Jahr übernimmt die SBG das US-Institut Chase Investors, das fortan als UBS Asset Management (New York) firmiert. In Taipeh öffnet eine weitere Niederlassung. In der Schweiz entsteht im Zug der aufkommenden Allfinanz-Entwicklung die Lebensversicherungs-Tochtergesellschaft UBS Life. Die Bank präsentiert als Novität konsolidierte Zahlen für die SBG-Gruppe. Erstmals übertrifft der Konzerngewinn die Milliarden-Marke und beträgt 1,216 Milliarden Franken.

1992 Mit UBS Securities entsteht eine Tochtergesellschaft für den Wertschriftenhandel in Hongkong, weiter wird in Seoul eine Vertretung eröffnet. In der Schweiz führt die SBG ein Vertriebskonzept unter dem Namen «Marketing 2000» ein.

1993 Der Financier Martin Ebner ist über sein Firmenimperium zum grössten Aktionär der SBG avanciert und übt Druck auf das Management der Bank aus. Er will die Bank auf einzelne Geschäftsbereiche fokussieren und fordert höhere Renditen für die Eigentümer. Das führt zu einem langen Konflikt, der zeitweilig auch vor Gericht ausgetragen wird und bis zur Ankündigung der Fusion mit dem SBV Ende 1997 andauert. 1993 eröffnet die SBG Vertretungen in Dubai und Bangkok. Die Bank nimmt den 10 000. PC in Betrieb.

1994 Anne-Lise Monnier-Blaile und Maria Reinshagen heissen die beiden ersten Frauen im Verwaltungsrat der SBG. Innerhalb der Organisationsstruktur entsteht eine Abteilung, die die Einhaltung der Gesetze und Richtlinien (Compliance) überwacht. Gleichzeitig gibt es erstmals auch einen Group Compliance Officer.

1995 Weitere Niederlassungen gehen in Madrid und Labuan (Malaysia) auf, Vertretungen entstehen in Prag und Santiago de Chile. Die SBG übernimmt eine Beteiligung von 25 Prozent an der Schweizerischen Rentenanstalt, dem grössten Lebensversicherer der Schweiz, während sich die Rentenanstalt ihrerseits hälftig an der UBS Life engagiert.

1996 Robert Studer wird trotz Widerstand von Grossaktionär Martin Ebner in den Verwaltungsrat gewählt, wo er das Präsidium übernimmt. Nikolaus Senn wird Ehrenpräsident auf Lebzeiten. Mathis Cabiallavetta wird Konzernchef oder President of the Group Executive Board. Die Bank führt ein neues Logo ein, das die drei Buchstaben UBS zeigt, darunter figuriert nur noch ganz klein die Bezeichnung Schweizerische Bankgesellschaft. Von da an firmiert das Unternehmen de facto als UBS. Aufgrund der Rezession in den frühen 1990er-Jahren in der Schweiz muss die Bank Rückstellungen von rund 3 Milliarden Franken vornehmen, sodass sie für 1996 einen Verlust von 348 Millionen Franken ausweist. Trotzdem zahlt sie ihren Aktionären eine Dividende – aus den Reserven. Weitere Vertretungen entstehen in Budapest und Warschau, Niederlassungen und Tochterfirmen in Mailand und Seoul.

1997 Die «Affäre Meili» bringt die SBG/UBS unter einen enormen öffentlichen und politischen Druck, zumal die Kontroverse um die nachrichtenlosen Vermögen von jüdischen Bankkunden bereits den gesamten Schweizer Finanzplatz erschüttert. Das Topmanagement des Unternehmens wird dadurch in seinen Ressourcen stark absorbiert. In Deutschland übernimmt die SBG/UBS den Vermögensverwalter Schröder Münchmeyer Hengst & Co. in Frankfurt am Main. Am 8. Dezember kündigen die SBG/UBS und der SBV eine Fusion der beiden Firmen an. Für die entsprechende Reorganisation nimmt die SBG/UBS Rückstellungen von 4,2 Milliarden Franken vor und weist dadurch per Ende 1997 einen Verlust von 129 Millionen Franken aus. In ihrem letzten Geschäftsjahr vor der Fusion beschäftigt die SBG/UBS 27 611 Personen, davon 8256 im Ausland.

1998 Per Mitte Jahr wird die Fusion zwischen der SBG/UBS und dem SBV rechtskräftig. Der bisherige SBG-Konzernchef Mathis Cabiallavetta wird Verwaltungsratspräsident der «neuen» UBS; der bisherige SBV-Chef Marcel Ospel wird Chief Executive Officer (CEO) der Grossbank. Aufgrund des Zusammenschlusses verlieren Robert Holzach und Nikolaus Senn ihren auf Lebzeiten zuerkannten Titel als Ehrenpräsidenten. Das neue Unternehmen heisst schlicht UBS, wobei die drei Buchstaben bloss noch eine Marke sind und nicht länger Union Bank of Switzerland oder Union de Banques Suisses bedeuten. Zum Zeitpunkt des juristischen Vollzugs der Fusion ist die «neue» UBS die grösste Vermögensverwalterin der Welt. Sie betreut 1320 Milliarden Franken an Kundenvermögen und weist eine Marktkapitalisierung von 85 Milliarden Franken aus. Die Bilanzsumme per Ende 1998 beläuft sich auf 1016 Milliarden Franken. Robert Holzach tritt per 30. September aus der Bank aus.

Literaturverzeichnis

Ahrens, Ralf; Bähr, Johannes: Jürgen Ponto – Bankier und Bürger. C. H. Beck: München 2013.

Bachmann, Albert; Grosjean, Georges: Zivilverteidigung. Miles Verlag: Aarau 1969.
Bähr, Johannes; Erker, Paul: Bosch. Geschichte eines Weltunternehmens, C. H. Beck: München 2013.
Bär, Hans J.: Seid umschlungen, Millionen. Orell Füssli: Zürich 2004.
Baumann, Claude: Ausgewaschen. Xanthippe Verlag: Zürich 2006.
Baumann, Claude; Rutsch, Werner E.: Swiss Banking – wie weiter? Verlag Neue Zürcher Zeitung: Zürich 2008.
Borkin, Joseph: The Crime and Punishment of I. G. Farben. The Free Press, A Division of Macmillan Publishing: New York 1978.

Cassis, Youssef: Metropolen des Kapitals. Murmann Verlag: Hamburg 2007.

Flubacher, Rita: Flugjahre für Gaukler. Weltwoche Verlag: Zürich 1992.

Holzach, Robert: Herausforderungen. Schweizerische Bankgesellschaft (Hrsg.), Wolfau-Druck: Weinfelden 1988.
Hummler, Konrad; Meyer, Martin und Rinderknecht, Urs (Hrsg.): Persönlichkeit und Verantwortung. Erinnerungen an Robert Holzach. Wolfau-Druck: Weinfelden 2010.

Iklé, Max: Die Schweiz als internationaler Bank- und Finanzplatz. Orell Füssli: Zürich 1970.

Jung, Joseph: Rainer E. Gut. Die kritische Grösse. Verlag Neue Zürcher Zeitung: Zürich 2007.
Jung, Joseph: Von der SKA zur Credit Suisse Group. Verlag Neue Zürcher Zeitung: Zürich 2000.

König, Mario: Interhandel. Die schweizerische Holding der IG Farben und ihre Metamorphosen: eine Affäre um Eigentum und Interessen (1910–1999). Chronos Verlag: Zürich 2001.

Kövér, J. F.: Köpfe der Wirtschaft. Origo Verlag: Zürich 1963.

Loepfe, Willi: Geschäfte in spannungsgeladener Zeit, Wolfau-Druck: Weinfelden 2011.

Loepfe, Willi: Der Aufstieg des schweizerischen Finanzplatzes in der Nachkriegszeit, Wolfau-Druck: Weinfelden 2006.

Maissen, Thomas: Verweigerte Erinnerung. Verlag Neue Zürcher Zeitung: Zürich 2005.

Merkle, Hans L.: Dienen und Führen. Hohenheim Verlag: Stuttgart 2001.

Meyer, Martin (Hrsg.): Kultur als Verpflichtung. Schweizerische Bankgesellschaft, Verlag Neue Zürcher Zeitung: Zürich 1996.

Mühlemann, Ernst: Augenschein. Huber Verlag: Frauenfeld 2004.

Raff, Herbert: Schweizerische Bankgesellschaft 1862–1912–1962. Festschrift. Zürich 1962.

Robert, Richard: The City. A Guide to London's Global Financial Centre. Economist/Profile Books: London 2008.

Röthlisberger, Peter (Hrsg.): Skandale. Orell Füssli: Zürich 2005.

Saager, Hansjürg; Vogt, Werner: Schweizer Geld am Tafelberg. Orell Füssli: Zürich 2005.

Salathé, André: Geschichte des Füsilierbataillons 75. Huber Verlag: Frauenfeld 1991.

Schaefer, Alfred: Reden und Aufsätze. Schweizerische Bankgesellschaft (Hrsg.), Zürich 1979.

Somm Markus: Christoph Blocher – Der konservative Revolutionär. Appenzeller Verlag: Herisau 2009.

Stäheli, Cornelia: Schloss Wolfsberg bei Ermatingen. Schweizerische Kunstführer GSK: Bern 2001/2008.

Straumann, Tobias: Die UBS-Krisen aus wirtschaftshistorischer Sicht. Expertenbericht der Universität Zürich. Institut für Empirische Wirtschaftsforschung, zuhanden der UBS AG, 2010.

Strehle, Res; Trepp Gian und Weyermann, Barbara: Ganz oben – 125 Jahre Bankgesellschaft. Limmat Verlag: Zürich 1987.

Wipf, Hans Ulrich; König, Mario und Knöpfli, Adrian: Saurer. Verlag hier+jetzt: Baden 2003.

Wittmann, Walter (Hrsg.): Innovative Schweiz. Verlag Neue Zürcher Zeitung: Zürich 1987.

Danksagung

Die Gedanken an ein Buch über Robert Holzach reichen etliche Jahre zurück. Intensive Gespräche ergaben sich zunächst mit Dr. Robert U. Vogler. Er hat mich nicht nur mit seinem profunden Wissen, sondern ebenso mit seiner Begeisterung beeindruckt. Selbst 21 Jahre als Mediensprecher, Chefhistoriker und Senior Political Analyst für die SBG und für die UBS tätig, motivierte er mich, all das, was sich hinter dem Kürzel HLZ verbirgt, auszuleuchten und die richtigen Fragen zu stellen. Christine Klingler verlieh meinem Text Form und Struktur; mit ihren kritischen Anregungen leistete sie einen zentralen Beitrag zur Vollendung dieses Buchs. Hilfreich waren auch die Gespräche mit ihr, wenn der Schreibfluss ins Stocken geriet oder die Zeit davonlief. Peter Bohnenblust gab mir mit seinem Urteil und seiner langjährigen journalistischen Erfahrung die Gewissheit, das Richtige zu tun, und Dr. Henry Kissinger schenkte mir sehr viel Vertrauen.

An die erwähnten Personen sowie an all jene Menschen, die mir Robert Holzach in irgendeiner Weise nähergebracht und mir Fotos zur Verfügung gestellt haben, richte ich hiermit meinen ganz herzlichen Dank. Eine besondere Wertschätzung gebührt meiner Familie, im Besonderen meiner Frau, Daniela Haag.

Claude Baumann, Wädenswil, im August 2014

Personenverzeichnis

Das Verzeichnis beschränkt sich auf die im Kontext des Buches wichtigsten Personen.

Abt, Hansjörg 17, 135 f., 196, 252, 256
Ackermann, Josef 13, 228
Adoboli, Kweku 244
Anda-Bührle, Hortense 251

Bachmann, Albert 173
Bachmann, Fritz 174
Balzli, Beat 16
Bär, Hans J. 13, 208 f.
Beeler, Rolf 227
Berra, Amilcare 129
Bill, Max 108, 172, 285
Blocher, Christoph 180 ff., 199 ff., 233
Blocher, Gerhard 182
Blocher, Silvia 182
Bommer, Franz Norbert 96, 107, 246
Bosch, Robert 23 f., 143, 160 ff., 164, 178
Brenner, Beat 211
Brestel, Heinz 130
Bruderer, Otto 155, 258

Cabiallavetta, Mathis 167, 235, 294
Canetti, Elias 109, 253

Clerc, Jean-Marius 112 f.
Costas, John 240 ff.

Ebner, Martin 231 ff., 293 f.
Eggen, Hans 117
Engriser, Marlies 70, 93 ff., 246 ff., 286
Ermotti, Sergio 244

Flubacher, Rita 134
Frehner, Walter 149
Frey, Walter 87

Gautschi, Willi 117
Gerber, Samuel 130
Grete, Ulrich 146 f.
Gross, Peter 120, 126, 148 f., 151 f.
Grübel, Oswald J. 244
Grübler, Hugo 31
Guisan, Henri 38, 116 f.
Guisan, Henry 117
Gut, Rainer E. 13, 33, 81, 88, 140, 227 f., 233
Gutstein, Louis 84
Guyer, Rudolf und Esther 120

Hanslin, Adolf 119
Hartmann, Alfred 43, 67 f., 87 f., 112
Hayek, Nicolas G. 148 ff.
Hayek von, Friedrich August 165, 177
Heckmann, Hans 87
Hess, Marcel 212
Holzach-Engriser, Marlies 257, 261 f., 286
Holzach-Schrenk, Hertha 47 f., 51, 109
Holzach, Doris Helen 27, 47
Holzach, Ernst 47 f., 51, 117
Holzach, Franz Manfred 47
Holzach, Paul 117 f.
Hummler, Konrad 21, 155, 239, 257 ff.

Jöhr, Adolf 34
Joyce, James 15, 71, 96, 108, 174 ff., 285 f., 290

Kee, Lim Ho 226
Kennedy, Robert F. 81 ff.
Kissinger, Henry 23 f., 164, 299
König, Mario 78 f.
Köppel, Roger 16
Kramer, Jane 207 ff.
Kratz, Peter 130
Kuhrmeier, Ernst 138 ff.

Lawrence, T. E. 269
Loepfe, Willi 74
Luchsinger, Fred 96, 98, 252
Lyssy, Rolf 70

Masson, Roger 116 f.
Meier, Dieter 194
Meili, Christoph 207, 294
Merkle, Hans L. 162 ff., 178
Merz, Hans-Rudolf 164
Meyer-Schwertenbach, Paul 116 f.
Meyer, Martin 250, 252 f.
Monkewitz, Nicolas 174
Moore, Henry 123
Mühlemann, Ernst 105, 118 ff., 123 f.
Müller, Paul 120
Munz, Hans 26

Nega-Ledermann, Anne-Marie 16

Orrick, William H. 84
Ospel, Marcel 13, 234 ff., 240 ff., 294
Oswald, Werner 180 f.

Ponto, Jürgen 159 f.
Prince III, Charles O. 266
Pulver, Hans 119

Radziwill, Stanislaw Albert 84
Reagan, Ronald 166
Rey, Werner K. 17, 133 ff., 143, 146, 155 f., 252
Richner, Fritz 37, 40, 42, 71, 74 f., 114, 198, 287 f.
Rinderknecht, Urs 151 f., 203
Rösselet, Albert 114
Rothmund, Heinrich 116
Rüegg, Walter 227 ff.

Saager, Bruno M. 74 f., 79 ff., 112 ff., 137, 180
Salathé, André 105
Saroyan, William 119
Sauter, Bernhard 174
Schaefer, Alfred 21, 25, 35 ff., 42 f., 64, 67 ff., 79 ff., 86 ff., 113 f., 118, 127, 133 ff., 140, 156 ff., 162, 170, 179, 186, 198, 217, 222, 261, 287 f., 290 f.
Schellenberg, Walter 116 f.
Schmidheiny, Max 181
Schmidheiny, Stephan 150
Schmitz, Hermann 76 ff.
Schrenk, Franz Josef 48 ff., 92
Schulthess, Felix W. 34, 140
Senn, Fritz 174 ff.
Senn, Nikolaus 43, 67 ff., 75, 86, 89, 112 ff., 137, 146, 150 f., 170 f., 185, 190, 193, 195 f., 198, 201, 215, 222, 224, 233, 291 f., 294
Stäubli, Max 254 ff.
Stauffer, Paul 85
Steiner, Karl 79, 97, 203
Straumann, Tobias 131, 187
Strebel, Robert 129
Strehle, Res 135

Studer, Robert 19, 123, 129, 151 f., 167, 190, 198, 200 f., 207, 211, 215, 224, 226 ff., 292, 294
Suworow, Alexander Wassiljewitsch 100 ff., 284

Thatcher, Margaret 166, 188
Theus, Tilla 205
Tobler, Gustav 56
Togni, Alberto 249 f.
Traffelet, Friedrich 105
Trepp, Gian 81

Villegas de, Alain 137 f.
Vogler, Robert U. 268 f., 299

Walder, Kurt 16 f.
Weber, Axel 244
Weck de, Philippe 114, 136 ff., 140, 287, 290 f.
Weidenmann, Carl E. 29, 39, 41, 54 ff.
Welch, Jack 183
Wenger, Jean-Claude 26, 53, 105, 252
Winter, Wolfgang 130
Wuffli, Heinz R. 139 f.

Bildnachweis

Archiv Claude Baumann: 30, 54
Archiv Familie Holzach: 2, 3, 4, 5, 6, 7, 8, 9, 11, 12, 13, 13b, 14b, 15, 16, 17, 18, 19, 20, 21, 21b, 22, 23, 26, 27, 31, 32, 33, 37, 38, 39, 42, 43, 44, 47, 48, 49, 50, 52, 53
Baselgia, Guido: 45
Bettina, Zürich: 1, 51
Brugger, Arthur, Postkarte: 10
Comet-Photo: 29, 41
IBS 1990: 46
Küng, Toni: 34, 35, 36
Postkarte: 14
SBG Information: 24, 25, 25b, 28, 40